善教 将大著

日本における
政治への信頼と不信

木鐸社

はじめに

　本書で議論するのは，有権者の政治に対するものの見方，考え方，行動の仕方のパターン，すなわち政治文化（political culture）である。特にここでは，有権者の「合理的」な側面というよりも——あるいはそれだけではなく——「非合理的」な側面に注目する。有権者の非合理性をどのように解釈するかは様々だが，ここでは単純に認知（cognition）ではなく感情（affection）的な意識や行動と捉える。たとえそれが擬制であれ，治者と被治者の自同性を前提とする代議制にあっては，有権者の正しく理性的な政治行動が，そのパフォーマンスの向上に資すると信じられている。もちろん，本書はそれが誤りだと主張するものではない。しかし，洗練された「市民」のみを追い求めることについて筆者は懐疑的である。代議制が機能するには，理性だけではなく感情も必要ではないだろうか。後述するように，本書は信頼概念の分析を通じてその点を明らかにする試みである。

　政治学は，政府と社会をめぐる考察を通じて，より良き統治のあり方を探求するための学問だという見方がある。政治エリートと有権者の意識が社会的に循環する「世論による政治」が自明視されている今日では，政治文化のあり方を理解することがその一助となろう。政治行動論，政治意識論，市民社会論など呼称は様々だが，いずれも公ではなく民の側の分析を通じてあるべき社会を描き出そうとする点では共通する。本書もその1つとして位置づけられる。

　本書が描くあるべき社会像は，かつてアーモンドとヴァーバが述べた，政治に対する「矛盾」を兼ね備えた有権者によって織り成される市民文化（civic culture）である。理想的な市民社会としては，政治への関心が高く，政治的な知識も豊富で，意思決定が正確かつ一貫している人々によって織り成される社会が描かれがちである。しかし，そのような社会を我々はユートピアと

呼ぶことができるのだろうか。賢者のみが存在する社会は代議制を機能させず，むしろ政治システムからの離反者を続出させることになるのではないか。

　我々は非合理的に行動する場合があるからこそ失敗するし，同時に合理的に考える側面も有するからこそ，その失敗から次へと向かう教訓を得ることができる。また，人間の合理性は，共有地の悲劇やフリーライドの問題に見られるように，非合理的な帰結を生みだすこともある。それを抑止する倫理や規範，道徳といった非合理性が感情をその基礎としていることは，近年の進化心理学が明らかにしている。認知と感情を両立させる社会こそが，真に発展的な社会だと本書は見る。

　この有権者の非合理性に着目するという点から明らかなように，本書のアプローチは古典的な政治文化論と軌を一にしている。合理的選択論に基づく精緻な分析が隆盛を誇る今日において，あえて古典的な行動論アプローチから政治意識について議論しようとする本書は，かつてベントレーが制度論的政治学に浴びせた言葉を借りれば，「死せる政治学」そのものだといえるかもしれない。しかし，合理的選択論は，あくまで認知に基づく計算を行う合理的な人間をその前提としており，本書が強調する感情はそこでは看過されがちであるように思われる。だからこそ本書では，政治文化論に立脚し，そこからより良き統治とは何かについて議論する。その過程を通じて，認知だけではなく感情もまた代議制を機能させる上で重要であることが明らかとなるだろう。

　また本書は日本について論じる。つまりここで議論されるのは，一般的な政治文化というよりも日本の政治文化についてである。日本を選択しなければならない理由が特にあるわけではない。あえていえば，日本という国に愛着があり，この国のことについて知りたいという筆者の思いが，日本を分析対象とする理由である。もちろん本書の議論は，先行研究，特にアメリカ政治学で蓄積されてきた多くの研究をその基礎としている。ゆえに一般化をまったく志向しないわけではないし，先行研究からのさらなる理論的発展をめざさないわけでもない。しかし日本の政治文化のあり方を，その国固有の社会的歴史的文脈になるだけ注意を払いながら分析し明らかにしていくことをここでは重視する。それを踏まえつつ，得られた知見をより広い文脈に位置づけ，本書がどのような貢献をなし得たのかを検討することにしたい。

　本書が具体的に分析の対象とするのは，政治への信頼という概念である。

政治への信頼とはどのような意識であり，またそれはどのように推移しているのか。政治への信頼が低下するとどのような問題が生じると考えられるのか。さらに政治への信頼が低下しているとしたら，その原因は何なのか。本書ではこれらの問いに，政治意識調査を用いた実証分析を通じてこたえる。そして，日本の政治文化のあるべき姿について考察する。

そのため本書では政治への信頼を認知と感情の2つに大別する。認知的な信頼とは，現実の政治に対する認知や認識に基づく信頼である。日常的に有権者は現実の政治について不平や不満を述べているところから推察できるように，この信頼の水準は往々にして低い傾向にある。それは，言い換えれば有権者は政治に対して「正確」な判断を日常的に下している証左でもある。それに対して感情的な信頼は，政治制度など抽象的で曖昧な対象に抱かれる，倫理的な信頼である。認知的な信頼とは対照的に，この信頼の水準はきわめて高い。このように政治への信頼を認知と感情に大別した上で，本書では信頼について実証分析を行っていく。そうすることで認知と感情が代議制において果たし得る役割は明らかとなるだろう。

後に展開される議論を通じて，認知的な信頼だけではなく，あるいは認知的というよりも感情的な信頼が，代議制を支える有権者の心理的基盤であることが明らかとなる。無論，それは何度も述べるように非合理的な意識である。しかしその非合理性が，代議制の存続可能性を高め，またその効率化に寄与する場合もある。そのような本書の知見は，政治への信頼に関する理解をいっそう深めるものであると同時に，より良き統治を可能とする市民文化とは何かを議論するための重要な素材にもなり得ると考える。

《目 次》

はじめに ……………………………………………………………… 3

序章　本書の目的と構成 ………………………………………… 14
 1．背景と問題意識　(14)
 2．本書の目的と意義　(15)
 3．方法論的特徴　(17)
 4．本書の構成と各章の概要　(19)

第Ⅰ部　政治への信頼の構造と動態

第1章　政治への信頼概念の検討 …………………………… 24
 はじめに　(24)
 1．政治への信頼を問う意味　(26)
 2．なぜ政治への信頼は重要か　(29)
 3．政治制度への信頼と特定対象への信頼　(32)
 4．信頼の質的相違　(37)
 5．認知と感情　(39)
 小　括　(43)

第2章　政治への信頼の操作的定義 ………………………… 45
 はじめに　(45)
 1．操作的定義を検討する意義　(46)
 2．政治的有効性感覚から政治不信へ　(48)
 3．特定支持と一般支持の操作的定義　(51)
 4．公的組織への信頼とその位置づけ　(54)
 5．本書における信頼の操作的定義　(56)
 6．本書の操作的定義の問題点　(60)
 小　括　(63)

第3章　政治への信頼の推移と構造 ………………………… 65
 はじめに　(65)
 1．分布の相違から見る信頼の特徴　(66)

2．マクロの推移の相違から見る信頼の特徴　(69)
   3．ミクロの意識変動の相違から見る信頼の特徴　(71)
   4．信頼間関係の実証分析　(74)
   5．不信の段階的発展論と信頼間関係　(79)
   小　括　(81)

第Ⅱ部　信頼低下の帰結

第4章　信頼と政党支持　……………………………………84
   はじめに　(84)
   1．信頼の低下と無党派層の増加　(86)
   2．信頼と支持政党の有無の関係　(89)
   3．信頼と支持方向の関係　(94)
   4．信頼低下の帰結としての政党支持の変化　(99)
   小　括　(101)

第5章　信頼と投票行動　……………………………………103
   はじめに　(103)
   1．投票参加率の低下とその要因　(104)
   2．55年体制下の信頼と投票行動　(109)
   3．政界再編期における信頼と投票行動　(114)
   4．2大政党対立期における信頼と投票行動　(119)
   5．転変する政治状況の下での信頼低下と投票行動の変化　(122)
   小　括　(124)

第6章　信頼と政策選好　……………………………………126
   はじめに　(126)
   1．価値観と政策選好　(127)
   2．55年体制下の信頼と政策選好　(131)
   3．政界再編期における信頼と政策選好　(135)
   4．2大政党対立期における信頼と政策選好　(139)
   5．信頼の低下と政策選好の変化　(142)
   小　括　(145)

第7章　信頼と政治的逸脱 …………………………………147
はじめに　(147)
1. 逸脱行動としての政治参加　(149)
2. 逸脱行動としての政治的決定の拒絶　(152)
3. 信頼とエリート挑戦的政治参加の分析　(154)
4. 信頼と政治的決定に対する受容的態度の分析　(157)
5. 信頼低下の帰結について考える：なぜ政治への信頼は重要か　(161)
小　括　(164)

第Ⅲ部　信頼の変動要因

第8章　政治的事件の発覚と信頼 …………………………………168
はじめに　(168)
1. 汚職・不正認知のインパクト　(170)
2. 信頼の質的相違と方法論上の問題　(173)
3. 「決定的事例」としてのロッキード事件　(175)
4. 横断的調査を用いていかに効果を推定するのか　(178)
5. 誰が態度を変えないのか　(180)
6. ロッキード事件発覚の効果の分析　(183)
小　括　(187)

第9章　変動要因の分解：加齢・世代・時勢 …………………………………189
はじめに　(189)
1. 加齢・世代・時勢効果への分解　(190)
2. 識別問題　(193)
3. 識別問題の解決法　(196)
4. 本書における3効果の推定法　(199)
5. 加齢・世代・時勢効果の推定とシミュレーション　(202)
小　括　(207)

第10章　社会変動，価値変動，そして信頼の低下 …………………………209
はじめに　(209)
1. 価値変動と信頼の低下　(210)

2. 日本における私的な脱物質主義化　(213)
3. 伝統的価値観の衰退による意識変動　(218)
4. どのように個人レベルと集団レベルの効果を推定するのか　(220)
5. マルチレベル分析による世代間差の実証分析　(222)
　小　括　(229)

終章　日本の政治文化と代議制民主主義 ……………………………231
1. 本書は何を明らかにしたのか　(231)
2. 何が代議制の危機なのか　(234)
3. 危機に我々はどう対処すべきか　(236)
4. 日本の政治文化は市民文化か　(237)

補遺1　使用データの概要……………………………………………240
補遺2　各変数の操作的定義…………………………………………242
参考文献………………………………………………………………249
あとがき………………………………………………………………265
abstract………………………………………………………………270
索引……………………………………………………………………277

図表目次

表 1 − 1　政治的疎外の4次元…………………………………………34

2 − 1　ノリスによる支持概念の整理…………………………………56
2 − 2　調査方法の違いによる回答分布の相違………………………61

3 − 1　認知的信頼の推移と平均値（％）……………………………67
3 − 2　感情的信頼の推移と平均値（％）……………………………68
3 − 3　信頼ごとの安定者割合（％）…………………………………73
3 − 4　方向性別の個人内意識変動（％）……………………………73
3 − 5　カテゴリカル主成分分析の結果………………………………76

4 − 1　政治への信頼と無党派への感情温度の相関…………………90
4 − 2　支持政党なしを従属変数とするロジット推定の結果………92
4 − 3　政治への信頼と与党・野党感情温度の相関：1970−80年代 …95
4 − 4　政治への信頼と与党・野党感情温度の相関：1993−95年 …96
4 − 5　政治への信頼と与党・野党感情温度の相関：1996−2000年代 …97

5 − 1　投票参加の規定要因（ロジット）：1970−80年代 ……111
5 − 2　投票方向と棄権の規定要因（多項ロジット）：1970−80年代 ………113
5 − 3　投票参加と投票方向の規定要因：1993年 ……………116
5 − 4　投票参加の規定要因：1995−96年 ……………………117
5 − 5　投票方向と棄権の規定要因：1995−96年 ……………118
5 − 6　投票行動の規定要因：2003年 …………………………120

6 − 1　合意争点への選好の規定要因：1980年代 ……………133
6 − 2　非合意争点への選好の規定要因：1980年代 …………133
6 − 3　合意争点への選好の規定要因：1990年代 ……………137
6 − 4　非合意争点への選好の規定要因：1990年代 …………138
6 − 5　政策選好の規定要因：2000年代 ………………………142
6 − 6　政治改革への選好に対する政治への信頼の効果：1980年代 …143
6 − 7　合意争点に対する信頼の効果の比較：1980年代 ……144

7 − 1　直接的な政治参加の規定要因：1976年 ………………156
7 − 2　直接的な政治参加の規定要因：2003年 ………………156
7 − 3　政治的決定に対する受容的態度の規定要因 …………160

7－4　年金制度に対する受容的態度の規定要因 ……………………160

8－1　態度不変理由を従属変数とする多項ロジット推定の結果 ………182
8－2　一元配置の分散分析の結果 …………………………………185
8－3　ロッキード事件の結果の推定 ………………………………186

9－1　政治的学習のタイポロジー ……………………………………192
9－2　認知的信頼に対する加齢・世代・時勢効果の推定結果 …………203
9－3　感情的信頼に対する加齢・世代・時勢効果の推定結果 …………203
9－4　Model Ⅱの推定結果を用いた事後シミュレーション ……………206

10－1　DK頻度を従属変数とするマルチレベル分析の結果 ……………225
10－2　政治への信頼を従属変数とするマルチレベル分析の結果
　　　（個人レベルのみ）……………………………………………226
10－3　政治への信頼を従属変数とするマルチレベル分析の結果
　　　（個人＋集団）…………………………………………………228

図1－1　政策への民意の反映度合いの推移（1982－2011年度）…………28

2－1　政治的疎外指標（ANES: 1952）……………………………………49
2－2　政府への信頼指標（ANES：1958－64）……………………………50
2－3　エイブラムソンとフィニフターによる操作的定義………………51
2－4　マラーらによる操作的定義…………………………………………52
2－5　政府の応答性指標（ANES: 1964）…………………………………53
2－6　政治的信頼指標（JES Ⅲ・第5波）…………………………………55
2－7　認知的な政治への信頼の操作的定義………………………………57
2－8　感情的な政治への信頼の操作的定義………………………………58
2－9　政治的有効性感覚についての否定・肯定的質問文 ………………61

3－1　認知的な不信と信頼の差分およびその平均値の推移（％）………69
3－2　感情的な信頼と不信の差分およびその平均値の推移（％）………70
3－3　交差遅れモデルによる分析の結果…………………………………78

4－1　主要政党の支持率と政党支持なし率の推移（％）………………86
4－2　無党派層への感情温度の分布………………………………………90
4－3　支持政党の有無に対する信頼の効果（事後シミュレーション）………93

5－1　首長選挙を除く各選挙での投票参加率の推移（％）……………105
5－2　主要先進国における議会（国政）選挙での投票参加率（％）………106
5－3　投票参加に対する効果の事後シミュレーション：1970－80年代 ……111
5－4　投票方向に対する効果の事後シミュレーション：1970－80年代 ……113
5－5　投票方向に対する効果の事後シミュレーション：1993年 …………116
5－6　投票参加に対する効果の事後シミュレーション：1995－96年 ………117
5－7　投票方向に対する効果の事後シミュレーション：1995－96年 ………118
5－8　投票参加に対する効果の事後シミュレーション：2003年 …………121
5－9　投票方向に対する効果の事後シミュレーション：2003年 …………121

6－1　各政策への賛否の分布（1980年代）……………………………132
6－2　各政策への賛否の分布（1993年）………………………………136
6－3　各政策への賛否の分布（1996年）………………………………136
6－4　イラク派遣・郵政民営化・夫婦別姓への選好分布 ………………140
6－5　福祉政策への選好分布 …………………………………………140

7－1　政治的決定の受容に関する操作的定義 …………………………158
7－2　年金制度の受容に対する信頼の効果（事後シミュレーション）………161

8－1　態度を変化させない理由 …………………………………………181
8－2　グループごとの信頼平均値 ………………………………………184

9－1　識別問題の具体例 ………………………………………………195
9－2　年齢と政治への信頼の関係 ………………………………………201
9－3　信頼ごとの効果（係数値）の違い ………………………………205

10－1　大都市圏における転入超過率の推移（％）………………………215
10－2　DK率の推移（％）………………………………………………219
10－3　一般的な回帰分析とマルチレベル分析の違い ……………………221
10－4　世代ごとの価値観等と信頼の関係（平均値）……………………224

日本における政治への信頼と不信

序章　本書の目的と構成

　序章では，本書の背景と問題意識を述べた上で，目的や意義，構成について述べる。本書の議論の出発点は，代議制の危機を指摘する議論が抱える矛盾にある。この問題意識に基づきつつ，本書は政治への信頼という概念に着目し，その構造や機能について実証的に明らかにする。その作業を通じて，日本の政治文化の現状を分析することが，本書の課題である。

1. 背景と問題意識

　本人である有権者が選挙を通じて政治家や政党を選出し，選ばれた代理人が統治を行うという代議制の仕組みは，今や機能不全に陥っている。そのような指摘が，1990年代以降なされていることは周知の通りであろう。投票参加率の低下や無党派層の増加などは，それを示す証左としてしばしば引き合いに出される。近年の日本政治において問題視されている「決められない政治」もその1つであるといえる。
　政治への信頼の低下も，上述した代議制の危機論の中で，しばしば言及されている。代議制は有権者に制度や政治家が信頼されていることを，その前提としている。有権者の信頼を失った政府は機能不全を起こし，結果として権威主義など代議制とは異なる政治体制へと移行することになる。だからこそ1990年代以降，全世界的な政治への信頼の低下を受け，その打開策について実務家や研究者などが活発な議論を交わしているのである。
　政治不信の蔓延が叫ばれて久しい日本では，この問題はより深刻であるかもしれない。日本の政治への信頼が，国際比較の視座から見てかなり低い水

準にあることは既に多くの世論調査の結果から示されている。2009年には自民党から民主党への政権交代が行われ，従来の政治からの転換が期待されたが，今やその希望は失望へと変容してしまった。東日本大震災への政府の対応は，そのような傾向にさらなる拍車をかけるものであったのではないだろうか。

政治への信頼の低下に歯止めをかけ，再び信頼を構築しなければならない——このような主張は，たしかに一見すると正しいように思われる。しかし，そこにはいくつか不可解な点もある。最大の謎は，政治への信頼がこれほどまでに低下しており，さらには戦後から低い水準にあったにもかかわらず，日本の代議制が存続していることである。

日本の政治不信は戦後間もない頃からきわめて高い水準にあった。上述したように，政治への信頼の低下が政府を機能不全に陥らせ，ひいては政治体制の転換をもたらすのなら，日本の代議制は既に崩壊していてもおかしくはない。しかし現実はその逆であり，日本の代議制は崩壊するどころか，むしろ参加から熟議へというように，さらに次の段階へと発展していっているように感じられる。端的にいえば，理論的な想定とは逆の現象が日本では生じているのである。

日本では政治への信頼がかなり低い水準にあるにもかかわらず，代議制はなお存在し続けている。我々はこの現状をどのように理解すればよいのだろうか。政治への信頼の低下は，代議制の危機を本当にもたらす要因となっているのだろうか。さらにいえば，政治への信頼に満ち溢れた社会は本当に望ましい社会といえるのか。危機への処方箋以上に，現状の診断と分析が，今求められている。

2. 本書の目的と意義

本書の目的は，政治への信頼についての体系的な実証分析を行うことにある。近年，政治への信頼の低下を背景に代議制の危機が叫ばれている。しかし，それがいかなる問題を引き起こすのかはそれほど明らかになっていない。それゆえに，信頼低下に伴う代議制の危機とは何か，そして我々はそれにどのように対処すべきかも不明瞭である。本書では，政治意識調査を用いた実証分析を通じて，日本における政治への信頼の構造的特徴や機能を明らかに

し，信頼低下と代議制の危機をめぐる謎についての解答を示したい。

本書が明らかにする具体的な問いは次の3点である。第1は「政治への信頼とはどのような意識であり，またそれはどのように推移しているのか」である。政治への信頼は論者によって定義や捉え方が異なる抽象的で曖昧な概念である。それゆえにこの概念を分析するには，まず，これがどのような特徴を有する意識なのかを明らかにしなければならない。

第2は「政治への信頼が低下することの帰結は何か」である。政治への信頼の低下はどのような問題を引き起こしているのか，あるいは引き起こす可能性があるのかを明らかにしなければ，信頼の低下が代議制にとって危機なのかどうかを判断することはできない。本書では，政治への信頼と政党支持や投票行動，政策選好，政治的逸脱行動との関連を分析することでこの疑問にこたえる。

第3は「政治への信頼の変動要因は何か」である。政治への信頼が低下しており，またそれが多くの問題を生じさせることが明らかとなった場合，次に行うべきは信頼の低下に歯止めをかけることであろう。しかし，信頼低下の原因がわからなければその対策を講じることは不可能である。本書では政治への信頼の変動要因を実証的に明らかにすることで，問題への「処方箋」に対する知見を提示することをめざす。

もちろん以上に掲げた課題について，先行研究がまったく取り組んでこなかったわけではない。むしろ信頼に関する実証研究は，特に1990年代以降多数蓄積されている。しかしながら，これらはいずれも本書の疑問に対して十分な解答を提示できているわけではない。その理由としては，政治への信頼概念についての捉え方が不十分だという点をあげることができる。

本書では，政治への信頼には質的に異なる2つの信頼が存在すると考える。第1は現実の政治への認知や認識に基づく，特定の政治家や政党などに対して抱かれる信頼である。本書ではこれを認知的な政治への信頼と呼んでいる。第2は倫理や規範といった感情を基礎とする信頼であり，これは主として政治制度のような抽象的で曖昧な対象に対して抱かれる。本書ではこの信頼感を，感情的な政治への信頼と呼ぶ。

政治への信頼をこのように区別することには，信頼という抽象的な概念をより精緻な形で理解すること以上の意味がある。政治への信頼は，認知か感情かで，その分布や推移の傾向が大きく異なる。くわえて，信頼の質的相違

はその効果や規定要因の違いにも直結する。しかしながら先行研究は，この信頼の質的相違について，ほとんど検討してこなかった。言い換えれば政治への信頼は，1次元的な公的な対象（政治）への肯定的あるいは否定的な意識として捉えられた上で，その規定要因や効果についての実証分析がこれまでなされてきたのである。それゆえに，信頼の概念的特徴や信頼低下の帰結などについて，誤った理解が示されてきているように思われる。

より具体的に先行研究の問題点を指摘するなら，それらの多くは本書でいうところの認知的な政治への信頼の低下を代議制の危機をもたらすものとして捉え，その原因や帰結について分析してきた。たしかに有権者は政治に対して不信を抱いている。しかしそれは代議制に対する規範的な支持や信頼の喪失を意味しているわけではない。つまり先行研究は，政治への信頼には認知だけではなく感情的な側面もあることを見逃してきたことを本書は主張するのである。

政治意識研究の文脈上での本書の位置づけについても簡単に触れておきたい。本書は，以上の記述からも推察されるように，古典的な行動論アプローチ，具体的には態度理論および政治文化論の理論枠組みに依拠しながら，政治への信頼を分析するものである。今日においては，合理的選択論の隆盛を背景に，本書が立脚するこのアプローチの有用性について疑義が呈されている。より厳密な言語および「理論的」な方法を用いることの重要性については本書も同意する。しかし，それでもなお，現代政治を理解する上で本書のアプローチは有益であることを主張したい。政治への信頼を認知と感情として捉える視角は，態度理論に基づいてこそ可能となる。合理的選択論においては，倫理，道徳，規範，愛着といった感情の重要性がしばしば見過ごされがちである。しかし，このような有権者の「非合理的」な側面に注目する必要もあるのではないか。そこには，代議制は認知だけではなく感情によっても支えられているという本書の主張がある。

3. 方法論的特徴

政治意識研究を行うための方法としては，一般的には政治意識調査を用いての計量分析が基本となっている。とりわけ，政治意識の実証分析と称する研究の多くは，政治意識調査を用いた計量分析を行っている。本書もこれら

と同じ方法で，政治への信頼についての実証分析を行うものである。ただし，ここで用いるデータは，筆者が独自に企画し収集したものではなく，筆者以外の研究者ないし研究機関が実施した政治意識調査である。

意識調査を用いた分析に限定されるわけではないが，多くの計量分析は分析者自身が収集したデータを扱う場合と，分析者以外の研究者などが収集したデータを扱う場合とに大別される。前者は一次分析 (primary analysis) と呼ばれ，後者は二次分析 (secondary analysis) と呼ばれている。本書は，既存の公開された政治意識調査の分析を行うという点からも明らかなように，一次分析ではなく二次分析を行うものである。

政治意識研究や投票行動研究では，研究者個人の手によって全国の有権者を対象とする意識調査を行うことがほとんど不可能であるため，二次分析は特に目新しい方法ではない。また二次分析は，世界的にも一般的な方法として定着しており，The Interuniversity Consortium for Political and Social Research (ICPSR) などそのためのデータアーカイヴも整備されている。世界的に著名な政治学系学術雑誌に掲載されている論文の中にも，二次分析を行うものは多い。

しかし日本の政治学あるいは社会科学では，二次分析は一般的な分析手法として定着していない。その理由は，二次分析はあくまで既存の資料やデータの再分析を行うものであるため，独創的な研究を行えないと考えられているからであろう。すべてのデータは，それを収集した研究者個人ないしは集団の特定の目的のもとで収集される。自身の理論や仮説の妥当性を検証するには，新たにその目的に見合ったデータを収集した方がよいのかもしれない。

たしかに二次分析には多くの問題がある。二次分析は一次分析が行われることを前提にしており，その点からも一次分析の優位性を主張することはできる。しかし，筆者は二次分析を行う研究に独創性がないとは考えない。その理由は第1に，研究の独創性は何を用いるかではなく，どう用いるかという点に左右されるためである。データが同じであっても，それをどのような理論的文脈に位置づけるかで，結果や解釈は異なるものとなる。第2に，二次分析は独創性がないどころか独創性を示しやすい。先行研究が見過ごしてきた点や，既存の分析結果とは異なる結果を示すことが二次分析の目的だからである。

以上より本書では，これまで蓄積されてきたいくつかの政治意識調査を用

いて，政治への信頼の分析を行っていく。多くの公開されているデータのうち，本書が主として用いるのは，1976年に実施されたJABISS，1983年に実施されたJES，1993年から1995年に実施されたJESⅡ，2003年から2004年に実施されたJSS-GLOPEの4つである。これらのデータの概要については，巻末の補遺に記しているので，そちらを参照願いたい。

なお，二次分析を行うには，大規模な政治意識調査の実施とその公開に向けての努力が必須である。今日では上述したICPSRやSSJデータアーカイヴなどを通じて，データを容易に入手することが可能となっている。しかし1990年代までは，公開に向けてデータをいかに蓄積していくかが日本の政治意識研究者の課題であった。本書は，そのような先達の研究者の努力にそのすべてを負っていることをここに記しておく。

4. 本書の構成と各章の概要

本書は，序章と終章を除き，政治への信頼概念の特徴や推移の傾向などを議論する第Ⅰ部，政治への信頼の低下の帰結を明らかにする第Ⅱ部，政治への信頼の変動要因を議論する第Ⅲ部の，3つのパートより構成される。第Ⅰ部は政治への信頼とはどのような意識であり，またそれはどのように推移しているのかを，第Ⅱ部は政治への信頼が低下することの帰結は何かを，そして第Ⅲ部は政治への信頼の変動要因は何かを主として明らかにする。これらの異なるパートを貫く「縦糸」は，認知的な信頼と感情的な信頼という本書の政治への信頼の分類枠組みである。

第Ⅰ部「政治への信頼の構造と動態」は，政治への信頼の概念定義について検討する第1章，信頼の操作的定義について検討する第2章，信頼の推移と構造を分析する第3章より構成される。

第1章では，政治への信頼はなぜ重要なのかを整理した上で，本書ではそれをどのように捉えるのかを論じる。政治への信頼は，端的にいえば政治家や政治制度といった公的な対象への肯定的な意識の総称であるが，そこには認知と感情という質的に異なる2つがある。前者は特定の政治家や政党に向けられる信頼であり，後者は代議制全体に向けられる信頼である。この信頼の分類法は，後の実証分析を貫く分析枠組みであると同時に，本書の理論の骨格をなすものでもある。

第2章では，認知的な信頼と感情的な信頼をどのような質問文を用いて操作化するのかを論じる。政治への信頼は，概念定義だけではなくその操作化方法についても混乱が見られる。ここでは，これまでどのような操作的定義が用いられてきたのかについて概観しながら，本書は認知的な信頼と感情的な信頼をどのように操作的に定義するのかについて検討する。

　第3章では，第1章および第2章で述べた本書の基軸となる政治への信頼の分類枠組みの妥当性を，信頼の分布，推移，構造という3つの観点から検証する。認知的な信頼は，不信を抱く人が多く，時の政治状況に応じて変動するという特徴をもつ。それに対して感情的な信頼は，信頼を抱く人が圧倒的に多く，また安定的でもある。そしてこの信頼の構造は，ここ数十年の間一貫して確認することができるものでもある。

　続く第Ⅱ部「信頼低下の帰結」は，政治への信頼と政党支持の関連について分析する第4章，信頼と投票行動の関連を分析する第5章，信頼と政策選好の関連を分析する第6章，信頼と政治的逸脱行動との関連を分析する第7章より構成される。

　第4章では，政治への信頼が政党支持に与える効果を分析する。政治不信の蔓延は無党派層の増加をもたらすとしばしば指摘されているが，その説はどの程度支持されるのだろうか。ここでは，政党支持の有無を規定するのは主に感情的な信頼であり，1990年代に低下している認知的な信頼は政党支持の方向性の変動を，具体的には自民党への支持の低下をもたらしていることを実証する。

　第5章では，政治への信頼が投票行動に与える効果を分析する。棄権率の増加についても，その背後には政治不信があると議論されることは多い。ここでは，前章と同じく信頼を2つに大別しそれぞれの効果を明らかにすることで，棄権と関連するのは感情的な信頼であること，そして認知的な信頼は投票方向と関連することを実証する。

　第6章では，信頼と政策選好の関連を分析する。これまで政策に対する選好を規定する要因としては，有権者の社会的属性やイデオロギー，価値観などが指摘されてきた。本書では政治への信頼も有権者の政策選好を規定する要因であることを明らかにする。さらにここでは，認知と感情のそれぞれが政策選好に与える効果が異なることについても実証する。

　第7章では，信頼と投票以外の政治行動との関連を分析する。これまで，

代議制の効率性や安定性を阻害する，直接的なエリート挑戦的な政治参加の台頭は，政治への信頼の低下によるものと説明されてきた。しかし，政治参加への拒否意識が根強い日本で，直接的な参加が信頼の低下によってもたらされるとは考えにくい。事実，政治への信頼と直接的な政治参加の間には明確な関連はない。この点を明らかにすると同時に，ここでは感情的な政治への信頼が消極的な形での政府への協力を促進させることを実証する。

　第Ⅲ部「信頼の変動要因」は，認知的な信頼の変動要因を分析する第8章，認知的な信頼と感情的な信頼の変動要因が異なることを示す第9章，感情的な信頼の変動要因を分析する第10章より構成される。

　第8章では，汚職や不正といった政治的事件の発覚が信頼にどのような影響を与えるのかを分析する。政治的事件の発覚は，政治不信の増加を一時的にではあれもたらすことが明らかにされているが，それはどの信頼にもあてはまるのだろうか。ロッキード事件が有権者の政治意識に与えた影響の分析からは，政治的事件の発覚は認知的な信頼に対してはその低下をもたらすが，感情的な信頼に対しては必ずしもそうはいえないことが明らかとなる。

　第9章では，より包括的な視点から政治への信頼の変動要因について分析する。ここで用いるのは，変動要因を加齢・世代・時勢の3つに分解するという手法である。認知的な信頼が時の政治状況への認知や認識に基づき形成されるものであるなら，時勢効果の影響力が相対的には大きくなるだろう。それに対して感情的な信頼は，時勢の影響を受けつつも，世代交代に基づき変動するのではないだろうか。分析の結果，この仮説は支持されることが明らかとなる。

　第10章では，前章で明らかにした世代の交代による感情的な信頼の低下について，より詳細な分析を行う。なぜ古い世代から新しい世代へという変化が，感情的な信頼の変動をもたらすのか。その背後にはどのような社会・文化的変動があるのか。イングルハートのいう価値変動の理論を批判的に検討しながら，戦後日本の社会的・文化的変動に伴う伝統的価値観の衰退が，感情的な信頼の低下を生じさせていることをここでは示す。

第Ⅰ部　政治への信頼の構造と動態

第 1 章　政治への信頼概念の検討

　第 1 章では，政治への信頼概念の整理と検討を行いながら，本書が政治への信頼をどのように捉えるのかを論じる。政治への信頼は，政治に対する肯定的な意識の総称とでもいうべき概念であるが，そこには認知と感情という質的に異なる 2 つの信頼が内包されている。この信頼の区別は，特定支持と一般支持の区別に見られるように，これまでも断片的な形で示されてはきたが，本書のように政治意識の基底的構造の枠組みにこれを位置づける研究は多くない。この政治への信頼の区別は，後の実証分析を貫く「縦糸」となる。

はじめに

　政治への信頼は，実際に視認できるものではなく，人間のパターン化された行動を理解するために「発明」された概念である。それはすべての政治意識に共通する特徴ではあるが，それと政治への信頼を分かつ最大の特徴はその曖昧さだろう。事実，政治への信頼について確立された定義は存在せず，論者の問題関心や立脚するアプローチにしたがって，政治への信頼は多様な形で定義されてきた。
　ある概念についての共通理解が得られていないと，我々はコミュニケーションを行うことができない。論者によって定義や捉え方が異なる政治への信頼は，それゆえに使用が困難な概念だと思われるかもしれないが，現実はその逆であり，この言葉を耳にする機会は多い。その理由について考えてみると，この概念は政治現象を説明するためではなく，「政治を批判するため」に用いられているからだということに気付かされる[1]。「政治への信頼を構築

しなければならない」という主張に異を唱える論者は少数であろう。定義や捉え方は異なるが，信頼が重要だという点については奇妙な形での合意が形成されている。だからこそ，マスメディアなどでは政治不信の蔓延がしばしば指摘されることとなる。

　このことは，政治への信頼は代議制にとって重要だという「仮説」が「前提」へとすり替えられていることを意味している。政治への信頼が重要かどうかは，本来は信頼が低下すると投票率は下がるのかなど様々な問題を1つずつ実証的に解き明かしていきながら判断しなければならない。それにもかかわらず，政治への信頼は重要であるという前提のもとで，その低下を問題視する論者は跡を絶たない。

　仮説が前提へとすり替えられることで，次に述べる2つの問題が引き起こされている。第1に，政治への信頼がどのような意味で代議制にとって重要なのかが曖昧になっている。第2に，政治への信頼はどのような意識なのかについても曖昧である。

　以上を背景に，本章では，なぜ政治への信頼について論じる必要があるのか，なぜ信頼は重要なのか，さらに信頼にはどのような捉え方があるのかを整理し検討することで，政治への信頼概念の「輪郭」を描き出そうと思う。またその作業を通じて，本書はどのように政治への信頼を捉えるのかについてもここでは論じる。

　結論を先取りすれば，本書は政治への信頼を認知と感情の2つに大別する。政治への信頼の分類法としては様々なものあげられるが，その中で本書が注目するのは特定の政治的対象に向けられる支持と，広く政治一般に向けられる支持の区別である。くわえてここでは前者を認知的な態度と位置づけ，後者を感情的な態度と位置づける。以上を本章では先行研究の整理と検討を通じて明らかにする。

（1）　たとえば，福元と堀内は「政治不信」と「投票率」というキーワードを用いて新聞記事などの記事検索を行ったところ，投票率低下の原因を政治不信に求める記事が多く存在する一方で，投票率が上がっても政治不信は解消されたという記事は見つからなかったという調査結果を報告している（福元・堀内 2012）。マスメディアが政治への信頼を，批判のための道具としていかに恣意的に用いているかが，ここからわかるだろう。

1. 政治への信頼を問う意味

　信頼（trust）は「あの人は信頼できる人だ」というように，日常的に口にする言葉である。『大辞泉（第三版）』では，信頼について「ある人や物を高く評価して，すべて任せられるという気持ちをいだくこと」と説明されている。対象を信用し，何かしらの事を任せられるという気持ちを抱くこと，あるいはその気持ちが信頼だということなのだろう。
　政治への信頼の代表的な定義は，「たとえ自身が意図せずとも，政治システム全体あるいはその一部分が望ましい結果を産出するだろうという確率」（Gamson 1968: 54）である。政治への信頼を，政府の業績への評価を政府に対する期待で除したものから捉えようとする論者もいるが（Orren 1997=2002），業績評価と信頼はあくまで別の概念だろう。政治に対する「我々の意見を政策決定に反映してくれる」というある種の期待に近い意識が政治への信頼である。
　現在，世界各国で採用されている政治体制は，有権者が選挙を通じて政治家を選出する代議制である。多数決型と合意型など（Lijphart 1999=2005），代議制といってもそこには多様なバリエーションが存在するが，選挙を通じて政治家を選ぶという間接的な形での投票参加を基礎とする点は，いずれにも共通する[2]。ここから代議制は，有権者が政治家に「政治を任せること」を前提としている政治体制だということができる。
　もちろん，選挙で選ばれた政治家や政党が常に有権者に信頼されているわけではない。代議制は，多数の有権者が政治に参加することが困難な状況下で，いかに秩序を形成するかについての試行錯誤の中で考案された1つの政治体制であるに過ぎない。しかしこれは，代議制にとって政治への信頼が必要であることを否定するものではない。
　ところで1990年代以降，政府に対する信頼が低下しているとして，多くの

　（2）　政治参加には投票参加以外にも様々なバリエーションが存在する（Milbrath and Goel 1977；蒲島 1988）。しかし，代議制が選挙を通じて代表者を選ぶことを基本としている以上，投票参加は数ある政治参加の中でも特に重要なものとして位置づけられる。

研究者や実務家が警報を鳴らしている。もちろん調査や国によって異なるが，全体的な傾向として政府への信頼が低下していること，少なくとも信頼が低い水準にあるという点では意見の一致が見られる。特に先進諸国においてその傾向は顕著だとされており，たとえば国際比較世論調査として著名な世界価値観調査（World Values Survey：WVS）では，政党を信頼している有権者が半数以上を占める国は，55ヶ国中僅か2ヶ国しか存在しないことが示されている。議会に信頼を寄せている人が半数以上の国は54ヶ国中16ヶ国とやや多いが，そのうち信頼できるという回答者の割合が7割を超えるのはわずか2ヶ国である[3]。

　世界中の人々が政府に対する信頼を失いつつあるという現状を受け，近年，信頼をいかに構築するかについての議論が活発に行われている。たとえば，2007年にオーストラリアでは「政府への信頼を構築する」という国際的な会議が開催されており，そこでは信頼をいかに構築するかについての様々な提案がなされている（Blind 2007）[4]。さらに日本でも2005年から2010年にかけて，行政の信頼性の確保等に関する研究が複数の政治学者や行政学者を中心に行われている（総務省大臣官房企画課 2010）。政治への信頼低下への危機意識は世界的に共有されているといってよい。

　政治不信の蔓延が指摘されて久しい日本では，諸外国以上にこの問題は深刻なのかもしれない。日本の政治不信が国際比較の見地から高い水準にあることは既にファーによって指摘されているが（Pharr 1997=2002），具体的に世論調査の結果から確認してみよう。図1−1は，1982年から内閣府がほぼ1年毎に調査を実施している「社会意識に関する世論調査」の結果を整理したものである[5]。1980年代より「政策に民意が反映されている」と回答する

---

(3) 以上は2005年から2008年にかけて調査が実施された世界価値観調査第5波の結果である。より詳しい結果については世界価値観調査のウェブサイト（http://www.worldvaluessurvey.org/ 2012年8月1日最終アクセス）に公開されているので，そちらを参照されたい。
(4) 2010年には同会議の内容に基づく編著作が公刊されている（Cheema and Popovski 2010）。
(5) 1999年度と2001年度については調査が実施されていない。そのため図1−1では，1999年度については1998年度と2000年度の平均値を，2001年度については2000年度と2002年度の平均値を代入している。

図1-1 政策への民意の反映度合いの推移（1982-2011年度）

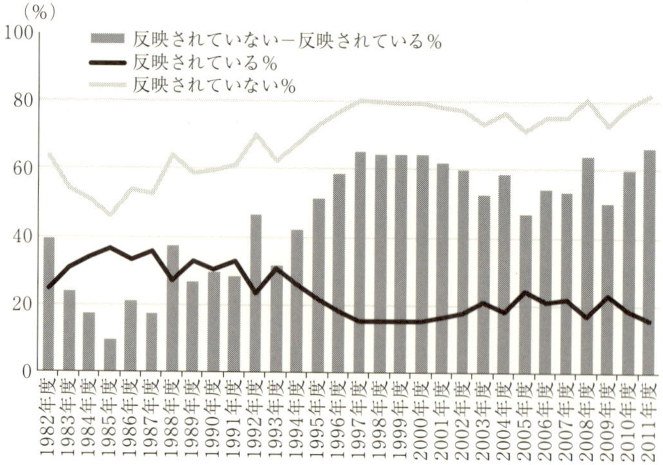

注）内閣府「社会意識に関する世論調査」の結果を基に筆者作成

人は多くなかったが，それでも3割程度はいた。また「反映されていない」との割合の差も1980年代は大きくなかった。しかし1990年代に入ると，「反映されていない」の回答比率が急増し，「反映されている」との差も広がり始める。近年に至っては，8割以上の回答者が政策への民意の反映度合いに関して，否定的な見解を示している。

このように説明すると，本書が日本の政治への信頼に着目する理由は，日本におけるそれが諸外国に比して低いからだ，と思われるかもしれない。しかし，日本人が政治を信頼していないからという説明は，実は，なぜ政治への信頼に着目するのかという問いに対する解答としては十分でない。なぜなら，これはなぜ政治への信頼が重要なのかという疑問にこたえるものではないからである。

そもそも，なぜ代議制は有権者の信頼を必要とするのだろうか。たしかに，代議制は有権者が政治を信頼していることをその前提としている。信頼がなければ委任を行うことなどできない，だから信頼は重要だという主張はもっともな意見である。けれども現実の政治は政治不信が蔓延していても，なお機能し続けている。少なくとも，有権者が政治に対して不信感を抱いていることが直ちに政府の機能を停止させたり，代議制の崩壊をもたらしたりする

わけではない。

くわえていえば，日本の政治不信は戦後間もない頃からかなり高い水準にあった。たとえば1965年に内閣官房広報室が調査を実施した「選挙の実態に関する世論調査」では，回答者の半数近くが国会議員は選挙の際に金銭などで有権者を買収し，また政治は腐敗していると考えていることが明らかにされている[6]。政治不信の蔓延は今日に限られるわけではなく，むしろ戦後ずっと続いてきた日本の「政治文化」だという指摘もある（Pharr 2000）。しかし戦後の日本政治が常に機能不全に陥っていたわけではないことは，改めて述べるまでもない。結局のところ，政治への信頼がどのような意味で代議制にとって重要なのかは不明瞭なのである。

「政治不信を払拭すべきだ」「政治に対する信頼を取り戻さなければいけない」。これらの主張はマスメディア等でしばしば耳にする。しかし，なぜ信頼が必要なのかについてはほとんど説明されることはない。現状は，単に政治への信頼は重要だ，あるいは信頼の低下を食い止めるべきだと声高に叫ばれているだけである。なぜ政治への信頼は代議制にとって重要なのか。我々はこの問いについて改めて検討しなければならない。

2. なぜ政治への信頼は重要か

政治への信頼に関する実証研究は，1990年代以降，国内外の政治学・行政学研究者によって行われるようになった。それまでは疎外や無関心など否定的な政治意識に着目することが専らであった[7]。しかし1990年代以降は，社会関係資本（social capital）への注目を契機に信頼概念への注目が高まり，政治への信頼に関する実証研究も急増する。

（6） 詳しい結果は SSJ データアーカイヴの HP に掲載されているのでそちらを参照されたい（http://ssjda.iss.u-tokyo.ac.jp/chosa-hyo/m118c.html 2012年8月1日最終アクセス）。

（7） 信頼と不信を連続線上にある概念として捉える見方が政治的疎外の研究では一般的であった。その意味で，1990年代までの政治不信の研究と，1990年代以降の信頼の研究に本質的な違いがあるわけではない。本書では，政治的疎外の研究に多数言及するが，それは本書が，政治的疎外の研究と1990年代以降の信頼研究は連続線上にあるとみなしているからである。

パットナムはその著書 *Making Democracy Work*（邦題『哲学する民主主義』）において，政府が効率的に機能するには，豊かな社会関係資本が必要であることを主張した（Putnam 1993=2001）。社会関係資本とは，他者に対する一般的な信頼感，一般化された互酬性の規範，水平的で多様性のある市民間のネットワークを構成要素とする概念である（坂本 2010）。この社会関係資本が高い地域では，市民間の自発的な協調関係が促進され，政府，ひいては社会が機能することとなる。

「社会関係資本は信頼が広く行き渡っているところより生じる1つの特性である」（Fukuyama 1995: 26）との指摘に見られるように，信頼は社会関係資本論の中核に位置する概念である。相互に不信を抱くことが当然となっている社会では，何をするにしても信頼性（trustworthiness）を高める努力をしなければならない[8]。さらに相互に不信を抱いていては裏切りという行為が発生する可能性があるため，それを抑止する方策についても講じる必要がある。信頼は，このような他者との円滑な協調関係を構築する際に発生する取引費用（transaction costs）を低減させる役割を果たす。

つまり政治への信頼が重要視される理由の第1は，信頼が政策形成や政策実施をより効率化させるための資源だと考えられているからである。信頼には交渉の際の取引費用を低減させる効用があり，ゆえに多くの有権者が政府ないしは政治を信頼していると，政策形成や実施にかかるコストが低下する（Levi and Stoker 2000）。たとえば政治（家）が信頼されていれば，必要以上に政策の妥当性に関する説明をする必要がなくなり，また政策を実施する際にも有権者の協力を得られやすくなるだろう。

第2の理由は，政治への信頼が政治的正統性（political legitimacy）を担保すると考えられているためである。「不可欠な資源がないと政府は良い仕事ができないし，政府が良い仕事をしないと人びとは政府に対する不満と不信を募らせる。こうした悪循環は，統治の形態としての民主主義への支持を損なうことになる」（Nye 1997=2002: 17-18）。ここで指摘されている民主主義

---

(8) 信頼性とは，信頼を抱く対象の特性を意味する概念であり，信頼とは区別される。たとえば，情報公開を徹底し十分な説明責任を果たす政府は信頼性の高い政府である。しかし有権者がそのような政府を信頼するとは限らない。

への支持とは，代議制を支える有権者の心理的基盤である。すなわちこの主張は，政治への信頼の低下が政治的正統性の低下をもたらすことを警告するものだと解釈できる[9]。

代議制という政治システムが維持・安定するには，一般の有権者にそれが最善なシステムだと――少なくともその他の統治形態との比較から「悪くない」ものとして――認識される必要がある。言い換えれば，そのような認識を多くの有権者が抱いているとき，当該システムには政治的正統性があるということになる。この政治的正統性が低下すると，代議制から権威主義体制へといった体制変動が生じる可能性が高まる。それゆえに，信頼の低下は代議制の危機として語られているのである（Crozier, Huntington and Watanuki 1975=1976; Pharr and Putnam 2000)[10]。実際に，政府への信頼と選挙制度に対する変革を望む態度の間には関連があることを示す実証結果もある(Avery 2009)。

第3に政治への信頼は政府の，あるいは政策の基本的な方向性を規定するから重要だという説明がある（Hetherington 2005; Rudolph and Evans 2005; Rudolph 2009; Rudolph and Popp 2009)。代議制では，政治家は有権者が支持する政策を基本的には実施しようとする。その際，有権者がどのような政策選好を有しているのかが重要となるが，信頼は政策選好と関連があり，ゆえに重要だという指摘である。

---

(9) なお，政治への信頼は政権を安定的に運営するうえで必要な内閣支持の源泉だという実証結果もある（Chanley, Rudolph and Rahn 2000; Hetherington 1998)。これらは，信頼の低下が代議制の危機をもたらすことを含意していないのでここでの主張とは異なるが，安定性を脅かすという点では共通する。なお，内閣支持率が政権の安定性を支える資源であることは日本でも実証的に明らかにされている（増山 2002；川村 2012)。

(10) 政治への信頼と政治的正統性を結びつけるロジックには，大きく分けて次の2つが存在する。第1は権威を媒介に，両者の関係を接合する論理である。信頼は政治への権威を創出し，権威は正統性を創出する。ゆえに信頼の低下は正統性の低下に結び付く（Crozier, Huntington and Watanuki 1975=1976)。第2は政府に対する有権者の評価から政治的正統性について説明しようとするものである（Lipset 1959; 田中 1996)。そこでは具体的には応答性，有効性，公平性の欠如が正統性の低下をもたらすことが主張される（Weatherford 1992)。この点については，4. にて改めて検討する。

政治への信頼は，とりわけ女性の社会進出の促進や人種差別の撤廃などといった「マイノリティ」の利益を保護する政策への選好と関連するとされる（Hetherington 2005）。多くの人々が利益を享受できるような政策については，政府を信頼するか否かを問わず，それを選好する人は多数を占める。しかしマイノリティのみが利益を享受するような政策は，言い換えれば政府による積極的な社会への介入は，必ずしも多数の有権者に支持されるわけではない。むしろ政府を信頼しない人は小さな政府を求めるかもしれない。このような文脈から，信頼の重要性は説明されることがある。いわば政策変動を予測するための道具だから信頼は重要だという主張である。

ここまでの議論を整理しておこう。第1に，政治への信頼は政府のさらなる効率化を促進させる資源となる。信頼は，円滑な政策形成および実施を可能とするためである。第2は代議制の安定性への寄与である。政治への信頼はシステムの存続可能性を左右する重要な意識だということである。第3は政策展開を予測するための道具としての効用である。政府が，今後どのような政策を形成し実施しようとしているのかについて検討する際に，信頼の変動は重要な参照基準となる。

3. 政治制度への信頼と特定対象への信頼

以上に述べた政治への信頼の効用についての説明はいずれも説得的である。しかし，より詳細に検討してみると，これらの説明は整合性に欠けていることに気付かされる。たとえば，政治への信頼がシステムの維持可能性と関係するのなら，信頼低下の帰結は代議制の倒壊ということになるだろう。その一方で，政府の効率化や予測のための道具という説明は，信頼低下の帰結として，代議制が倒壊することを想定していない。特に政策変動を予測する道具だからという説明は，信頼が低下しても代議制は存続することを前提にしているという点で，システムの維持可能性と関係するという議論と矛盾する見解だといえる。

このような問題が生じる理由は，端的にいえば政治への信頼の捉え方が論者によって異なるためである。政治への信頼は研究者によって定義が大きく異なっている。そしてその違いは，信頼の効用や信頼低下の帰結についての解釈の相違を生じさせる。つまり，政治への信頼をどのように捉えるのかに

ついての意見の不一致が，上述した矛盾を生じさせる原因だと考えられるのである。それゆえに政治への信頼概念について議論を進めるには，まずこれがどのような意識なのかを明確にしておかなければならない[11]。

政治への信頼の捉え方は，第1にその他の類似する概念との区別という点で，第2に信頼を抱く対象の違いという点で，そして第3に信頼を抱く動機の違いという点で異なるものとなる。まずは第1の点について説明しよう。政治的疎外の研究においては，疎外がどのような意味次元より構成されているのかについて，今日に至るまで様々な研究者が議論を重ねてきた[12]。その結果，この点についてはかなりの程度明らかとなっている[13]。

政治的疎外の意味次元に関する実証研究は数多く存在するが（Finifter 1970; Hill and Luttbeg 1983; Mason, House and Martin 1985; Travis 1986; 三宅

---

(11) なお，信頼の捉え方にはこれを意識として捉えるものと，千葉（1997）のように行動として捉えるものの2つがある。本書では，第1に信頼は対象への行為とは関係なく抱く場合があること，第2に信頼の有無ないし高低がある行動の原因となるかどうかは検証されるべき命題であり前提ではないという2点より，あくまで意識として信頼を捉える。無論，意識という概念自体の妥当性が問われていることは筆者も理解している。しかし，政治的な意思決定について議論する場合，やはり意識という概念は重要だと本書では考えている。たとえば，投票先をどのように決めるかという意思決定について，それを単なる条件反射として議論することは不可能だろう。我々は公示日から実際に投票するまでの間，多かれ少なかれ政治について考えるはずである。政治的な意思決定はいわば「非日常的」な意思決定であり，だからこそ政治意識について論じる意味があるというのが，本書の立場である。

(12) 政治的疎外の研究に関するレビューは既に数多く存在する（武重 1982a, 1982b, 1982c；山田一成 1994a, 1994b；小林 1990；田中 1990）。ゆえに本書の記述は，疎外研究の流れをかなり簡略化したものに留めている点に注意されたい。

(13) 政治的疎外を，いくつかの異なる意味次元に分割して捉えようとする議論は，疎外概念を多次元的（multi-dimensional）概念として捉えるという意味で次元論と呼ばれている（山田一成 1994a）。疎遠感覚という一次元概念としてこれを捉えようとする議論もあるが（Schwartz 1973），先行研究の多くは多次元論に立脚しており，本書も政治への信頼には異なる複数の次元が存在すると考えている。ただし5. で述べるように，本書の政治への信頼の捉え方は先行研究のそれとは異なる。

1986;田中1995),その中でも特に妥当性と信頼性の高い枠組みを提示しているのはチェンによる研究である(Chen 1992)。彼は,政治的疎外を表1－1に示すように4つの次元から構成される概念として整理する。第1は無規範性(normlessness)であり,これは公職者が政策決定に到達するまでに非合法ないしは不正な行為を行うという確信である。第2は無力感(powerlessness)であり,これは自身の行動が政治過程に影響を与えることができないという感覚を意味する。第3は無意味感(meaninglessness)であり,これは政治的に意味ある選択を区別できない感覚とされる。第4は無関心(apathy)であり,公的な事柄に対する興味や関心が欠如している状態をいう。

ここで明らかなように,政治への信頼は,上記の分類でいうところの無規範性に相当する意識だと考えられる。政治家や政党が,さらには政治システムが自らの規範に即したものであるという意識が政治への信頼であり,これは,無力感や無関心などとは明確に区別される。政治への信頼について議論するには,まずこの点を明確にしておかなければならない[14]。ただし,政治的有効性感覚には,内的政治的有効性感覚と外的政治的有効性感覚の2つがあり(Converse 1972; Craig and Maggiotto 1982),後者については政治への信頼と重複するため議論に含めている。外的政治的有効性感覚は「政府や制度によって」我々は影響力を行使することができないという感覚を意味する概念だからである。実証的にも外的有効性感覚と政治不信の相関は高いとされ

表1－1 政治的疎外の4次元

疎外の次元	下位次元		各次元の説明
無規範性	アクターベース		規範と現実の乖離に基づく政治家や官僚への否定的な評価
	制度ベース		理想と現実の乖離に基づく政治制度や政治システムへの否定的な評価
無力感	内的		政治について理解している,あるいは政治に影響を与えることができるという信念
	外的	アクターベース	政治家や官僚が市民の要求を政策に反映させる能力や動機があるという信念
		制度ベース	市民が政治に影響を与えることが可能となるように,制度が,開かれた公平なものとなっているという信念
無意味感			政治目標を選択することができない,または何を望むかわからない状態
無関心			政治に対する情熱や志向性を欠いた心理状態

注)Chen(1992: 92)Table4.12を参考に筆者作成

(14) ゆえに本書では政治的有効性感覚や政治的無関心について議論の対象とはしない。

る (Chen 1992)。

　くわえてこの表は，無規範性にはさらに2つの下位次元が存在することも示している。1つは政治制度への信頼 (regime based political trust) であり，もう1つは公職者に対する信頼 (incumbent based political trust) である。これは信頼が抱かれる対象の違いに着目する分類法だといえるが，なぜこのような形で信頼を区別するのか。その背景には，1970年代に行われたミラーとシトリンによる論争がある。

　1974年，アメリカ政治学会誌 (*American Political Science Review: APSR*) 上で，政府への信頼をどのように解釈するかについての論争が繰り広げられた。全米選挙調査 (American National Election Study: ANES) では，政府への信頼を測定するために「あなたはワシントン政府が正しいことをしていると信じることができますか」という質問が設けられているが，「ほとんど信頼できる」と「だいたい信頼できる」をあわせた回答率が，1960年から1970年にかけて25ポイントも低下するという事態が生じた。そしてこの信頼低下の解釈をめぐって，ミラーとシトリンは激しい論争を繰り広げた。

　ミラーは，この信頼の低下を代議制の危機として解釈した (Miller 1974a)。すなわち，イーストンのいう代議制の正統性を支える一般支持 (diffuse support) の低下としてこれを捉え，代議制にとって憂慮すべき事態として警告を発したのである。しかしシトリンは，この信頼が大統領への感情などと有意な関連を有するところから，一般支持ではなく特定支持 (specific support) の低下だと反論し，ミラーの主張は人々の不安を過度に煽るものだと批判した (Citrin 1974)。この論争以後，どちらの解釈がより妥当なのかについて数多くの実証分析が蓄積されることとなる (Abramson and Finifter 1981; Citrin and Green 1983; Citrin and Luks 2001; Erber and Lau 1990; Miller, Goldenberg and Erbring 1979; Miller and Listhaug 1990; Miller and Borrelli 1991)[15]。

　ここで改めて，特定支持と一般支持の概念について説明しておこう。イーストンは，政治システムへの好意的な態度を支持と呼び，支持には特定の政治的アクターや個別の政策などへの支持と，政治システム全体への普遍的な支持の2つがあることを指摘した (Easton 1965, 1975)。多くの有権者が政治

---

(15)　ただし論争に完全な決着がついているわけではない。1974年の論争以後の展開については，山田一成による論文を参照のこと (山田一成 1994b)。

家や政策に対する不満を日常的に口にしているにもかかわらず，なぜ政治システムは存続するのか。その解答として彼が示したのは，支持には上述した特定支持と一般支持の2つがあり，前者とは区別される後者が政治システムの安定性を支えているからというものであった。つまり，表層的な不平や不満とは区別される，システムへの帰属，愛着，忠誠といった態度が，政治システムの存続可能性を高めていると考えたのである[16]。

　特定支持と一般支持の区別は，その低下の帰結に決定的な違いが生じるという点できわめて重要である。特定支持の低下は，政策の変更，政治家ないしは政権政党の交代といった手段によって対処可能である。これに対して，一般支持の低下は代議制という政治システムの変更を伴わない限り対処することが難しい（田中 1990）。つまり，特定支持の低下は，政権交代や政策変更といった帰結をもたらすが，一般支持の低下は代議制という政治システムの転換をもたらすことになる。だからこそ，どちらの解釈がより妥当なのかについて，激しい論争が繰り広げられたのである。

　ここまでの議論を通じて，政治への信頼の効用の解釈に齟齬が生じる理由が明らかとなった。政治的正統性の低下をもたらす信頼は，一般支持に相当する代議制への信頼であり，個別の対象に向けられる信頼ではないのである。ただし，個別の対象に向けられるような信頼であっても，それが政策変動と関連することは十分に考えられる[17]。政治への信頼について議論するには，特定支持と一般支持を区別する必要がある。

---

(16)　この点にくわえてイーストンは支持の対象を権威（authorities），政治制度（regime），国家（community）の3つに区別し，システム維持にとってもっとも重要なのは国家への支持だとも述べている（Easton 1965）。ただし後の論稿において，一般支持は政治制度および国家への支持の2つだと述べてもいる（Easton 1975）。代議制という観点からいえば，国家だけではなくその政治制度への支持も重要となるので，両者を含めたのではないかと考えられる。なお，本書では支持と信頼を区別せず議論を進める。イーストン自身も，両者を区別していないためである。

(17)　くわえて，政府の効率化との関連についても説明しておく。いずれの信頼も政府の効率化に資するものだと考えられるが，その認識対象の広さという点を考慮するなら，政治システム全体への信頼の方がより普遍的な効果を有する可能性が高い。特定支持は，あくまでその対象との関係性の中での効率化がもたらされると見た方がよいだろう。

4. 信頼の質的相違

　政治への信頼を政治制度への信頼と個別の対象への信頼とに区別する視点は，1990年代以降の政治への信頼研究にもある程度共通する見方である（Blind 2007）。しかし，実際に信頼の実証研究を行う中でこの区別が用いられることはそれほど多くない。むしろ信頼は，あくまで「公的」な対象への好意的・肯定的な意識の総称として扱われてきた。そのため，両者の間にはどのような相違があるのかは，これまで十分に検討されてこなかったように思われる。以下では，先行研究を整理しながら，この点についてさらに検討を進めていく。

　政治への信頼は，信頼を抱く動機の違いという点から合理的な信頼と非合理的な信頼とに区別されることがある。まずは合理的な信頼について説明しよう。ハーディンは，政治への信頼を「カプセル化された自己利益としての信頼（trust as encapsulated interest）」として捉えることが可能だと指摘する（Hardin 1993, 2002）。ここでいうカプセル化された自己利益としての信頼の議論とは，合理的選択論の立場から信頼を捉えようとするものである。すなわち，それぞれの個人が合理的に行動すると仮定した上で，Y（他者）の利益の中にX（自身）の利益が内包されていると認識できる場合，そこに信頼があると考える。このように，信頼の背景には自身の利得を最大化してくれるという確信があると捉えるところから，この信頼は戦略的信頼（strategic trust）と呼ばれることがある。

　これに対して，必ずしも戦略に基づかない信頼もあることも主張されている（Warren 1999; Uslaner 2002）。他者が自身の利益を最大化するかどうかはともかく，「信頼するものだ」という慣習や信念などがあれば，特に理由がなくとも人は信頼する。山岸（1998，1999）は社会的不確実性がある中での確信こそが信頼であり，それが無い状態での信頼は安心だと指摘する。そのような一般化（generalized）された信念としての信頼の方が信頼研究上では重視されている（Uslaner 2008; Rothstein 2011）。またこの信頼は，上述した戦略的信頼との対比から倫理的信頼（moralistic trust）と呼ばれることがある。

　以上の区別は，より広い文脈に位置づけるならば，社会関係資本論でいうところの結束型（bonding）と架橋型（bridging）の区別に相当するものだと

捉えることができる（Putnam 2000=2006）。結束型の社会関係資本とは，閉鎖的で内向的な集団内で構築される関係性であり，そこで培われる信頼は見知らぬ他者をネットワーク内に含まないことによる安心だといえる。他方，架橋型の社会関係資本とは，開放的で見知らぬグループや他者を繋ぐものであるとされる。見知らぬ他者が裏切る可能性がそこにはあるが，それでもなお信頼し関係を築こうとする点で倫理的である[18]。

　ハーディンは，自身のいう（戦略的）信頼について，それは他者との関係の継続性に基礎づけられていると説明する（Hardin 2002）。一度限りの関係ではなく，今後とも関係が継続することを見込めるために，他者が自身の利益を最大化してくれるという確信をもつ[19]。このように他者との関係の継続性を前提としているがゆえに，彼は政治への信頼を，特定の人物や対象に対する信頼へと置き換えるし，そうしなければならないと主張する。

　ここから戦略的信頼は，特定の政治家や政党が政権の中枢に継続的に存在し，かつ，それらが自身の利益を最大化するという確信をもてる時に抱かれる信頼だといえる。したがって，内閣総理大臣の交代，政党の再編，政権交代などが生じた場合，戦略的な信頼は低下すると考えられる。しかし倫理的な政治への信頼は，そのような個別の関係性を超えた普遍的な意味での信頼である。倫理的な信頼の対象はあくまで政治制度であり，ゆえにある特定の時期の政権ないしは政治的対象に限定されない。

　この戦略的信頼と倫理的信頼の区別は，前節にて述べた政治制度への信頼と特定の政治的対象への信頼の違いと共通する。戦略的信頼は，認知可能な特定の対象との継続的な関係の中で醸成される確信である。この特定の対象に向けられるという点で戦略的信頼と特定支持は共通する。また倫理的信頼は，一般化された信頼であり，かつ特定の対象を持たないという点で政治制度への信頼と共通する。

　くわえて，信頼の特徴という点から見た共通項も存在する。イーストンは，

---

(18) 社会関係資本論においては，結束型よりも架橋型の社会関係資本の方が社会や政府を機能させると説明されている（坂本2010）。

(19) ここで想定されているのは，やはり開放的というよりも関係性の継続を前提とする閉鎖的なネットワークであり，したがってその意味でも，ハーディンのいうカプセル化された自己利益としての信頼は，山岸のいう安心に近いものと解釈できる。

政治システムからの決定（アウトプット）がシステム構成員の要求を満たす時に，特定支持が高まると指摘する(Easton 1965)。そのような特徴を有するために，特定支持は道具的（instrumental）な支持だと説明されている。言い換えれば特定支持は，特定の政府の政策決定が自身の目的に適っていることに基礎づけられている信頼だといえる。

他方，一般支持については，独立して行動する個人としての自己を抹消し，政治システムに対して疑心なき忠誠や無批判的な愛国心を寄せる人が一般支持の高い人だと説明されている（Easton 1965）。つまり一般支持とは，政治（体）に対して向けられる疑念なき信頼だと解釈できる。政治制度への信頼は，あくまでそうあるべきという信念に基づくものであり，ゆえに倫理的である。

以上より政治への信頼を対象の違いから分類する議論は，信頼の質的な相違を明らかにする議論だということができる。政治システムへの信頼は倫理的な信頼である。そのような特徴をもつからこそ，それは政治システムの安定性を支える支持の「貯蔵庫（reservoir）」となり得る。それに対して政権担当者といった個別の政治的対象への信頼は，あくまでそこから得られる利益に基づく戦略的な信頼である。政治への信頼を対象ごとに区別する議論の背景には，このような信頼の質的相違への注目があると本書では考える[20]。

5. 認知と感情

前節までの議論を通じて，政治への信頼には大きくわけて2つの異なる信頼が存在することが明らかとなった。1つは一般支持に相当する，倫理的な政治システム全体に対する信頼である。いま1つは，特定支持に相当する，戦略的な個別の政治的アクターなどに向けられる信頼である。このように政治への信頼を区別することで，どの信頼が，どのような点で代議制にとって重要なのかが明確となる。だからこそ，政治への信頼を整理・分類する必要

---

(20) 政治への信頼を議論する際に，その対象を明確化する必要があるという指摘は枚挙に暇がないが，他方で有権者が，個別の政治的アクターを明確に区別しつつ，それぞれについて信頼できるかどうか判断しているという想定は非現実的である。それゆえに政治への信頼について議論する際は，「分ける」ことで何が「分かる」のかを明確にすべきであるし，必要以上に精緻化する意味はないと考える。

があるというのが，ここまでの検討から得られた知見であった。本節では，この分類法が政治意識研究の文脈においてどのように位置づけられるのかを探りながら，これが代議制にとって有する含意について検討する。

一般に，社会心理学の態度理論（attitude theory）では[21]，態度の構成要素として認知（cognition），感情（affection），行動意欲（behavioral intention）の3つがあるとされる（Lutz 1991; Oskamp and Schultz 2005）。認知とはその呼称が示す通り，態度が向けられる対象への知覚や認識に基づくものであり，感情とは好き嫌いや怒り，悲しみといった態度である。そして行動意欲が先有傾向としての態度と行動を連結する。これら3者間の関係をどのように捉えるかは論者によって異なるが，政治学では，政治的態度は認知構造と感情構造の2つより構成されており，行動意欲はそれらに包含されるものと見るのが一般的である（三宅・木下・間場 1965，1967）。

もっとも，認知と感情はまったく独立しているわけではなく，実際には相互に密接な関連を有する[22]。その意味でこの認知構造と感情構造という区別は理念型である。また，この分析枠組みは政治行動を説明するための道具として開発されたものであり[23]，そこに規範的な意味が込められているわけでもない。しかし，認知と感情に分けるこの枠組みは，有権者の政治行動の

---

(21) 態度とは精神的および神経的な準備状態であるが（Allport 1935），これはあくまで個人を取り巻く環境との相互作用の中で形成されるある一定の状態を意味するものであり，永続的ないしは固定的な人格（personality）がそこで想定されていたわけではなかった（渡邊 2010）。しかし，フロイトの議論を基礎に社会化過程で態度は形成されるという見方が一般化したため，態度はその安定性が強調されることとなったように思われる。政治学においても，政治文化論に見られるように（Almond and Verba 1963=1974），態度は安定的なものとして捉えられる傾向にある（三宅 1985）。

(22) 感情の表出は人間の脳の大脳辺縁系を通じて行われるが，これが記憶の保持や想起と深く関連することはよく知られている。ここからも，認知と感情が独立していると考えることはできない。

(23) 認知構造は，主として投票に参加するか否かに関わる態度群であり，感情構造はどの政党に投票するかに関わる態度群だと説明されている（三宅・木下・間場 1965，1967）。すなわち認知と感情という区別は，あくまでどの従属変数をどの独立変数から説明するかを示す指針として提示されたものだといえる。

「質」を問う上で重要な含意を有すると本書では考える。

代議制を機能させる「市民の資質」を問う上でこれまで注目されてきたのは，有権者の政治的洗練性（political sophistication）であった。有権者は政治に対する知識や関心をどの程度有しているのか，また自身の有するイデオロギーに即した形で支持政党や投票先を正しく選定できているのかといった点から，代議制の質を問う試みがこれまで蓄積されてきた（Luskin 1987; 山崎・荒井 2011）。ここで注目すべきは，その質を問う指標が上記でいうところの認知（構造）に相当するものだという点である。

感情的に行動するよりも認知や認識に基づき行動する有権者こそが，代議制の質を高める上で重要だという認識は広く共有されているように思われる。情動に駆られて行動する大衆が民主主義の脅威になることは，いわゆる大衆社会論に共通する見方である（Le Bon 1895=1993; Kornhauser 2008）。感情的な行動という表現は，冷静な判断能力を欠いている人々の姿を想起させる。高い水準の知識と関心に裏付けられた，有権者の正しい選択の積み重ねが代議制を機能させるという想定は，直観的には理解できるところである。

しかし，本書は感情も代議制にとっては重要であることを主張する。本書では，政治制度への信頼を上記の分類でいうところの感情と位置づけ，他方の特定の対象に向けられる信頼を認知として位置づける。政治制度への信頼が，代議制の正統性を支える重要な意識であることは既に述べた。つまり本書は，代議制は政治システムに向けられる有権者の感情によっても支えられていると見る。

消費者行動論における関与（involvement）研究は，特定支持と一般支持の区別を政治的態度の構造論においてどのように位置づけることができるのかを知る上で重要な手がかりを提供している。信頼と同じく，関与概念も抽象的であり曖昧である。ゆえに関与概念をどのように定義し，また分類・整理するかについては様々な議論が存在する[24]。その中で本書が注目するのは，関与を認知と感情に二分する議論である。

---

(24) 関与の分類法については堀（1991）に詳しいのでそちらを参照のこと。なお，この論文ではもっとも重要な関与の区別として，永続的関与と状況関与の区別があることが指摘されている。これは，端的に購買意欲の継続性から関与を類型化するものであるが，この区別も，認知と感情の区別と親和性を有するものだとここでは考えている。第3章でこの点については実証する。

認知的関与（cognitive involvement）とは，一般にブランドの性能など，自身への利得に基づく関与だとされており，ゆえに論理的・分析的・道具的な関与であるとされる。他方の感情的関与（affective involvement）は，情緒や美的感覚など価値表出的な情動に基づくものだとされており，抽象的で全体的である（Park and Young 1986）。この区別は，政治への信頼を抱く動機の違いから信頼を区別する議論と共通している[25]。つまりこの議論は，特定対象に向けられる戦略的な信頼は認知に基づき，政治制度へ向けられる倫理的な信頼は感情に基づくことを意味するものだと考えられるのである。

政治制度への信頼が感情だという本書の議論に対しては，いくらかの異論があろう。何度も述べるように，認知と感情は相互に密接な関連を有する。純粋な認知，あるいは感情というのは存在しない。しかし，あくまで理念型として，正統性を支える信頼の議論を展開するには，それを感情として捉えなければならないと本書では考える。なぜなら政治的正統性とは，それを受け入れる人々の感情の問題に他ならないからである。

藤田（2011：202）は，権威概念について議論する中で「自発的遵守と，命令に先立って生じる判断停止という『論点』は，権威という現象を考える上で，いまだにヴィヴィッドな問題でありつづけている」と述べる。一般支持が権威と密接な関連があり，また自己を抹消する政治システムへのあくなき信頼であることは既に述べた。この自己の抹消こそが，藤田の述べる権威現象に付随する遵守および判断停止である点については改めて指摘するまでもない。そしてそのような意思決定ないしは行動が，認知的というよりも感情的であることもまた明らかだろう[26]。

一般に感情という時，好き嫌いなどが思い描かれることが多い。しかしそ

---

(25) なぜなら，この議論はカッツを典型とする態度の機能論的アプローチに基づくものだからである（Katz 1960）。ここでいう機能論的アプローチとは，態度は動機達成という目的のために形成されるとするものであり，ゆえにそこでは態度がどのような動機に基づくものかを理解することが重要視されることとなる（Lutz 1991）。倫理的か戦略的かという区別は，動機の違いに基づく分類であり，機能論的なアプローチだといえる。

(26) もっとも，この判断停止や感情的行為という点は，政治的洗練性の議論で前提とされてきた「市民」像とはかけ離れたものであり，ゆえに肯定的というよりは否定的に解釈されることが多いように思われる。

のような意識だけではなく，自己同一化や帰属なども感情である[27]。そして，信頼にはこの帰属という感情が多分に含まれている。政治システムへの一般支持とは，言い換えればシステムへの帰属であり[28]，だからこそ認知ではなく感情としてこれを捉えなければならない。

　異なる政治への信頼を，このように政治意識の基底的構造論上に位置づけることで，これまでの政治意識研究が何をめざしてきたのか，それに対して本書は何をめざすのかが明らかとなった。すなわち本書では，近年の認知心理学や合理的選択論に基づく政治行動研究において見過ごされがちであった感情の重要性を，政治への信頼の実証分析を通じて明らかにするのである。本書は認知だけではなく，感情という有権者の非合理性にも着目しつつ，それがいかに政治システムの機能に資するのかを分析する。その意味で本書は，今日においては忘れ去られた古典的な行動論アプローチの，そして政治文化論としての政治意識研究の有用性を示そうとする1つの試みでもある。

小　括

　本章では，政治への信頼とはどのような意識であり，またなぜ重要なのかを，信頼を倫理的で政治システムに向けられるものと，戦略的で特定の政治的対象に向けられる信頼とに区別しつつ明らかにした。さらに，政治意識の基底的構造論に依拠しながら，この区別は認知と感情の違いに相当することについても論じた。政治への信頼は，認知と感情という異なる2つの態度より構成される政治意識である。以上が，本章の結論である。

　政治への信頼を認知と感情に分けるということは，裏を返せば本書はこれまで見過ごされてきた，感情が代議制において果たし得る役割に注目するこ

---

(27)　事実，藤田（2011）は一貫して権威や正統性への服従の問題を認知ではなく感情のそれとして捉えており，また，道具的というよりも帰属的なものとしてそれを解釈している。

(28)　政治的疎外の研究ではこの点こそがもっとも重要視されてきた。イーストンが政治制度あるいは国家への支持を重要視したのも，それが帰属や愛着に関わる意識だからである（Easton 1975）。しかし1990年代以降の政治への信頼研究においては，認知心理学的アプローチへの傾斜もあってか，この点が見過ごされてきた。

とを意味している。代議制の質が有権者の認知的な側面に左右されるという発想は，必ずしも誤っているわけではない。しかし，それだけでシステムの機能について十分に論じることができるわけでもない。従来，見過ごされてきたこの感情の中にも，代議制の機能を論じる上で欠かすことのできない重要な要素があると本書は見る。だからこそ，本書では政治への信頼を認知と感情とに分ける。

この点に付言すれば，本書が信頼の感情的側面を強調する背景には，より洗練された有権者を追い求める民主主義は，その目的に到達すればするほど，破綻する可能性が高まるという考えがある。たとえば村山（2009：ⅰ）は次のように述べる。「人々が自ら考えて積極的に関われる社会を目指す民主政治のシステムは，物事がわかる力が人々につけばつくほど，疑いも増し，人々の離反によるシステムの破綻の兆が，その目標自体に内在している」。そのような矛盾を抱える代議制がなぜ存続するのか。さらにいえば，なぜ矛盾を抱えつつも，さらに代議制は次の段階へと発展しようとしているのか。認知だけではなく感情にも注目しなければならないと本書が考える理由はまさにこの点にある。

もっとも，筆者は村山のように民主性の「物語」を放棄し，それに替わる公共性の「物語」を構築しようとする姿勢については懐疑的な立場にある。問うべきは，有権者が認知・認識化しているこの現状においても，なぜ代議制は存続するのかであり，代議制にかわる新たなステムとはどのようなものかではない。システムを支える感情が存在していれば，代議制は，たとえ不信や不満が蔓延する中にあっても機能し続ける。同様の指摘は村山の指摘する公共政策システムにおいても可能であり，たとえ認知や認識を重視するシステムを構築したとしても，それを是とする感情がなければシステムは機能しない[29]。認知と感情の両者を踏まえてこそ，そこでのシステムとそれを支える文化を評価することができると考える。

では，本書では政治への信頼をいかにして操作化するのか。次章では，これまでの政治への信頼指標を概観しつつ，この問題について検討していく。

---

(29) 村山の公共政策システム論の概略と，それが有権者の感情的要素を見過ごしている点については，既に別稿にて論じているので（善教 2012）詳しくはそちらを参照のこと。

第2章　政治への信頼の操作的定義

　第2章では，政治への信頼の操作的定義について検討する。抽象概念を科学的な研究の対象とするには，意識調査などを通じてこれを検証可能な指標に置き換える必要がある。この作業は一般に概念の操作化と呼ばれる。政治への信頼の操作的定義は，概念定義の数と同程度存在するので，信頼について議論するには操作的定義についての検討が不可欠である。ここでは，これまで用いられてきた操作的定義を概観しながら，認知的な信頼と感情的な信頼のそれぞれについて，本書ではどのように操作化するのかを述べる。

はじめに

　本章では，本書が政治への信頼をどのような形で操作的に定義するのかについて説明する。政治への信頼に関する実証分析を行うには，概念を操作的に定義しなければならない[30]。先行研究では様々な質問文や回答から信頼は操作的に定義されてきており，概念定義だけではなく操作的定義についても議論は錯綜している。認知的あるいは感情的な信頼は，どのような質問や回答を用いて操作化するのか。そこにはどのような問題があるのか。これらの点について検討することが，本章の目的である。

　前章で述べたように，本書では政治への信頼を認知的な信頼と感情的な信

---

(30)　質的研究においては，「観察可能な含意（observable implication）」という観点から議論される場合もあるが（King, Keohane and Verba 1994=2004），いずれも抽象概念を検証可能な変数へと置き換える点では変わらない。

頼に大別する。したがって，認知と感情のそれぞれについての操作化方法がここでは問題となるが，他方で本書は既存のデータを用いた二次分析を行うものでもある。そのため，「どのような質問を用いるのか」ではなく「これまでに使用されている質問のうち，どれを認知あるいは感情を操作化したものとして位置づけるのか」を明らかにすることが，本章の具体的な課題となる。

　上述の疑問にこたえるには，次に述べる 2 つの段階を踏む必要がある。第 1 に，「これまで政治への信頼はどのような形で操作化されてきたのか」という問いにこたえる必要がある。なぜなら，これまでどのような質問が用いられてきたのかを明らかにしない限り，どの質問文を用いることが適切なのかを論じることはできないからである。この点を明確化した上で，第 2 に「どの質問を認知あるいは感情としての政治への信頼を操作化したものと捉えるのか」という問いにこたえる。

　結論を先取りすれば，本書では政治家の汚職や不正行為などに対する認識を尋ねる質問から認知的な政治への信頼を，選挙や国会といった代議制の中核を成す政治制度が有する理念を尋ねる質問から感情的な政治への信頼を操作化する。「政治家信頼」および「制度支持」として先行研究上では呼ばれてきた指標が，認知と感情という異なる意識を操作化したものであると本書では捉える。したがって，これまでの操作的定義についての検討を踏まえた上で，この解釈の妥当性について以下では論じていく。

　もちろん，これら 2 つの操作的定義が，本書の概念定義と合致している保証はない。認知的な信頼と感情的な信頼を明確に区別する適切な操作的定義があること，またこの点に関する検討を行っていないことは，本書における最大の問題点である。ゆえに本章では，本書が用いる操作的定義の問題点についても論じる。具体的には，意識調査の方法論上の相違や文言の相違などに付随するバイアスについて，いくつかの意識調査の結果を参考に検討していく。無論，これは本書の実証分析に何ら信頼性や妥当性がないことを主張するものではない。本書の限界は何かを知ること，しかしそれでもここでの議論には一定の妥当性があることを示すための作業だと考えている。

1. 操作的定義を検討する意義

　操作的定義の検討を行う前に，なぜ概念定義だけではなく操作的定義につ

いても検討するのかについて説明する。日本の政治意識に関する著作や論文において，本書のように質問文や回答を検討するものは多くない。操作的定義の妥当性などは脚注などに記すことであり，1つの章を割いて検討することは希である。

しかし，政治への信頼の実証研究を行う上で，操作的定義の検討は必要不可欠である。その理由は大きくは3点ほどあげられる。第1は，政治への信頼の操作的定義は，概念定義と同様に，あるいはそれ以上に研究者間での混乱が存在するからである。前章で述べたように，政治への信頼をどのように捉えるかは論者によって大きく異なる。概念定義に相違が存在するということは，操作的定義についても多くのバリエーションが存在することを同時に意味している。そのため，どのような質問を用いて信頼は操作化されてきたのかを整理しておかなければ，実証分析を行うことはできない。

第2の理由は，日本の政治学では，信頼の操作的定義に関する整理や検討がほとんど行われていないからである。西澤（2008）が指摘しているように，アメリカ政治学では政治への信頼に関する実証研究がかなり蓄積されているということもあり，操作的定義の検討も活発に行われている[31]。しかし，日本ではこの点に関する検討がほとんど行われていない。このような現状があるから政治への信頼の操作的定義は錯綜しているともいえるが，いずれにせよ，これまでどのような質問文や回答を用いて政治への信頼は操作化されていたのかを知る必要はあるだろう。

第3の理由は，本書の議論と直接な関わりがある。本書では，近年の日本の政治への信頼研究において用いられている操作的定義は，本書の目的を明らかにする上で必ずしも十分ではないと考えている。また，一般支持の操作的定義として採用されてきた「愛国心」なども，代議制の危機を検討する本書にとっては適切ではない。認知的な政治への信頼と感情的な信頼を操作化するには，むしろ近年の研究ではあまり用いられていない操作的定義の方がよいのではないだろうか。そのような問題意識も，本章で操作的定義を検討

---

(31) アメリカ政治学では，政治への信頼指標に関する実証研究がかなり蓄積されているだけではなく，質問文集が刊行されるなど，その「交通整理」についてもかなり進んでいる（Citrin and Muste 1999）。日本でも『心理測定尺度集』などに見られるように，心理学ではそのような試みがなされているが，政治学ではまったくなされていないのが現状である。

する理由の1つである。

以上により，本章では前章で検討した概念定義にくわえて操作的定義についても検討していく。もちろん，ここでとりあげる指標はあくまで全体の中の一部に過ぎない。政治への信頼に関する操作的定義は多数存在する。しかし，それでも政治への信頼を分析する際に，どのような質問文や回答がこれまで用いられてきたのか，そこにはどのような問題があるのかを知る上で，ここでの議論は有益だと考える。

2. 政治的有効性感覚から政治不信へ

政治への信頼の実証研究は，政治的疎外の研究として始まった。マルクスなどによって社会科学上の重要概念として位置づけられた疎外は，社会学や心理学はもちろんのこと，政治学でも重要な概念として位置づけられることとなる。この否定的な意識の総称としての政治的疎外を測定するために考案されたのが「有権者の投票行動の有効性に対する信念」（Lane 1955: 178）である。政治的疎外研究の初期段階では，自己の政治的影響力に関する認識からそれは操作的に定義されていた[32]。ここでは，その代表的な操作的定義である1952年の ANES の質問文について概観する。

1952年時の ANES では，図2-1に記す5つの質問文を用いて政治的疎外意識が操作的に定義されている[33]。この図からは，政治的有効性感覚が欠如している状態が政治から疎外された状態だという想定があったことを窺い知ることができる。なお，後に記すように政治的有効性感覚は自己の資源に基づく影響力認知と，政治家や制度などに基づく影響力認知とに大別されることになる。しかしこの時点では，政治的有効性感覚と政治への信頼は，明確に区別されることなく操作化されていた。

後にフィニフターなどが明らかにしたように（Finifter 1970; Neal and Ret-

---

(32) これらの質問は，1つの尺度に合成された上で分析の際には用いられている。たとえば上述したレインの研究では「政治的有効性感覚（sense of political efficacy）」として，またユーロウとシュナイダーの研究では「有効性（efficacious）」として合成された上で用いられている（Eulau and Schneider 1956）。

(33) なお，回答は後に4点ないしは5点順序尺度へと変更されている。

図2−1　政治的疎外指標（ANES：1952）

1．政府の役人は私のような人間が考えることについてほとんど注意を払わない 　（1）賛成　　（2）反対　　（3）どちらともいえない
2．投票は私のような人間が政府のすることに対して意思表示できる唯一の方法である
3．私のような人間は政府のやることに対する意見を何ももっていない
4．しばしば政治や政府は複雑すぎて，何をやっているのか私のような人間には理解できないことがある
5．多くの人が投票するため，国の選挙では私が投票するかどうかはほとんど重要ではない

注）ANESのコードブックを基に筆者作成

tig 1967），政治的有効性感覚と政治への信頼は別の概念である。前者は「自身の声が政府に届くかどうか」に関わる意識であり，後者は「届いた声が政治的決定に反映されるかどうか」に関わる意識だからである（村山 1994)[34]。したがって1950年代後半以降，政治的有効性感覚とは異なる信頼の操作的定義が考案されることとなる。

1958年以降のANESでは，「政府に対する基本的な評価を測るため」(Stokes 1962: 64) に考案された政府への信頼に関する複数の質問（政治シニシズム指標）が設けられている。いつの時点の調査かで質問や回答は異なるが[35]，図2−2に示す5つの質問より基本的には構成されるものと考えてよい。税金を浪費する，汚職や不正を行う，少数の組織のために行動するといった意見は，いずれも政府内での意思決定が有権者の意向とはかけ離れたものであることを想起させる。特に「正しいことをしている」（図2−2，質問1）は，政府への信頼を操作化する代表的な指標として，多くの研究者に用いられている（Hetherington 1998; Chanley et al. 2000; Keele 2007）。

なお，日本では政治意識に関する本格的な学術調査が行われ始めたのが1960年代半ば頃からということもあり，初期の段階で有効性感覚と政治不信

---

(34) フィニフターは前者を政治的無力感，後者を政治的無規範性と呼んでいるが，その意味するところは同一である（Finifter 1970）。

(35) 質問1から質問3までは1958年以降継続して尋ねられているが，質問4については1980年以降の調査では尋ねられなくなっている。また質問5が尋ねられるのは1964年以降からである。図2−2はあくまで基本となる質問群と回答を示している点には注意されたい。

図2－2　政府への信頼指標（ANES：1958－64）

1．あなたはどのくらいワシントンの政府が正しいことをしていると信じることができますか。 　　（1）いつもですか，（2）だいたいですか，（3）少しだけですか，（4）まったくないですか
2．あなたは政府の人間が我々の税金を（1）かなり浪費していると思いますか，（2）いくらか浪費していると思いますか，（3）まったく浪費していないですか
3．あなたは（1）政府の人間のほとんどがいつも何をすべきかを知っている賢い人だとお考えですか，それとも（2）ほとんど何をすべきがを知らない人だとお考えですか
4．あなたは（1）政府を動かしている人びとの多くが不正をしていると思いますか，（2）そのような人は多くないと思いますか，それとも（3）判断できないとお考えですか
5．あなたは政府が（1）自分たちのことばかりを考える少数の大組織のために運営されていると思いますか，それとも（2）国民全体の利益のために運営されていると思いますか

注）ANESのコードブックを基に筆者作成

の相違についての検討はほとんど行われていなかった。もちろん，統計数理研究所による「日本人の国民性調査」など，全国規模の意識調査は1950年代から実施されていた。しかし，これらの調査は政治意識に関する網羅的な調査ではなく[36]，また一部の地域に対象が限られているなど十分ではなかったのである[37]。市民意識研究会による「市民参加日本調査」（1966年）や，ウォードとクボタによる「ミシガン調査」（1967年）などは，その意味できわめて貴重な調査だったといえるが，そこでは図2－1に示す政治的疎外指標（政治的有効性感覚）が用いられていた。日本での政治への信頼に関する本格的な意識調査は，JABISSの実施を待たなければならなかった。

(36) ただし「『日本の復興の為には，すぐれた政治家が出てきたら，国民がたがいに議論をたたかわせるよりは，その人にまかせた方がよい』という意見がありますが，あなたはこれに賛成ですか，それとも反対ですか」といった質問など，政治不信に関する質問が僅かではあるが尋ねられている。
(37) 理論研究と歴史研究が当時は多数を占めていたことを想起すれば，このことは容易に想像できる。筆者が日本の政治意識研究の第一人者である三宅一郎先生に，1965年に『年報政治学』にて発表した論稿についてお話をお伺いした際，「発表してから数年間はまったく見向きされなかった」と当時を回顧なさっていた(2012年3月。三宅一郎先生宅にて)。政治意識の実証研究の重要性がほとんど認知されていなかったことが，ここからはわかる。

3. 特定支持と一般支持の操作的定義

　1970年代以降は，前章で述べたミラーとシトリンの論争などを受け，政治への信頼の操作的定義の妥当性に関する実証研究が多数行われることとなる。ここで改めてミラーとシトリンの論争について触れておくと，この論争の焦点は，政府への信頼指標はイーストンのいう特定支持かそれとも一般支持か，という点にあった。具体的には図2－2の質問1の解釈について，それは特定支持なのか一般支持なのかについて争われたものだった。どちらの解釈が妥当なのかについてはこれまで様々な観点から検証されてきたが[38]，ここでは操作化に焦点を絞り，いくつかの研究について概観していく。

　第1はエイブラムソンとフィニフターによる研究である（Abramson and Finifter 1981）。彼らは，図2－3に示す質問を用いたサーベイ実験を行うことで，政府への信頼は一般支持なのか特定支持なのかを検証した。この質問の特徴は，政府ではなく大統領の個人名（カーター［Carter］，質問1，2）を用いている点にある。これらは政権担当者に対する信頼について尋ねているので，特定支持を操作化したものとなる。対する質問3と質問4は，一般

図2－3　エイブラムソンとフィニフターによる操作的定義

| 1．あなたはどのくらいカーター大統領が正しいことをしていると信じることができますか |
| 2．あなたはカーターの執政が（1）自分たちのことばかりを考える少数の大組織のために運営されていると思いますか，それとも（2）国民全体の利益のために運営されていると思いますか |
| 3．あなたはどのくらいアメリカ議会が正しいことをしていると信じることができますか |
| 4．あなたはアメリカ議会が（1）自分たちのことばかりを考える少数の大組織のために運営されていると思いますか，それとも（2）国民全体の利益のために運営されていると思いますか |

注1）Abramson and Finifter（1981: 299）より筆者作成
注2）質問1と質問3の回答は図2－2と重複するため省略した

---

(38)　たとえばアーバーとラウは，認知心理学の理論（クロニシティ）を利用することで，ミラーとシトリンの論争を解決することを試みている（Erber and Lau 1990）。もっとも，注15で述べているように，この論争に終止符がうたれているわけではない。

支持を想定して考案されたものである。

　以上の質問を用いて分析を行ったところ，質問1および質問3，また質問2および質問4の相関が高いことが明らかとなった。そしてここから，彼らは暫定的ではあるが，政府への信頼は特定支持に近いものであるという結論を導き出した。有権者は大統領と抽象的な議会（政府）をそれほど明確に区別していない。政府という抽象化された対象であっても，現政権への一時的な評価を尋ねることになっている。そのような問題が図2－2の操作的定義にはあることをこの研究は明らかにした。

　第2はマラーらによる研究である（Muller 1970a, 1970b, 1977; Muller and Jukam 1977, 1983; Muller, Jukam and Seligson 1982; Muller and Godwin 1984）。政府への信頼の解釈論争以後，一般支持について多くの実証研究を積み重ねたマラーらの研究において，それは図2－2に示す政府への信頼指標とはかなり異なる形で操作化されている。論稿によってやや異なるが，図2－4に示す質問がその基本型である。

　図2－4の質問では，尊敬（respect），誇り（proud），価値（value）といった，感情的要素の強い文言が目立つ。また，権利（rihgts）や公平性（fair）といった価値観について尋ねられている点も特徴的である。これらとは別の

図2－4　マラーらによる操作的定義

1．どのくらいあなたは○○国の政治制度を尊んでいますか
　　（1）――（2）――（3）――（4）――（5）――（6）――（7）
　　とても　　　　　　　　　　　　　　　　　　　　　　　まったく

2．どのくらいあなたは，あなたの国の裁判所が公平さを担保していると思いますか

3．どのくらいあなたは，あなたの政治制度によって市民の基本的な権利が守られているとお考えですか

4．どのくらいあなたは，あなたがすんでいる国の政治制度に誇りをもっていますか

5．どのくらいあなたは，現在の政府は最善の政府だとお考えですか

6．どのくらいあなたは，あなた達の意向が政治制度の中に反映されているとお考えですか

7．どのくらいあなたは，あなたが思う政治的価値が実際の政治の中での価値と離れていると思いますか

注1）Muller, Jukam and Seligson（1982: 247-249）を基に筆者作成
注2）○○には，回答者の所属する国の名前が入る（アメリカ，コスタリカ，メキシコ）

論稿で，マラー（ら）は民主的規範（democratic norms）に関心を寄せているところから推察するに（Muller, Seligson and Turan 1987），彼は一般支持を現政権への評価とは異なる規範的な意識として捉えていたと考えられる。このように一般支持を操作化する傾向は，マラー以外の研究においても散見される（Seligson 1983; Craig, Niemi and Silver 1990; Gibson, Duch and Tedin 1992; Norris 2011)[39]。

第3に検討するのは政府の応答性に関する指標である。ANESでは1964年から，図2－2とも図2－4で示した質問とも異なる質問が設けられている。それが図2－5に示す政府の応答性に関する質問である。これは，後に示す日本における政治への信頼の操作的定義とも密接な関わりを有するものだが，この点については後述することとし，ここではどのような質問かについてのみ確認する。

図2－5に示す政府の応答性指標は政治的アクターや政治制度が，有権者の意向にどの程度注意を払っているのかを操作化したものである。その意味で，これを無規範性に相当するものだと位置づける論者もいるが（Citrin 1977），この指標が考案された当初は政治的有効性感覚の1つとして捉えら

図2－5　政府の応答性指標（ANES：1964）

1．ここ数年の間，何かしらの決定を行うとき，政府は人びとの意見にどのくらい注意を払ってきたとお考えですか。(1) かなり注意を払ってきましたか，(2) 大体ですか，それとも (3) まったく注意を払ってきていませんでしたか
2．あなたはどのくらい政党は政府が人びとの意見に注意を払うように促しているとお考えですか。(1) かなりですか，(2) ある程度ですか，それとも (3) まったく役に立っていませんか
3．それでは選挙についてはどうでしょうか．政府が人びとの意見に注意を払うように促しているとお考えですか
4．あなたはどのくらい国会議員が自身を選出した人びとの意見に対して，国会で彼らが物事を決める際に注意を払っているとお考えですか。(1) かなりですか，(2) ある程度ですか，それとも (3) まったく注意を払っていませんか

注）ANESのコードブックより筆者作成

---

(39) ただしその多くは「愛国心（nationalism）」の操作的定義に近いものであり，後に示す本書の操作的定義のように，代議制への確信について尋ねるものではない。

れていた。その背景には，自身の資源に基づく影響力認知と制度などに基づくそれは異なるという指摘と（Converse 1972）[40]，図２－５はその指摘を受ける形で考案された外的政治的有効性感覚（external political efficacy）の操作的定義だという事情がある（Miller, Miller and Schneider 1980）。

もっとも，政府の応答性指標と図２－４で示した国への誇りの間には相関が認められるという実証結果もあるなど（Chen 1992），その境界線は明確ではない。このような曖昧さもあってか，アメリカ政治学ではこの質問はほとんど用いられていない[41]。ゆえに外的政治的有効性感覚はこれとは別の形で操作的に定義されることが多い（Craig 1979; Craig and Maggiotto 1982; Craig, Niemi and Shilver 1990; Niemi, Craig and Mattei 1991）。しかし日本の政治意識調査では，この質問は今日に至るまで継続して尋ねられている。

4. 公的組織への信頼とその位置づけ

近年の政治への信頼に関する実証研究では，前節まで検討してきた操作的定義とは異なるものが用いられる傾向にある。西澤（2008）にならい，本書ではそれを政治的信頼指標と呼ぶことにしよう。政治的信頼指標を簡単に説明すれば，「あなたは以下の項目についてどの程度信頼していますか」というリード文のもとで，「政府」「裁判所」「政党」といった対象への信頼についてそれぞれ尋ねるというものである。1966年のハリス（Harris）社の調査や1972年の一般社会調査（General Social Survey: GSS）に見られるようにその起源自体は古いが[42]，国際比較研究が様々な研究者によって行われるようになっ

---

(40) コンヴァースは，前者を「入力への有効性感覚（input efficacy）」，後者を「出力への有効性感覚（output efficacy）」と定義しているが，名称としてよく用いられるのは内的・外的有効性感覚である。

(41) 図２－５に掲げた４つの質問のうち，今日においても ANES で継続して尋ねられているのは質問３のみである。質問１は2000年以降，また質問２と質問４は1980年以降設けられていない。ここからも，政府の応答性はあまり重要な指標としてみなされなかったことがわかる。

(42) 西澤（2008：62）は，この操作的定義の源流を世界価値観調査に求めることができるのではないかと述べているが，この形式での質問が広まったきっかけは，GSS であるように思われる。

た1990年代以降，この質問を用いる研究は急増している。

特に近年の日本の政治への信頼研究では，この指標が用いられているように思われる（西澤 2008；池田 2010；大山 2010）。この操作的定義を用いる政治意識調査も増えており，たとえば日本総合社会調査（Japan General Social Survey: JGSS）や，早稲田大学による複数の意識調査（「日本人の社会意識に関する世論調査（Waseda-CASI & PAPI 2007）」や「日本人の社会的期待と選挙に関する世論調査（Waseda-CASI 2010）」など）で用いられている。

図2－6に示しているのは，政治的信頼指標の典型例である Japan Election Study（JES）Ⅲの質問である。JES Ⅲでは「国の政治」や「政党」など，9つの対象についての信頼が尋ねられているが，対象の数や回答形式などは調査によって異なる。また，この質問を実証分析の際にどのように用いるかも異なるが，主成分分析などを行い合成尺度化した上で分析を行うことが一般的である。

ところで図2－6に示す質問は，特定支持と一般支持のどちらを操作化し

図2－6　政治的信頼指標（JES Ⅲ・第5波）

```
【リード文】あなたは，この中にある組織や団体についてどの程度信頼していますか。「0点」を
　信頼していない，「10点」を信頼しているとした場合の点数でお答えください。

1．国の政治
       0点――――――――――5点――――――――――10点      11         12
      信頼して              中間             信頼して  どちらとも  わから
      いない                                  いる    いえない    ない

2．あなたが住んでいる地域の政治

3．選挙制度

4．間接代議制

5．政党

6．国会

7．裁判所

8．中央官庁

9．あなたが住んでいる地域の役所
```

注）JES Ⅲコードブックより筆者作成

表2−1 ノリスによる支持概念の整理

	支持のレベル	操作化する際の具体的な指標
もっとも一般的	国民国家への支持	自国の経済・文化・芸術などへの誇り，自国への帰属心，対外的な脅威への対抗心
	政治体制の原理・価値への支持	民主主義の重要性認識，基本的人権の尊重，権威主義への拒否感
	政治体制のパフォーマンス評価	民主的政府への満足度，政策および決定過程への評価
	政治制度への信頼	政党（制）・政府・行政・国や地方政府への信頼
もっとも個別具体的	現政権政党・政治家への評価	大統領・首相・大臣・政治家などへの支持や評価

注）Norris（2011: 44）の Figure 3.1 を参考に筆者作成

たものなのだろうか。ノリスの議論はこの問題を検討する上で参考になる（Norris 2011）。彼女は特定支持と一般支持を連続線上にある概念として位置づけ，一括してシステム支持（system support）と呼ぶ。その中で上述した政治的信頼指標は，個別具体的な政党などへの評価よりも「一般的」な支持であるが，表2−1に示すように，相対的には特定支持に近いものとして位置づけられている[43]。

　ここまでの議論を要約しておこう。政治への信頼は，実証研究が開始された当初においては政治的有効性感覚と混同されていたということもあり，図2−1に示した質問から操作化されていた。しかしその後，フィニフターの研究やミラーとシトリンによる論争を受け，特定支持と一般支持を峻別する形で指標は改善されてきた。近年では図2−6に示した政治的信頼指標が用いられるなど，やや錯綜している印象を受けるが，特定支持と一般支持の操作的定義については，確立されつつあると見てよいように思われる。

5．本書における信頼の操作的定義

　前節までの検討を踏まえた上で，以下では本書がどのような質問を用いて

---

(43) ノリスによる一般支持の操作的定義は，マラーらのそれと酷似している。異なるのは「ナショナリズム」と「反権威主義」を実証分析上は区別している点であるが，これは因子分析の結果によるところが大きく，理論的な観点から両者を区別しているわけではない。

政治への信頼を操作化するのかについて述べる。まず検討すべきは，どの程度の操作的定義を分析の際に用いるのかであろう。この点に関して本書では，既存の質問を網羅的にとりあげるのではなく，認知と感情について，それぞれの特徴をもっとも反映していると考えられる指標を用いることにしたい。認知と感情は概念的には独立しているが，実際には相互に関連し合っている。だからこそ，両者が有するそれぞれの特徴を明らかにできる操作的定義を用いる必要がある。

政治的信頼指標（図2－6）は，その意味で本書にとっては適切な指標ではない。これは表2－1に示したように認知と感情が混在している操作的定義である。そのため，この指標を用いて分析を行った場合，認知なのか感情なのかを判断することが難しくなる。

前節までの議論を踏まえれば，もっとも認知的な信頼と考えられるのは，現政権政党や政治家への評価に近い信頼であろう。具体的には図2－2で示した質問がこれに相当するものと考えられる。日本の先行研究の文脈からいえば，「政治家不信」と呼ばれてきた質問がこれにあたる。したがって本書では，図2－7に示す質問を認知的な政治への信頼を操作化したものとして用いる[44]。

図2－7 認知的な政治への信頼の操作的定義

【リード文】ここに国の政治についていくつかの意見がありますが，あなたはどうお考えになりますか

1．国会議員についてはどうお考えですか。大ざっぱにいって当選したら国民のことを考えなくなると思いますか，それともそうは思いませんか
（1）考えなくなる （2）そうは思わない （3）場合による （4）わからない

2．あなたは国の政治は大企業や大組合など大組織の利益に奉仕していると思いますか，それとも国民全体のために運営されていると思いますか
（1）国民全体のために運営されている （2）大組織の利益に奉仕している
（3）場合による （4）わからない

3．日本の政党や政治家は派閥の争いや汚職問題に明け暮れして，国民生活をなおざりにしていると思いますか
（1）全くそのとおりだ （2）大体そのとおりだ （3）そうは思わない （4）わからない

注）JABISSのコードブックより筆者作成

---

(44) これらの質問は，本書で主に扱うデータ（JABISS, JES, JESⅡ, JSS-

図2－8　感情的な政治への信頼の操作的定義

【リード文】政治に対していくつかの意見があります。これらについてあなたはどうお感じになりますか。賛成でしょうか，反対でしょうか。1つ1つについてお答えください

1．政党があるからこそ，庶民の声が政治に反映するようになる
（1）賛成　（2）どちらかといえば賛成　（3）どちらかといえば反対　（4）反対
（5）わからない

2．選挙があるからこそ，庶民の声が政治に反映するようになる

3．国会があるからこそ，庶民の声が政治に反映するようになる

注）JESのコードブックより筆者作成

　続いて感情的な政治への信頼の操作的定義について検討する。ノリスの支持類型にしたがえば，感情的な信頼は，愛国心（ナショナリズム）もしくは民主的価値への支持ということになる。しかし，本書では，これらを感情的な信頼の指標として採用せず，図2－5に示した政府の応答性指標に「近似する」質問を用いる。その詳細は図2－8に記す通りである。ここではJESの質問を示しているが，JABISSでは2点尺度となっている[45]。

　なぜ愛国心や民主主義への価値の指標を用いないのか。第1の理由は図2－8と図2－5の相違にある。両者の相違は，図2－5が政治家などのこれまでのパフォーマンスを尋ねるものであるのに対して，図2－8は代議制への「理念」について尋ねている点にある。仮にこれが図2－5と同じくパフォーマンスを測るために考案された指標であるなら，質問文は「反映できている」でなければならないだろう。そうではなく「反映するようになる」という文言が使われているところから，これはあるべき制度の機能についての意識を操作化するために考案されたものだと考えられる。つまりこの質問は，代議制の規範意識を操作化したものだと解釈できるのである。

　第2の理由は，代議制への信頼と国家への信頼は，あくまで別次元の意識だからである。イーストンは権威者への支持を特定支持として，政治体制お

　　　GLOPE）にはすべて含まれているが，調査によって質問文や回答が若干異なっている。詳細は補遺を参照されたい。
　（45）「わからない」と無回答を除き，賛成か反対かを問う回答形式となっている。

よび国家への支持を一般支持だと論じたが(Easton 1975)，理論的な観点からいえば，政治体制への支持と国家への支持は区別しなければならない。なぜなら，代議制（政治体制）の崩壊は，国家の崩壊と同一ではないからである。しかし，イーストンの議論では両者の区別は曖昧である。その理由は，一般支持がアメリカという民主主義の歴史を有する国を念頭に考案された概念だからであろう。「民主主義の国」であるアメリカでは，国家と政治体制が密接な関連を有する。そのため代議制の崩壊が国家の崩壊と関連づけられることになる。

しかしながら，日本で国家と代議制を同一視することは適切だとはいえない。日本の有権者を対象に代議制への信頼を明らかにするには，国に対する意識ではなく，より直接的に代議制を構成する政治制度の「価値」を問う必要がある。図2-8の質問は，そのような代議制への感情を操作化する上で適切な指標になり得る。

第3に，日本の政治への信頼に関する研究では，イーストンのいう一般支持を操作化する指標として，図2-8にあげた質問がこれまで用いられてきた（田中 1995, 1996；綿貫 1997）。コミュニティへの支持を操作化する愛国心や民主主義への誇りに関する質問は，政治への信頼研究の文脈ではほとんど用いられていないのである。その背景には，上述したようなアメリカと日本の歴史的背景の相違があると考えられる[46]。

以上より本書では，認知的な政治への信頼を操作化する質問としては図2-7に掲げた3つの質問を，他方の感情的な政治への信頼を操作化するものとしては図2-8に掲げた3つを用いることとしたい。なお，本書ではこれらは認知的な信頼と感情的な信頼をそれぞれ構成するものだとみなした上で分析を進めていくため，基本的には3つの質問を合成して作成した指標を用いることとなる。

---

(46) 日本では，代議制は政治的平等や基本的な人権を尊重するといった観点からではなく，有権者の意向を政策に反映できているかという観点から評価されているように筆者には感じられる。村山（1994）も同様に，日本の政治文化がアメリカのそれとは異なり「あなたまかせ」の出力指向だと指摘する。

6. 本書の操作的定義の問題点

　本書では，既に調査が実施された意識調査を用いて政治への信頼についての分析を行う。しかし，それは本書の操作的定義にまったく問題がないことを意味しない。逆に多くの問題が存在すること，そしてその問題を抱えた状態で本書の実証分析は行われることを，予めここに告白しておかなければならない。

　第1の問題は調査方法についてである。本書で用いるデータは，すべて面接調査を通じて実施されたものである。面接調査には回収率の向上が見込める，複雑な質問を用いた調査が可能であるなど多くの利点が存在するが，その一方でいくつかの欠点もある。その1つが社会的期待迎合バイアス（social desirability bias）の問題である（Streb et al. 2008; Holnrook and Krosnick 2010; Chang and Krosnick 2010）。

　社会的期待迎合バイアスとは，本来はそのような認識をもっていないにもかかわらず，批判されることを恐れて社会的に望ましいとされる回答をする傾向性のことをいう。たとえば社会的に選挙は民意を反映するものだと信じられている場合，選挙制度について本当は「信じられない」と考えていたとしても，意図的に自身の意見を捻じ曲げ調査の際に「信頼できる」と回答するかもしれない。このような傾向性は面接調査において生じやすく[47]，ゆえに本書のデータにはバイアスが存在している可能性がある[48]。

　図2-8の操作的定義を例にこの問題について簡単に見ておくことにしよう。GLOPE 2007では，既存の面接調査法（Pencil and Paper Personal Inter-

---

(47) 郵送調査ではこのバイアスは比較的軽減されるという実証結果がある（調査方式比較プロジェクト 2010）。従来は回収率の問題などから学術的な意識調査を行う方法として郵送調査は不適切だと考えられる傾向にあったが，近年ではその有効性について再評価する動きが見られる（林 2004）。

(48) 日本ではこの問題を解決する方法として，面接調査の際にノートパソコンを用いて調査を行うという方法が考案され，早稲田大学の研究者を中心とするグループによって実施されている（河野・田中 2008）。社会的期待迎合バイアスを考慮した上での政治学における面接調査としては日本初であり，貴重な取り組みだといえる。

view: PAPI) とノートパソコンを使った方法 (Computer Assisted Self-Administrated Interview: CASI) とで, 回答分布がどのように異なるのかが調査されている。表2－2は, その結果を整理したものである。それほど大きな差ではないがPAPIとCASIで回答分布が異

表2－2 調査方法の違いによる回答分布の相違

		賛成	やや賛成	やや反対	反対	DK/NA
政党	CASI	24.7	50.3	19.2	3.7	2.1
	PAPI	26.6	47.6	16.7	3.3	5.8
	PAPI-CASI	1.8	−2.7	−2.5	−0.4	3.7
選挙	CASI	48.8	42.2	5.6	2.2	1.2
	PAPI	50.3	38.7	7.4	1.2	2.5
	PAPI-CASI	1.4	−3.5	1.8	−1.0	1.3
国会	CASI	29.6	48.7	16.5	3.6	1.5
	PAPI	29.2	43.5	18.6	3.0	5.7
	PAPI-CASI	−0.5	−5.2	2.1	−0.6	4.1

注1) 表中の数値はヨコ100%。
注2) GLOPE 2007のコードブックより筆者作成。CASIの観測数は780, PAPIの観測数は933

なっており, 特に国会への信頼については, 信頼を過小評価するバイアスがかかっている可能性があることがわかる[49]。

　第2は質問文および回答である。実は「意見が反映される」という表現と,「反映できているか」という現状認識を尋ねる表現とでは, 回答分布が異なる。これは方法論的な問題というよりも, 何を明らかにするのかという目的の相違によるのだが, 前者よりも後者の方が否定的な回答が多くなることがGLOPE 2005では明らかにされている[50]。図2－8の質問文に関しては, こ

図2－9 政治的有効性感覚についての否定・肯定的質問文

【リード文】政治に対していくつかの意見があります。これらについてあなたはどうお感じになりますか。						
	そう思う	どちらかと言えばそう思う	どちらとも言えない	どちらかと言えばそう思わない	そう思わない	DK/NA
A 自分には政府のすることに対して, それを左右する力はない	1	2	3	4	5	6
B ごくふつうの国民でも政治にかなりの影響力を持っている	1	2	3	4	5	6

注) JSS-GLOPEのコードブックより筆者作成

---

(49) なお, 質問文は図2－8に示したものと同一である。
(50) 恐らく後者の聞き方は現状の機能について尋ねる質問だからであろう。

のようなバイアスが存在する可能性がある点にも注意する必要がある。

　以上にくわえて，質問が肯定的な意見への賛同を尋ねるものか，それとも否定的な意見への拒否を尋ねるものなのかで，回答分布が変化する点も注意しなければならない。政治的有効性感覚を例に，この問題について確認しておくことにしよう。本書が用いる JSS-GLOPE には，政治への信頼だけではなくその他の政治意識についても調査がなされているが，そのうち政治的有効性感覚については，意見を否定的なものから肯定的なものへと変えることで回答分布がどのように変化するのかが調査されている。質問文の概要は図2－9に示す通りである。結果は，Ａの意見の場合「わからない」を除き，有効性感覚を感じる人はおよそ23％，逆に感じない人はおよそ59％であったのに対して，Ｂの場合は有効性感覚を感じる人はおよそ37％，逆に感じない人はおよそ36％であった。

　ある意見に対しては，否定するよりも賛同する方が回答しやすい。上述の結果は，端的にそのような質問文の有する特徴ゆえに生じたものであるものと推察される。ここから，否定的な意見への賛否を尋ねる認知的な信頼は，政治に対する否定的な意見の割合が多くなり，対する感情的な信頼は肯定的な意見への賛否から操作化されているため，肯定的な意見の割合が多くなるという問題があると考えられる。

　さらに，極端に回答の選択肢が少なかったり，逆に多かったりする場合，中間的な回答や「わからない」が増加するなど，適切な結果を得られなくなる可能性が高まるという問題もある。本書が用いるデータについていえば，図2－7および図2－8の質問は回答の選択肢が少なく，そのため「わからない」が多くなる問題が発生している可能性がある[51]。

　以上に述べた問題が生じているのかどうかは，厳密には指標の妥当性に関する綿密な分析を行う必要がある。その意味で，本書が用いる意識調査や操

　　詳しい結果については紙幅の関係上省略する。GLOPE 2005 のコードブックなどを参照されたい（http://ssjda.iss.u-tokyo.ac.jp/chosa-hyo/0532c.html　2011年8月20日アクセス）。

(51) 図2－6のように，回答の選択肢が多すぎる場合も，適切な回答を得られなくなる可能性が高くなる。実際に10点あるいは11点尺度の質問は，総じて中間的な回答が多くなる傾向にある。それゆえに5点もしくは7点尺度の方が，調査方法論上は適切な結果が得られるように思われる。

作的定義には，問題があるとも，ないともいえない。アメリカ政治学とは異なり，日本の政治学ではこの点に関する研究が近年ようやく始まったばかりである（西澤 2008，2012；西澤・栗山 2010）。むしろそのような現状こそが本当の問題だといえるかもしれない。

小 括

　本章では認知および感情的な政治への信頼をどのように操作化するのか，あるいはどのような質問文から操作化することが適切なのかについて，これまでの操作的定義の変遷を踏まえつつ明らかにした。本書では，政治家などへの認識に関する3つの質問より構成される意識を認知に基づく政治への信頼とし（図2−7），選挙や国会といった制度が有する規範への意識を感情に基づく信頼として操作的に定義する（図2−8）。以降は，これら6つの質問を用いての実証分析が行われることとなる。

　政治への信頼に限らず，抽象的な政治意識を実証分析の対象とする際には，必ず操作的定義の問題が生じる。多様な概念定義や操作的定義の開発は推奨されて然るべきだが，それは後に行われるであろう「交通整理」を前提にしている。どのような操作的定義が存在するのか，そこにはどのような問題があるのかを検討していくことは地道で退屈な作業であるが，このような作業なくして政治意識研究の発展は不可能である。欧米の政治学に比して日本では，操作的定義に関する実証研究がほとんど行われていない。もちろん，研究者の絶対的不足という事情もあろうが，それだけではなく地道な作業を忌避する傾向もあるのではないだろうか。

　最後に本書で扱う操作的定義の妥当性について述べておく。何度も指摘しているように，本書の分析には様々な制約が課せられている。概念定義と操作的定義が乖離している可能性は否定できない。操作的定義に関する方法論的検討を含めて，その信頼性および妥当性に関する分析を蓄積させていくことは依然として大きな課題である。

　しかし，それでもなお，ここで示した操作的定義は一定の妥当性を有するものだと考える。第1に社会的期待迎合バイアスの問題は，表2−2の結果から推察されるように，それほど生じていない。認知的な信頼については，何らかのバイアスがかかっている可能性はあるが，政治家を信頼すべきでは

ないという社会的な期待が存在しているとはいえないように思われるので，可能性としてはほとんどないものと見てよい。

　第2に質問文に関する問題点であるが，肯定的な意見への賛否を尋ねる感情的な信頼には肯定寄りのバイアスが，否定的な意見への賛否を尋ねる認知的な信頼には否定寄りのバイアスがそれぞれかかっている可能性がある。この問題については，異なる質問を用いた実験的手法より明らかにする必要があるが，図1－1で示しているように，質問文を否定的な意見にしなくても，政治に対する不信感を抱いている人は多い。したがって認知的な信頼については，大きなバイアスがかかっているとはいえない。他方の感情的な信頼については，いくらかのバイアスがかかっている可能性はある。しかし，信頼者の割合の多さから察するに，信頼者と不信者の割合が逆転するほど大きなバイアスがかかっているわけではないだろう。

　いずれにせよ，扱う指標に何らかの制約が課せられていることは，本書のみならず，すべての実証分析に通じる問題である。重要なのは，その限られた範囲内において何をなすことができるのかである。本書の操作的定義には，たしかにいくらかの問題がある。しかし，本書の議論は，政治への信頼についての理解を深める上では意義あるものだと考える。

第3章　政治への信頼の推移と構造

　第3章では，政治への信頼の分布，推移，構造の3点を分析することで，認知と感情という信頼の分類枠組みの妥当性について検証する。認知的な信頼と感情的な信頼は，相互に関連しつつも，基本的には独立した意識だとここでは考えている。それゆえに，両者の分布や推移の特徴は異なることが予測される。では，具体的にその相違とはどのようなものなのか。さらに認知と感情という政治への信頼の2次元構造は，時代を超えても安定的に見出せるものなのか。これらの点を本章では実証的に明らかにする。

はじめに

　本章では政治への信頼の構造的特徴について分析する。前章までの議論を通じて明らかにしたように，政治への信頼は，「政治家や政党，さらには政治制度が自らの意向を政策決定に反映してくれるだろう」という意識であるが，そこには認知と感情という質的に異なる2つの意識が内包されている。しかしながら，この本書の枠組みの妥当性についてはまったく検討していない。認知的な信頼と感情的な信頼のそれぞれの特徴や両者の関係は，時代に応じて変化するかもしれない。したがって本章では，政治への信頼の分布と推移の特徴を，さらに認知と感情の相互関連性について分析する。

　認知的な信頼と感情的な信頼とでは，様々な相違が存在すると考えられる。信頼の分布や推移の傾向は，認知か感情かで大きく異なるものとなるだろう。逆にいえば，両者が似通った特徴を有するのなら，あえてこれらを分ける必要はない。両者の相違ならびに特徴を知る上で，分布と推移の相違の分析は

不可欠である。

ただし信頼の推移については、マクロレベルの推移だけではなく、分析に用いるデータが個人内の意識変動についても明らかにすることができるパネル調査だという利点をいかし、ミクロレベルの意識変動についても分析する。マクロとミクロの両者から政治への信頼の推移について明らかにすることで、認知と感情というそれぞれの信頼は、いかなる特徴を有する政治意識なのかがより明瞭なものとなるだろう。

くわえてここでは、認知的な信頼と感情的な信頼の相互連関についても分析する。両者は相互に強く関連し合っているのか、それとも独立しているのか。さらに両者の関係はどの程度安定しているのか。回答分布や推移のみならず、この信頼間の相互関係についても分析することで、本書の分類法が実証的妥当性を有するのかどうかを検証することができる。

もちろん、このような信頼間の相互関係を分析する試みが、これまでなされてこなかったわけではない。したがって、以上の作業を終えた上で、本章の議論にどのような意義があるのかを、先行研究の整理と検討を行いながら説明する。

1. 分布の相違から見る信頼の特徴

はじめにどの程度の有権者が認知的な、あるいは感情的な政治への信頼を抱いているのかを確認する。表3－1は認知的な信頼の度数分布について整理したものである。調査年度によって若干のばらつきが見られるが、全体としては否定的な回答への偏りが目立つ。1980年代に調査が実施されたJESの結果は、それ以外の調査結果と比較してやや肯定的な回答者が多いが、それでも肯定的な回答の割合は2割から3割程度である。

政治的アクターへの否定的な評価については、全体の平均値に端的に表されている。平均値について見ていくと、国会議員が応答的だと感じている回答者は約27％、国会が国民全体のために運営されていると感じている回答者は約17％、派閥争いや汚職に明け暮れしているわけではないと感じている回答者は約20％である。それに対して、応答的ではないと感じている回答者は約44％、大組織のために運営されていると感じている回答者は約51％、派閥争いなどに明け暮れしていると感じている回答者は約29％（「やや不信」も含

表3-1　認知的信頼の推移と平均値（％）

	JABISS 1976	JES 1983(6)	JES 1983(12)	1993	1995	1996	JES Ⅱ 2003	JSS-GLOPE 2004	平均
国会議員の応答性									
信頼	26.0	27.8	28.5	25.0	24.3	21.0	30.4	29.4	26.6
中間	26.0	28.9	32.1	22.4	27.9	22.0	14.1	18.7	24.0
不信	39.2	34.7	30.0	49.3	42.6	53.8	51.2	49.4	43.8
DK	8.9	8.6	9.3	3.4	5.1	3.2	4.3	2.4	5.6
国会運営の目的									
信頼	16.2	19.2	15.5	10.9	15.8	12.8	23.6	17.7	16.5
中間	24.8	19.4	23.8	16.9	25.4	21.2	14.9	18.0	20.5
不信	43.3	43.7	40.3	63.4	49.4	57.3	51.1	58.7	50.9
DK	15.8	17.7	20.4	8.8	9.4	8.7	10.3	5.6	12.1
派閥争いや汚職									
信頼	19.5	24.2	21.1	16.0	18.7	15.4	21.6	21.6	19.8
弱い不信	42.5	43.9	42.6	39.5	43.9	42.6	42.1	45.4	42.8
不信	27.2	19.5	20.6	40.3	30.6	36.6	28.9	27.7	28.9
DK	10.8	12.4	15.5	4.2	6.9	5.4	7.4	5.3	8.5

注1）表中の数値はすべてタテ100％。なおNAは欠損として処理している
注2）JSS-GLOPEの派閥争いや汚職の信頼は、「あまりそう思わない」と「まったくそう思わない」を統合した値

めると約72％）である。一部の質問については「わからない（DK）」と回答する人が平均して約12％いるなど、必ずしもすべての人が不信を抱いているとはいえないが、多くの回答者が政治的アクターについて否定的な認識を抱いていることがこの表からはわかる。

続いて感情的な信頼の度数分布について確認しよう。表3-2は、政党、選挙、国会のそれぞれの応答性への規範意識についての回答を整理したものである。抽象的な質問であるためかDK率が高く、特にJABISSでは2割から3割がそのように回答している。ただし1980年代（JES）以降、DK率は減少傾向にあり、特に2000年代においては10％前後に留まっている[52]。

回答分布についてみると、認知的な信頼とは大きく異なり肯定的な回答へ偏っている。特に選挙の応答性についてはかなり好意的に捉えられており、平均して8割近くの有権者が「選挙があるからこそ民意は反映される」とい

---

(52) DK率の減少（意見の明確化［articulation］）は政治への信頼についてのみ見られる現象ではない。しかし、意見の明確化は一般に両極への分極をもたらすのに対して、信頼の場合は否定的意見の増加をもたらしている点が特徴的である（綿貫 1997）。この点については、第10章で詳しく分析する。

表3-2 感情的信頼の推移と平均値（%）

	JABISS 1976	JES 1983(6)	JES 1983(12)	JES Ⅱ 1993	JES Ⅱ 1995	JES Ⅱ 1996	JSS-GLOPE 2003	JSS-GLOPE 2004	平均
政党									
賛成	56.6	31.6	29.3	28.7	25.6	21.2	25.4	23.0	26.4
やや賛成		37.8	41.0	39.9	46.0	45.1	36.1	42.5	41.2
やや反対	14.3	9.5	7.2	9.9	12.2	13.3	14.8	18.4	12.2
反対		3.8	2.2	5.5	3.9	6.0	9.4	6.9	5.4
DK	29.0	17.3	20.3	16.0	12.3	14.5	14.4	9.3	14.9
選挙									
賛成	67.5	41.1	38.6	29.3	38.4	32.9	42.5	33.4	36.6
やや賛成		38.2	39.5	37.0	44.3	43.7	36.4	45.9	40.7
やや反対	10.4	4.8	4.5	12.1	7.5	9.7	7.2	10.1	8.0
反対		2.2	2.2	5.5	2.1	3.7	4.8	4.2	3.5
DK	22.1	13.7	15.2	16.1	7.8	9.9	9.0	6.5	11.2
国会									
賛成	58.9	29.7	27.0	29.3	28.1	21.7	29.1	20.5	26.5
やや賛成		37.9	38.6	37.0	43.3	42.6	37.1	41.5	39.7
やや反対	11.7	9.5	9.2	12.1	13.0	14.3	13.4	18.6	12.9
反対		3.5	2.7	5.5	3.5	6.5	7.6	9.3	5.5
DK	29.4	19.3	22.5	16.1	12.0	14.9	12.8	10.0	15.4

注1）表中の数値はすべてタテ100%。なおNAは欠損として処理している
注2）JABISSは2点尺度であるため，平均の計算には用いていない

う意見に賛同している。政党や国会についても肯定的な回答率は高く，いずれも平均して6割から7割程度を占めている。もちろん否定的な感情を示す人がいないわけではなく，特に政党や国会については政治的アクターを想起させるためか，平均して2割ほど反対意見を表明する回答者が存在する。しかしその割合は相対的には小さいものと見てよいだろう。

以上より，認知的な信頼と感情的な信頼の特徴として，次の2点を指摘することができる。第1は，認知的な信頼は総じて低く見積もられる一方で，感情的な信頼は高く見積もられる傾向にある点である。有権者は，政治家など政治的アクターについては信頼していないが，政治制度の理念については賛同している。第2は，有権者は政治に対する不信と信頼を同時に抱いているという点である。これは一見すると奇妙なことかもしれないが，現実の政治への認知と代議制の理念や価値への感情は区別されるという本書の立場からすれば，それほど不思議なことではない。

2. マクロの推移の相違から見る信頼の特徴

次に政治への信頼の推移について確認する。代議制の危機論の背景には政治への信頼の低下があることは，第1章にて既に述べた通りであるが，それは本書のデータからも確認されるのか。表3－1および表3－2からも，信頼の推移について把握することは可能だが，もう少しわかりやすく結果を加工した上で，推移を分析することにしよう。

まずは認知的な信頼の推移についてである。図3－1にそれを整理したものを示している。この図について簡単に解説しておくと，折れ線で示しているのは，それぞれの質問における不信者の割合と信頼者の割合の差分である。信頼者の割合よりも不信者の割合の方が総じて大きいため，ここでは不信者の割合から信頼者の割合を減じて差分を算出している。また，棒グラフで示しているのはこれら3つの差分の平均値であり，いわば全体としての傾向を示すものである。

図3－1を見れば明らかなように，どの質問の値も，1990年代に不信者の割合が増加している。2000年代には若干回復の兆しを見せるが，それでも以前の水準に回復するには至っていない。全体の平均値の推移にこの傾向は明瞭な形で示されており，1980年代までとそれ以降では大きな差があることがわかる。日本の選挙違反の歴史を紐解けば，戦後間もない頃から政治不信が

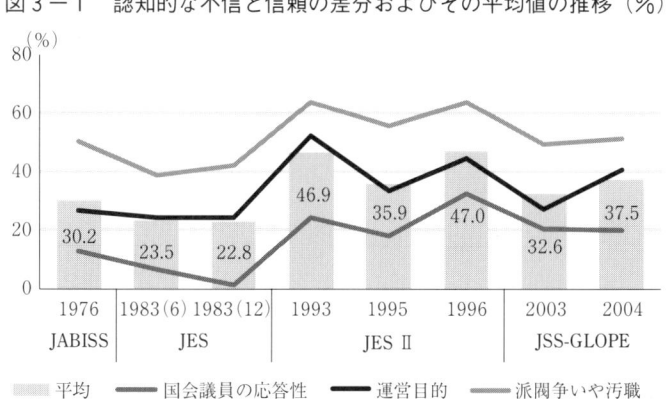

図3－1　認知的な不信と信頼の差分およびその平均値の推移（％）

蔓延していたことは容易に想像できるが（季武 2007），今日ではそれ以上の不信が存在するということなのかもしれない[53]。

続いて感情的な政治への信頼の推移を確認する。それを整理したものが図3－2である。政党や選挙への信頼は，不信を抱く回答者より信頼を抱く回答者の方が多いので，図3－1とは逆に信頼者の割合から不信者の割合を減じた値を算出している。したがってこの図の場合は，値が小さくなるほど不信者の割合が増加しているということになる。

政党や選挙への信頼の推移について見ると，やや低下傾向にあるといえる。ただし選挙については，1993年に一時的に低下しているが以降はほとんど変化しておらず，常に65％前後を推移している。したがって，選挙制度への信頼については失われているとはいえない。しかし，政党や国会への信頼は，認知的な信頼ほど急激ではないが，1980年代以降徐々に信頼者の割合と不信者の割合の差が小さくなっている。全体の平均値の推移からわかるように変動の幅は小さく，ゆえに危機的だというほどではないが，2000年代以前と以後で10ポイント近く差がある。

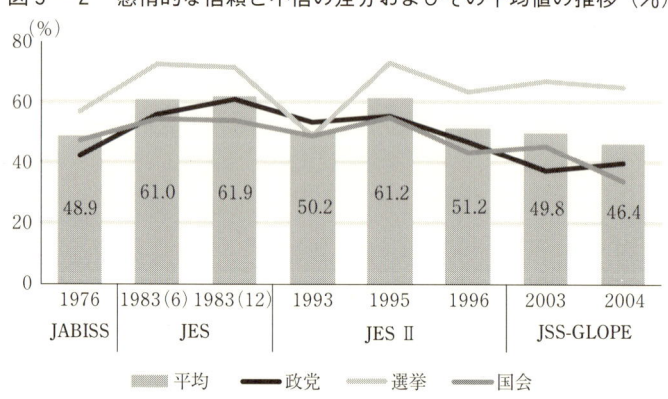

図3－2　感情的な信頼と不信の差分およびその平均値の推移（％）

年	平均
1976 JABISS	48.9
1983(6) JES	61.0
1983(12) JES	61.9
1993	50.2
1995 JESⅡ	61.2
1996	51.2
2003 JSS-GLOPE	49.8
2004	46.4

凡例：平均　政党　選挙　国会

---

(53) 1990年代に急激に不信が増加するという傾向は図1－1の質問の推移と酷似する。さらにいえば，この傾向は無党派層の推移ともかなりの程度共通する。ゆえに無党派層増加の背景には政治不信があると指摘されることは多い。両者の関係については第4章で詳しく分析する。

以上より，回答分布だけではなく，認知か感情かで推移の傾向についても異なることが明らかとなった。具体的には第1に，認知的な信頼は1990年代に急激に低下し，その後やや回復するが，感情的な信頼にはそのような傾向は見られない。感情的な信頼は，1980年代以降徐々に低下しており，1990年代を境に急激に低下しているわけではない。第2に，認知的な信頼は，調査時期によってその値を大きく変動させる。対して感情的な信頼は，1993年を除き基本的には大きな変化を見せていない。マクロの推移の傾向という点からも，両者の質的相違を窺い知ることができる結果だといえる[54]。

3. ミクロの意識変動の相違から見る信頼の特徴

本書で用いるJABISSやJESといったデータは，同一の人物に複数回の調査を行うパネル形式の意識調査である[55]。ゆえに，前節で検討したマクロレベルの推移だけではなく，個人間の意識変動，すなわちミクロレベルの推移についても分析することが可能である。本節では，このミクロレベルの信頼の推移について分析する。

マクロだけではなくミクロレベルの推移についても検討する理由は，意識変動の実態は，マクロとミクロの両者を見据えてこそ明らかにすることができるという単純な事実に拠る。たとえば，ある時点での信頼者の割合が5割程度あったとする。そして次点の調査においても信頼者が5割程度であった場合，マクロレベルの推移の観点からは意識変動は生じていないということになる。しかし，ある時点において信頼を抱いている人が次の時点では不信を抱くように変化し，逆にある時点において不信を抱いている人が次の時点では信頼を抱く方向へと変化していた場合，意識変動は生じていないといえるだろうか。このようにマクロな推移を確認するだけでは意識変動の実態を理解するには不十分であり，ゆえにミクロレベルの意識変動についても分析

---

(54) 以上の知見は，認知と感情は，それぞれ異なる要因に規定されていることを示唆するものである。この点については第Ⅲ部を通じて実証する。
(55) 通常の意識調査は，調査時期（時間）という要因を制御した上で，異なる人々に同一の質問を尋ねる横断的調査（cross-sectional research）であるが，これに同一の質問を同じ人に継続的に尋ねるという点をくわえた調査をパネル調査という。

する必要がある。

　この点は特に認知は変動しやすいが感情は安定的であるという，前節で指摘したそれぞれの信頼の特徴を検討する上で重要である。感情的な信頼が真に安定的であれば，マクロレベルだけではなくミクロレベルの推移についても安定的な傾向が見出せるだろう。他方の認知的な信頼についても，マクロレベルの推移と同様に，あるいはそれ以上にミクロレベルの意識変動が観測されるはずである。これらの点に注意を払いつつ，以下ではJES，JESⅡ，JSS-GLOPEの3つのデータを用いて，個人内の意識変動について分析していくこととしたい[56]。

　まずは意識の安定性から確認する。表3－3はその結果を整理したものである[57]。ここでは，ある時点の調査と次点の調査の結果を比較し，意識変動が生じていない「安定者」の割合およびその推移と平均値について記している。安定者は，ある時点において「信頼できる」と回答しており，次点においても「信頼できる」と回答している回答者をさす[58]。ただし，「強い不信」から「弱い不信」へのような意識の強度の変化についてはここでは考慮していない。あくまで方向性についての変化のみを分析の対象としている。

　表3－3からは，国会議員の応答性や国会運営の目的といった認知的な信頼は，2000年代はやや安定しているものの，半数以上の回答者が態度を変えていることがわかる。他方，感情的な信頼は総じて安定的であり，特に選挙については，ほとんど態度変容が生じていない。くわえて，認知的な信頼の安定者割合は上述したように調査間で異なっているが，感情的な信頼にはそのような傾向は見られない。いつの時点の調査においても，政党と国会については62％前後，選挙については73％前後を推移している。認知的な信頼とは異なり，感情的な信頼はミクロレベルの推移から見ても安定的であること

---

(56) JABISSもパネル調査であるが，選挙前調査しか政治への信頼の質問が設けられていないため，ミクロレベルの意識変動を分析することができない。

(57) 汚職や不信に関する質問については，JSS-GLOPEとそれ以外とで回答が異なっているという問題があり，わかりやすさを重視しここでの分析の対象からは除外している。しかし，基本的な傾向は国会議員の応答性などと同一であったことをここに記しておく。

(58) 信頼から不信への変化だけではなく，DKへの変化もここでは意識変動としている。

表3-3　信頼ごとの安定者割合（％）

	83(6)→83(12) (JES)	93→95 (JESⅡ)	95→96 (JESⅡ)	03→04 (JSS-GLOPE)	平均
国会議員の応答性	37.2	44.4	47.1	59.6	47.1
国会運営の目的	41.0	48.3	46.0	55.8	47.8
政党の応答性	62.4	63.0	63.4	62.8	62.9
選挙の応答性	71.9	74.2	75.0	73.7	73.7
国会の応答性	62.0	62.8	62.7	63.9	62.8

注）表中の数値はすべて全サンプルの中での安定者割合。なおNAは欠損として処理している

がわかる。

　次にミクロレベルの意識変動は具体的にどのような形で生じているかを確認する。その結果を整理したものが表3-4である。ここでは，信頼からの変化と，不信からの変化の両者を示している。なお，ここで表記しているのは全サンプルの中の割合ではなく，信頼を抱いている回答者，あるいは不信を抱いている回答者の中での割合である。たとえば信頼を抱いていた回答者が20人中10人いるとして，そのうち5人が不信を抱く方向へと変化した場合，値は25％ではなく50％となる。

　マクロ・ミクロの双方において意識変動が見られる認知的な信頼から確認することにしよう。国会議員の応答性については，1980年代はやや異なる傾向となっているが，総じて不信よりも信頼からの態度変容割合の方が大きい。国会運営の目的も同様に，信頼から不信への態度変容の方が大きいが，調査あるいは時期によるばらつきがある。ただし平均値でいえば両者の間にはそ

表3-4　方向性別の個人内意識変動（％）

		83(6)→83(12) (JES)	93→95 (JESⅡ)	95→96 (JESⅡ)	03→04 (JSS-GLOPE)	平均
国会議員の応答性	信頼→不信・DK	60.5	64.7	59.3	45.0	57.4
	不信→信頼・DK	73.3	47.1	33.3	29.6	45.8
国会運営の目的	信頼→不信・DK	71.5	69.2	51.8	64.2	64.2
	不信→信頼・DK	66.7	42.4	47.0	25.1	45.3
政党	信頼→不信・DK	24.9	20.8	26.4	23.6	23.9
	不信→信頼・DK	78.4	67.7	63.5	53.0	65.6
選挙	信頼→不信・DK	18.5	14.1	18.2	15.2	16.5
	不信→信頼・DK	76.8	79.2	62.9	67.9	71.7
国会	信頼→不信・DK	25.9	20.5	28.3	26.8	25.3
	不信→信頼・DK	74.8	67.2	57.7	46.9	61.7

注1）信頼の場合は信頼者の中での態度変容者割合，不信の場合は不信者の中での態度変容者割合
注2）議員の応答性と国会運営の目的については「場合による」への変化も含めている

れほど違いはなく，ともに信頼からの態度変容が約57から64％，不信からの態度変容はともに45％程度である。傾向としては信頼からの態度変容の割合の方が大きいが，必ずしもその方向への変化に限定されるわけではなく，不信から態度を変化させる回答者も同程度存在するといえる。

他方，感情的な信頼については，信頼からの態度変容があまり見られず，不信からの態度変容が目立つ。平均するとおよそ6割から7割が不信から信頼などへ態度を変化させるという結果からは，感情としての信頼の安定性を窺い知ることができる。ただし，近年においては不信も安定性を増しつつあるなど，やや状況は変化しつつある。ただし信頼が安定的であり，不信から態度を変える回答者の方が多いという傾向は変化していない。

以上より，前節で指摘した認知と感情の特徴は，ミクロレベルの意識変動からも確認できることが明らかとなった。認知的な信頼は，方向性を問わず変化しやすい信頼だといえる。しかし感情的な信頼は，認知的な信頼とは異なり，容易に変化することのない安定的な政治意識であることをここでの分析結果は示している。

4. 信頼間関係の実証分析

ここまでの分析を通じて，認知と感情のそれぞれが有する特徴はかなりの程度明らかとなった。では，両者の相互関係はどのようなものなのだろうか。本書が主張するようにそれぞれ独立する信頼なのだろうか。それとも密接な関連を有するのだろうか。本節では，以下の2つの方法を用いて，この問題について検討していく。

第1の方法は探索的因子分析である。この方法は，政治への信頼の構造を分析する一般的な手法であり，先行研究もこの方法を用いて信頼の構造を分析している(Mason, House and Martin 1985; Chen 1992; 三宅 1986; 田中 1995; 綿貫 1997)。ただしここでは，扱う変数が順序（名義）尺度である点を考慮し，通常の因子分析ではなくカテゴリカル主成分分析を行う[59]。

---

(59) 探索的因子分析は変数が間隔尺度であることを前提としているためである。ただし5点や7点順序尺度の場合は間隔尺度とみなした上で探索的因子分析を行う場合もある。また，順序尺度を用いることの問題点としては，変

第2は交差遅れモデル（cross lagged model）を用いた分析である。交差遅れモデルとは，ある時点から次点における，2変数間関係を分析する手法である。先行研究ではヘザリントンがこの手法を用いて分析を行っている（Hetherington and Globetti 2002; Hetherington 2005）。信頼間の相互関係を分析する上でこの方法は有用である。

　まずはカテゴリカル主成分分析の結果から確認する。表3－5は，その結果を整理したものである。次元数は認知と感情という本書のこれまでの議論から2に設定している。どのデータを用いた分析結果においても，次元1と2で全体の65％から80％の分散を説明できている。クロンバックのα値も総じて高く，この次元数の設定は妥当だと考えられる。

　さて，第1次元について見ると，どの変数も高い成分負荷量を示しているが[60]，相対的には政党や選挙など感情的な信頼の負荷量が大きな値を示している。ただし，1970年代の調査では認知と感情の負荷量に違いがないなど，時期によってその傾向には若干のばらつきが見られる。その意味では認知と感情が混在している次元だといえるが，上述した通り相対的には感情的な要素が強い軸だと考えてよい。

　第2次元は，第1次元とは異なり認知的な信頼の負荷量が大きな値を示している。ゆえにこの軸は，感情というよりも認知に近い次元だと解釈できる。つまり表3－5の結果は，感情の信頼次元が第1次元として，認知の信頼次元が第2次元として抽出されたと見ることができる。また，この2次元構造は，1970年代から2000年代に至るまで一貫している。

　この第2次元についていえば，認知と感情の成分負荷量の符号が大きく異なっていることが重要である。すなわち認知に関する信頼の負荷量はすべて

　　　数間の相関関係を過小あるいは過大に見積もるバイアスがかかることが知られているが，常にこの問題が発生するわけではない。本書でも試論的に探索的因子分析（最尤法）を行っているが，結果はカテゴリカル主成分分析のそれと大差なかった。
(60)　主成分分析は，異なる質問を同時に説明できる軸（次元）を抽出することを目的とする分析手法であることから，第1次元に対する負荷量が総じて高くなる傾向にある。その意味でいえば，順序尺度を数量化した上で因子分析を行う方が方法論的には適切だといえるが，主成分分析か因子分析かで結果が大きく変わることは希である。

表3-5 カテゴリカル主成分分析の結果

	JABISS (1976) 次元1	次元2	JES(1983[6]) 次元1	次元2	JES(1983[12]) 次元1	次元2	JES Ⅱ(1993) 次元1	次元2
国会議員の応答性	0.538	0.626	0.389	0.736	0.400	0.735	0.259	0.833
国会運営の目的	0.455	0.486	0.359	0.595	0.363	0.637	0.266	0.755
派閥争いや汚職	0.562	0.640	0.407	0.703	0.404	0.699	0.280	0.870
政党の応答性	0.688	−0.367	0.770	−0.334	0.750	−0.324	0.842	−0.238
選挙の応答性	0.688	−0.499	0.812	−0.375	0.813	−0.359	0.901	−0.289
国会の応答性	0.720	−0.448	0.806	−0.279	0.805	−0.340	0.877	−0.228
固有値	2.276	1.621	2.349	1.721	2.326	1.785	2.507	2.211
分散説明力	37.9%	27.0%	39.1%	28.7%	38.8%	29.7%	41.8%	36.8%
クロンバックの α	0.892		0.905		0.908		0.946	

注)表中の数値は成分負荷量。なお,クロンバックの α 値は2次元の総計値

正の方向を示しているが,他方の感情に関する信頼の負荷量は負の方向を示しているのである。これは,認知と感情とで,その強度のみならず方向性についての違いも存在すること示す結果だといえる。

カテゴリカル主成分分析の結果は,認知と感情は互いに何らかの関連性を有しつつも,基本的には独立していることを示すものである。この点を詳細に確かめるために,交差遅れモデルによる分析を行う。なお,ここでは先に行ったカテゴリカル主成分分析の結果から算出される主成分得点を用いて分析を行う[61]。

交差遅れモデルによる分析を行う際は,次の2点に注意しなければならない。第1はパネル落ちサンプルによるバイアスの問題である。ある特定の態度(信頼が高い)をもつ回答者のみが継続して調査に協力している場合,その変数の分散が小さくなり,結果として影響力を過小評価するバイアスがかかる。第2は調査期間についてである。分析に用いるデータの間のスパンが長すぎる場合,他の要因の効果が混在することとなるため,交差遅れモデルによる分析は適切ではなくなる。

---

(61) 第4章以降の実証分析では,3つの質問を単純加算した指標を用いているが,ここでは先に行った分析結果を勘案し主成分得点を用いることにした。すべての分析において主成分得点を用いないのは,第9章など,複数のデータを統合した上で実証分析を行う場合があるためである。なお,この主成分得点は間隔尺度であるため分析方法としては重回帰分析を行っている。単純加算した合成尺度を用いて分析を行うと結果は若干異なるものとなるが,基本的な傾向は変わらない。

JES Ⅱ (1995)		JES Ⅱ (1996)		JSS-GLOPE (2003)		JSS-GLOPE (2004)	
次元1	次元2	次元1	次元2	次元1	次元2	次元1	次元2
0.283	0.757	0.371	0.815	0.530	0.748	0.541	0.620
0.253	0.700	0.335	0.716	0.368	0.582	0.498	0.565
0.321	0.753	0.367	0.785	0.560	0.592	0.567	0.553
0.780	−0.238	0.857	−0.295	0.746	−0.368	0.759	−0.389
0.833	−0.282	0.934	−0.326	0.782	−0.436	0.754	−0.453
0.838	−0.253	0.908	−0.300	0.823	−0.398	0.797	−0.368
2.253	1.831	2.817	2.077	2.576	1.732	2.642	1.502
37.5%	30.5%	46.9%	34.6%	42.9%	28.9%	44.0%	25.0%
0.906		0.955		0.921		0.910	

　本書が用いるデータについていえば，第2の問題は特に1993年と1995年の2つのデータを用いる際に生じるものと考えられる。しかし先行研究のラグが2年である点に鑑みれば（Hetherington and Globetti 2002），本書が用いるデータに大きな問題があるとはいえない。また，パネル落ちバイアスの問題についても，比較的時期が近い2点のデータであればそれほど深刻なバイアスは発生しない。

　図3−3は交差遅れモデルによる分析の結果を整理したものである。統計的に有意な影響を与えているものについては実線黒矢印で表記し，有意でない場合は破線で表している。いずれの結果についても，1期前の認知的な信頼は次点の認知的な信頼を，また1期前の感情的な信頼は次点の感情的な信頼をそれぞれ規定している。認知と感情とで，係数の大きさに違いはないが，その値は1980年代以降，増加傾向にある。これは認知も感情も，態度の一貫性が増しつつあることを意味している。ただし誤差を踏まえて考えるなら，1990年代以前と以後で異なっていると見た方がよいだろう。

　ここでの分析の焦点は信頼間の関係にあるため，この点について確認することにしよう。1980年代と1990年代においては，認知と感情の間にはそれほど強い関連はない。政治家などへの不信の高さが政治制度への信頼の低さへ，また政治制度への信頼の低さが政治家などへの不信の高さへ繋がるという関連は見られない。1995年および1996年のデータを用いた分析では，認知から感情へ，また感情から認知へのそれぞれについて，統計的に有意な影響が確認される。しかし係数値は小さく，実質的には関係がないと見た方がよい。

　しかし2000年代に入るとこの関係は変化する。特に認知的な信頼の感情的

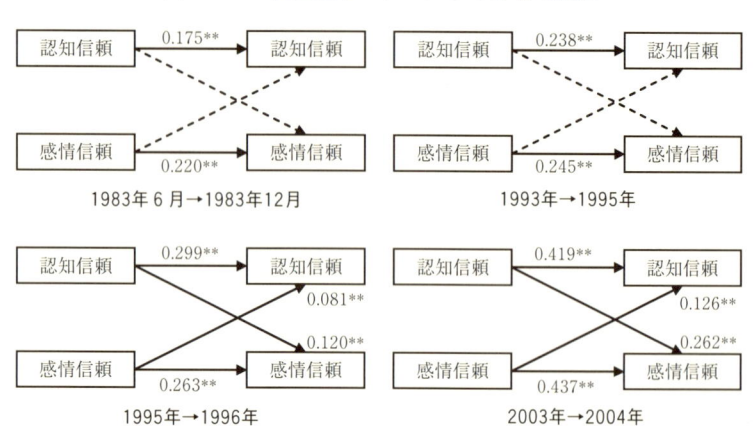

図3-3 交差遅れモデルによる分析の結果

認知信頼 →(0.175**)→ 認知信頼
感情信頼 →(0.220**)→ 感情信頼
1983年6月→1983年12月

認知信頼 →(0.238**)→ 認知信頼
感情信頼 →(0.245**)→ 感情信頼
1993年→1995年

認知信頼 →(0.299**)→ 認知信頼
　　　　　　　　　0.081**
　　　　　　　　　0.120**
感情信頼 →(0.263**)→ 感情信頼
1995年→1996年

認知信頼 →(0.419**)→ 認知信頼
　　　　　　　　　0.126**
　　　　　　　　　0.262**
感情信頼 →(0.437**)→ 感情信頼
2003年→2004年

注1）数値は非標準化係数。**：$p<0.01$で統計的に有意
注2）統計的に有意ではない係数の値は省略し，破線にて表記している

な信頼に対する影響力が増しており，これは過去の認知的な信頼が次点での感情的な信頼を規定するようになったことを意味している。言い換えれば，認知的な信頼の低さが感情的な信頼の低下をもたらしていることをこの結果は意味するが，他方の感情的な信頼についても有意な影響を与えていることから，感情的な信頼の高さが認知的な信頼の向上をもたらしていると見ることもできる。いずれにせよ，両者の相互関係が2000年代に入ってからやや強化されていることを，この結果は示すものと考えられる。

　ここまでの分析結果はどのようにまとめることができるだろうか。政治への信頼の分布とその推移について確認した結果，認知的な信頼と感情的な信頼とで，それらは大きく異なることが明らかとなった。すなわち，不信者の割合の大きい認知的な信頼は，現実政治への認知に基づくという特徴のためか相対的には変動しやすいという特徴をもつ。対して感情的な信頼は比較的安定しているといえる。これらの知見は，認知的な信頼と感情的な信頼は，それぞれ異なる特徴を有する政治意識であることを示すものである。

　カテゴリカル主成分分析の結果は，以上の傾向をさらに裏付けるものであった。認知と感情という政治への信頼の2次元構造は，時期によって若干異なるものの，基本的には安定しているといえる。ただし，交差遅れモデルに

よる分析の結果は，本書の見方に対して肯定的とも否定的ともいえる結果である。本書の分類枠組みは1990年代までは妥当性を有するものだといえるが，2000年以降はやや適切さを欠いたものになってしまっているのかもしれない。今後，両者の関係がどう変化していくのかはさらなる実証分析を待つしかないが，認知と感情を区別する必要がないほど密接な関連を有するというわけではないように思われる。

5. 不信の段階的発展論と信頼間関係

政治への信頼の構造については，前章で示したノリスの議論に見られるように（Norris 2011），信頼間の独立性よりも相互関連性を強調するものの方が多い。その典型は，以下に述べる政治不信の段階的発展論とでもいうべき議論であろう。

小林（1997）によれば，政治不信には3つの段階があるとされる。第1の段階は政権担当者に対する不信である。この政権担当者への不信が蓄積されると，今度は第2段階である既成政党や政治家全体への不信がもたらされることとなる。そしてこの既成政党などへの不信を払拭することができなかった場合，最終段階である間接代議制全体への不信が増加する。このように小林の議論においては，政治不信は政権担当者への不信から政治システム全体への不信へと段階的に発展していくものであると捉えられている。

この議論のポイントは，政治への信頼の構造を「蓄積」という時間的観点から捉えるところにある。すなわち政治家や政党といった特定の対象への不信が継続することで，政治一般への不信が広がっていくと，そこでは想定されているのである。換言するならこれは，イーストンのいう特定支持と一般支持の間には因果関係が存在することを主張するものである。

この政治不信の段階的発展論の背後には，次に述べる分析結果と理論があると考えられる。実証分析の結果として重要なのは，特定の政治家への支持ないし信頼の低下が，政治制度への信頼の低下へと繋がることを示すミラーらの研究であろう（Miller, Goldenberg and Erbring 1979）。彼らは，政策への不満足や特定の政治家への支持などが政治への信頼を規定していること，また政治への信頼が外的政治的有効性感覚を規定していることを実証した。ここで政治への信頼と呼んでいるのはいわゆる「政府への信頼」指標であり，

また外的政治的有効性感覚と呼んでいるのは「政府の応答性」指標である。このミラーらの分析結果は，上述した小林の議論と親和性を有するものだといえる[62]。

ミラーらの研究の背景には，V・O・キーの賞罰理論に着想を得たフィオリーナの業績投票の理論（Fiorina 1981），そしてシステムパフォーマンスへの評価が政治的正統性を担保することを主張するリプセットの理論があると考えられる（Lipset 1959）。特に重要なのは後者である。彼は，政治システムが中・長期にわたり高い有効性（業績）を発揮することで，政治的正統性は培われていくことを述べた。すなわちこれは，政府の業績に対する評価（特定支持）が，政治制度への信頼（一般支持）に繋がることを主張するものだといえる。

しかしながら，本章の分析を通じて明らかにしたように，特定支持としての政治家などへの信頼と，一般支持としての政治制度への信頼は因果関係にあるわけではない。むしろ，日本の有権者は政治への不信と信頼を同時に抱いている。この点を勘案するなら，発展論的な見方に立つ議論は実証的妥当性を欠くものだといえる[63]。たしかに政治家などへの信頼の低下は，特に近年においては政治制度への信頼の低下へと結びついている。しかしそれは依然として限定的なものに留まっているように思われる。

---

(62) もう1つのミラーによる研究も（Miller and Listhaug 1990），これと同様の結果を示しており，政府の業績に対する低い評価が政治への信頼の低下を引き起こし，さらに政治への信頼の低下が政治システム全体への信頼の低下を引き起こしていることを実証している。ただし本書は，前章で述べたようにANESの指標はあくまでパフォーマンスを測定するものであり，一般支持を操作化したものではないと考えている。

(63) JES II以降の調査では，この発展論的見解を検証するための質問が設けられているが，その質問の有効性に本書は懐疑的である。具体的には，「政党や政治家」「間接代議制」といった対象項目を併記した上で，それぞれの信頼感が尋ねられているが，このような調査設計だと，項目間の相関が必然的に高くなり適切な分析を行うことができない。つまり「似通った質問を併記させていることによって生じる相関関係」と「因果関係」を区別できなくなってしまうのである。本書のように，概念的に信頼を区別するのなら，それに見合った形で操作的定義を変えなければ，妥当な結果は得られないと考えている。

これまで日本人の政治への信頼の構造については，様々な研究者が分析を行ってきた（田中 1996；三宅 1986；綿貫 1997；Kabashima et al. 2000; 蒲島・マーティン 2004；善教 2009a）。しかしそれらは，総じて政治への信頼はどの程度の数の次元に分割することができるのかを明らかにするものであり，信頼の相互関係については検討してこなかった。本章の議論は，これまでほとんど検討されてこなかった信頼間の相互関係，より具体的には認知的な信頼と感情的な信頼の独立性を実証的に明らかにしたものとして位置づけることができる。

小　括

　本章では，政治への信頼の記述的な分析を通じて，認知的な信頼と感情的な信頼がそれぞれどのような特徴を有するのか，また両者の関係はどのようなものかを実証的に明らかにした。認知的な信頼は，現実の政治に対する認知と関連するためか変動しやすいという特徴をもつ。この信頼は1990年代を境に急激に低下しており，また不信を抱く回答者が圧倒的に多いという特徴もある。対して感情的な信頼は，認知的な信頼と比較すると信頼を抱く人が圧倒的に多く，安定的であり，その推移についても急激というよりは徐々に低下している。
　両者が質的に異なることは以上の分布と推移からも明らかであるが，4. で行った分析は，それをさらに裏付けるものであった。認知と感情の2次元構造は1970年代から2000年代に至るまでほぼ一貫して見出すことができた。また両者の相互関係についても，2000年代には強まる傾向を見せてはいるが，基本的には独立しているという結果が得られた。政治不信は特定の対象からより広い対象へと広がっていくものではない。少なくとも日本では，政治への信頼と不信が同時に抱かれている。
　ここで1990年代に生じた政治への信頼の低下について改めて確認しておこう。認知と感情のうち，1990年代に急激に低下したのは認知的な信頼であった。代議制の危機論の背後にあったのは認知的な信頼の低下であるということは，第2章でも断片的な形で指摘したが，本章の分析はそれを裏付けるものである。認知的な信頼の低下が感情的な信頼の低下をもたらすのであれば，それは代議制の危機だということになるが，ここでの分析結果はその可能性

は低いことを示唆する。2000年以降は両者の相互関係が緊密になっているが，独立しているという構造は大きく変化していない。認知的な信頼の推移と感情的な信頼の推移は，異なるものとして理解されなければならない。

この点に付言すれば，感情的な信頼は，1970年代から2000年代に至るまで大きく変化していない。特に選挙制度への信頼は今日においてもなお高い水準を示している。これは，代議制の正統性が今日においてもなお失われていないことを示す証左である。しかし，その一方で全体として，特に政党と国会への信頼については，1970年代以降徐々に低下している。変動の幅やパターンは異なるが，認知であれ感情であれ，信頼の低下が見られることは共通している。無論，それでもなお感情的な政治への信頼を抱く人は多い。しかし，その傾向が今後とも続くわけではないことに，我々は注意する必要がある。

第Ⅰ部の議論を一言で要約すれば，政治への信頼は認知と感情に大別される，ということになろう。政治への信頼は，「政治家や政党，あるいは政治制度が民意を政策決定に反映してくれている」という，政治に対する肯定的意識の総称であるが，そこには認知と感情という質的に異なる2つの意識が存在する。第Ⅱ部以降の実証分析では，この信頼の違いがいかなる帰結の相違を生じさせるのか，また両者の変動要因はどのように異なっているのかを明らかにしていく。

第Ⅱ部　信頼低下の帰結

第4章　信頼と政党支持

　第4章では，政治への信頼と政党支持の関係について分析する。一般に無党派層の増加の背景には政治不信があると指摘されているが，両者がどのような関係にあるのかは曖昧である。本章では，政治への信頼を認知と感情に大別した上で，それぞれの信頼が政党支持とどのような関係にあるのかを分析し，認知的な信頼は支持政党の方向性と，感情的な信頼が支持政党の有無と関連することを明らかにする。

はじめに

　政治への信頼が低下することによって，投票率の低下など様々な問題が生じることがこれまで指摘されてきた。そのような問題意識を背景に，欧米の政治学では信頼低下の帰結としてどのような事態が生じるのかについて，多くの実証研究が蓄積されている。しかし日本では，この点に関する実証研究がそれほど蓄積されておらず，そのため政治への信頼の低下がいかなる問題を生じさせるのかは曖昧な状態にある。
　第Ⅱ部では，第Ⅰ部で述べた認知と感情という政治への信頼の分類法に基づきつつ，政治への信頼が低下することの問題点について検討していく。この第4章では，政党支持態度との関連から，この点について考える。
　政党支持は，その規定性や安定性，普遍性といった特徴を有するがゆえに，数ある政治意識の中でも特に重要な政治意識であると従来みなされてきた（三宅 1985, 1998）[64]。くわえて政党は，有権者の意向を政策決定に反映するための重要な「媒介者」であり（岡沢 1988），特に国政レベルの選挙では，

有権者は政党がなければ投票先を決めることが困難である。その意味でも政党支持は重要な政治的態度だといえる。

政党支持態度は，このように政治的な意思決定の中核に位置する政治的態度であるため，支持政党の有無が有権者の政治に対する志向性の度合いを測定する指標として用いられることがある。政治に対する興味や関心を失った有権者は，支持する政党を持たなくなるだろう。政党支持なし層（無党派層）の増加が，政治への無関心層の増加を示すと指摘されることがあるのはこのような事情に基づく。

有権者の党派性の衰退は日本に限らず先進諸国に共通する現象であるが（Dalton and Wattenberg 2001），日本では1990年代以降，55年体制の終焉と相次ぐ政界再編，さらには冷戦の終結に伴うイデオロギー対立の消失などをきっかけに，無党派層が著しく増加したとされる（蒲島 1998；井田 2002）。特に無党派層の増加の直接的なきっかけとして指摘されることが多いのは，共和汚職事件や佐川急便事件の発覚である。つまり，自民党を中心とする日本の政治状況への不信，さらには既成政党への不信を背景に，無党派層は増加したと説明されているのである。

しかしながら，政治への信頼と政党支持の関連は，それほど明らかになっていない。上述の通り，政治不信の蔓延を背景に無党派層は増加したと説明されることは多いが，この議論は政治への信頼の質的相違について注意を払っていないという点で問題がある。認知的な信頼の低下か，それとも感情的な信頼の低下をその背景とするのかで，無党派層の意味するところは大きく異なる。たとえば認知的な信頼の低下が無党派層の増加をもたらしている場合，それは必ずしも「政治離れ」を意味するわけではないことになる。なぜなら，認知的な信頼は，あくまで特定の政治的対象に向けられる信頼だと考えられるからである。逆に感情的な信頼の低下が無党派層の増加をもたらしているのなら，それは代議制の危機を示す1つの証左となるだろう。

本章では，政治への信頼の質的相違に伴う効果の違いを明らかにすることを通じて，今日における無党派層の増加の意味について検討することとしたい。

---

(64) もっとも，その一方で政党支持概念には多数の問題や課題も山積している（西澤 1998）。

1. 信頼の低下と無党派層の増加

　政治への信頼が低下することで無党派層が増加するという指摘は，政治学研究者のみならず，マスメディアなどでも頻繁に指摘されるところである。特定の政党への支持態度をもたない無党派層は，図4－1に示しているように1990年代に入り急激に増加した。自民党に所属する政治家を中心とする大規模な汚職や不正事件が発覚した1990年代は，第1章の図1－1で示したように，認知的な信頼が低下した時期でもあった。ゆえにこの無党派層の増加の背景には政治不信の蔓延があるとしばしば指摘されており[65]，またこのような認識は広く共有されてもいる。

　政治への信頼の低下と政党支持なし層の増加に関係があるという主張の背後には，無党派層を政治的無関心層と同一視する見方があるように思われる[66]。つまり，無党派層とは政治に対する積極性や志向性が欠如した有権者で

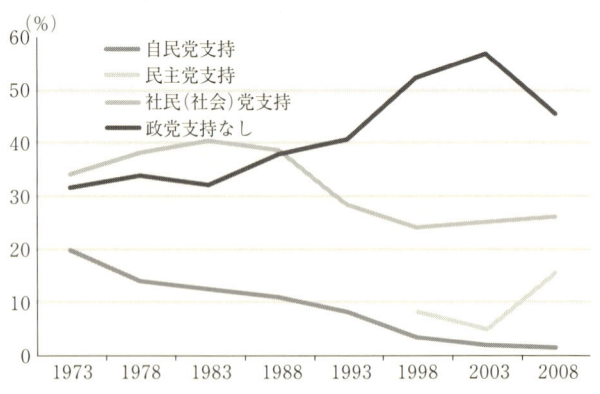

図4－1　主要政党の支持率と政党支持なし率の推移（％）

注1）NHK放送文化研究所編（2010：付録27）より筆者作成
注2）1993年時の調査までは社会党，それ以降は社民党の支持率

(65) もっとも，無党派層が増加した原因としては政治不信の蔓延以外にも様々なものが考えられる。たとえば，村山（1996）は中・長期的な価値観の脱物質主義化が無党派層増加の原因となっていることを指摘する。しかし一般的には，政治不信の蔓延がその背景にあると指摘されている。
(66) 政治的無関心層といっても，そこには「伝統的無関心」と「現代的無関

あり，そしてそのような状態に至った背景には，「政治家や政党なんて信じられない」という政治不信がある，という理解である。政治を信じることができなければ，特定の政党に対する賛否を表明することはなくなるだろう。したがって政治に対して不信感を抱く有権者は，支持政党をもたなくなるというわけである。

無党派層の増加が有権者の「政治離れ」の象徴であることは，とりわけ投票行動研究において主張されてきた。たとえばアメリカにおける中・長期的な投票参加率の低下の原因として党派性（政党帰属意識）の衰退があることはよく知られている（Abramson 1983）。日本においても，政党支持強度が投票参加を規定する要因であることは実証的に明らかにされている（綿貫 1997；小林 2008）。伊藤（2011）は都道府県知事選における投票率の低下は産業構造の変化（都市化）によって説明できると述べるが，都市化が無党派層の増加の背景にあることは三宅（1985）などによって明らかにされている。

しかしながら，このような指摘がなされる一方で，1990年代以降，無党派層は必ずしも伝統的無関心層を意味するわけではないことが明らかにされている（田中 2003）。特に無党派層の中には政治に対する関心を失った消極的無党派層と，これとは異なる積極的無党派層の2つの無党派層が存在することを実証する研究（田中 1992, 1997）は，すべての無党派層が政治に対する志向性を欠いているわけではないことを強調する点で重要である。堤（2001）も，無党派層の中には「関与型」や「同一化型」など，複数の異なる有権者が存在することを実証している。

そもそも日本の政党支持は，アメリカにおける政党帰属意識とは異なり感情的要素よりも認知的あるいは行動意欲（投票意図）的要素が強い（谷口 2010）[67]。支持ありと支持なしを往復する散発的支持者が以前よりかなりの程度存在していた点を勘案すれば（三宅 1985），この指摘の妥当性は高いといえる。それゆえに，日本の無党派層は「そのつど支持者」と呼ばれる場合も

心」など（Riesman 1961=1964），多様な無関心が存在する点には注意を要する。

(67) 政党支持の特徴は国ごとに異なる。たとえばアメリカでは，政党帰属意識（party identification）という呼称からも示唆されるように，認知よりも感情の方が強いとみなされがちである。ただしこの点については修正主義者からの反論も多い。詳しくは山田真裕（2009）を参照のこと。

ある（松本 2006）。

　このように無党派層といってもその捉え方が論者によって異なる点に鑑みれば，政治への信頼と政党支持の関係も単純ではないように思われる。たしかにマクロレベルの推移という観点からいえば，認知的な政治への信頼の低下と政党支持なし層の増加は共変関係にある。しかし，政党支持なし層が単純な伝統的無関心を意味するわけではないところから考えると，このマクロレベルの共変関係は，生態学的誤謬（ecological fallacy）の可能性もある[68]。政治への信頼と政党支持がどのような関係にあるのかは，実証的な分析から検証されなければならない。

　政治への信頼を認知と感情に分ける本書の視角は，信頼と政党支持の関係を知る上で有益である。本書は，政治への信頼が認知的か感情的かで，政党支持との関連は大きく変わると考えている。そしてこの点を明らかにすることで，今日における無党派層の増加の意味もより明瞭になるのではないかと考える。

　支持政党の有無を規定する政治への信頼は，換言すれば無党派層の増加をもたらすのは，認知ではなく感情的な信頼であると考えられる。この信頼が代議制という抽象的な対象への，帰属や愛着といった感情であることは第1章で論じた通りである。つまり感情的な信頼の低下は，政治家や政党への否定的な意識の増加を意味するだけではなく，政治と自身の心的な結合の弱化を意味するのである。ゆえに感情的な信頼が低い人は，政党を支持することがなくなる。

　しかし認知的な信頼の低下は，必ずしも無党派層の増加に直結しない。なぜならこの信頼は，あくまで現実政治への認知に基づくものだからである。より具体的には，現実の政権を担っている政党への支持や評価と強く関連する政治意識であると考えられる。そのためこの信頼の低下は，必ずしも無党派層の増加をもたらすわけではない。政権政党についてはその支持の減退をもたらすことになるだろうが，そうではない政党への支持も低下するとはいえないからである。次節以降では，これらの点について分析していく。

---

(68) 生態学的誤謬とは，マクロレベルあるいは集合レベルで見られる共変関係が，ミクロレベルでは観測することができないような現象をいう。生態学的誤謬およびその発生原因については森（1987）に詳しく解説されている。

2. 信頼と支持政党の有無の関係

　まずは政治への信頼と支持政党の有無の関係から分析することにしよう。本書で用いるデータには，支持政党の有無について尋ねる質問が設けられているため，この点について分析することができる。具体的には，マスメディアなどの世論調査で用いられている形式の質問と，感情温度計を用いた質問の 2 つが存在する[69]。これら 2 つの指標を用いた分析を行うことで，政治への信頼と支持政党の有無がいかなる関係にあるのかを明らかにすることができる[70]。

　無党派層の推移については既に図 4 － 1 にて示した。本書が用いるデータとは値がやや異なるが，推移の傾向は変わらないのでここでは省略し，無党派層への感情温度についてのみ簡単に概観しておくことにしよう。図 4 － 2 は無党派層への感情温度の分布を整理したものである。各データの観測数が異なるため，ここでは全体の割合を示している。また，感情温度計は 0 から 100 までの任意の数字を回答してもらうものであるが，この図では中間である 50 度を除き，10 度ずつまとめている[71]。

　感情温度の平均値を確認すると，1990 年代では約 32 度と低い。この時期は無党派層が増加したにもかかわらず，無党派と呼ばれる人に対する拒否反応を示す有権者がそれなりにいたようである。2000 年代に入るとその傾向には若干の変化が見られ，中間的な回答割合が増加すると同時に，好きと回答す

---

(69) マスメディアの世論調査では，「あなたはどの政党を支持しますか」という形で政党支持について尋ねることが多い。回答は多項選択型であり，多くの学術的な意識調査でもこの形の質問を用いることが一般的であるが，他方でそれぞれの政党ごとの好き嫌いを，感情温度計を用いて尋ねるという方法もある。

(70) ただし後者については，JES Ⅱ と JSS-GLOBE の 2 つの調査にしか存在しない。くわえてこの質問は無党派に対する好嫌を尋ねるものであり，無党派層かどうかを調べたものではない。その意味で後者の質問は補足的な形での使用に留める。

(71) 1（嫌い）：0 － 9, 2：10 － 19, 3：20 － 29, 4：30 － 39, 5：40 － 49, 6（中間）：50, 7：51 － 60, 8：61 － 70, 9：71 － 80, 10：81 － 90, 11（好き）：91 － 100 の，計 11 カテゴリにリコードした。

図4－2　無党派層への感情温度の分布

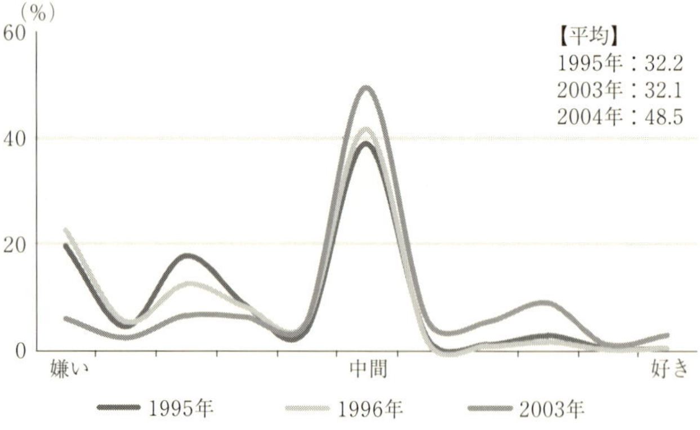

【平均】
1995年：32.2
2003年：32.1
2004年：48.5

― 1995年　― 1996年　― 2003年

る人の割合も増えている。もっとも全体の平均値が約49度である点から察するに，好まれているわけでもない。

この図の結果は，やや意外ではあるが，支持政党をもたないことが多くの有権者に好まれているわけではないことを示すものである。図4－1で示したように，たしかに1990年代以降，無党派層は増加している。しかし，それは必ずしも既成政党への拒絶反応を示しているわけではないということなのかもしれない。

表4－1は，政治への信頼と無党派への感情温度の相関関係を整理したものである。本書では政治への信頼を認知と感情の2つに大別しているため，ここでは信頼ごとに相関関係を分析した[72]。結果はほぼ本書の想定通り，無党派への感情温度と関連があるのは，認知的な信頼ではなく感情的な信頼であった。相関係数の符号は負であり，感情的な信頼が高いほど無

表4－1　政治への信頼と無党派への感情温度の相関

	1995年	1996年	2003年
認知的信頼	−0.045	−0.057*	0.048
感情的信頼	−0.041	−0.084**	−0.091**

注）相関係数はピアソンのr　*：p<0.05, **：p<0.01で統計的に有意

---

(72) 認知と感情を構成する3つの質問を，それぞれ最小値が0，最大値が1となるようにリコードし（2点尺度の場合は0－1，3点の場合は0－0.5－1，4点の場合は0－0.33－0.66－1），加算した上で平均値を算出した。本章以下の分析でもこの方法から指標を操作化している。

党派に対して否定的になる傾向にある。

　この結果は，マクロレベルの推移という観点からは関連があるとはいえない感情的な信頼との間に，無党派層との関連が存在することを示すものである。相関係数値の大きさからいうと，いずれも絶対値にして0.1未満であるところから実質的には関連があるとはいえないが[73]，傾向としては感情的な信頼の方が支持政党の有無より強く関連する可能性がある。

　もっとも，以上は無党派への感情温度を用いた分析の結果であり，直接的に支持政党の有無との関係を分析したものではない。そこで支持政党の有無を従属変数とするロジット推定を行うことで，認知と感情のそれぞれの信頼が，支持政党の有無をどの程度規定しているのかを分析した[74]。その結果を整理したものが表4－2である。推定に際しては，性別や年齢，教育程度といった人口統計学的変数と政治関心を制御変数としてモデルに投入している[75]。認知的な信頼も感情的な信頼も，ともに統計的に有意な影響を与えているが，係数の大きさは全体として小さく，また認知よりも感情の方が相対的には大きい値を示している。

　もっとも，信頼はいつの時期においても同じ効果を与えているわけではない。またその傾向は，認知的な信頼と感情的な信頼の双方において共通してもいる。ロジット推定は，回帰係数の大小でその効果の大きさを論じること

---

(73) 社会調査論の教科書などでは0.1から0.3までが弱い相関関係，0.4から0.7が中程度の相関関係，0.8以上が強い相関関係にあると説明されることが多い。しかし一般人を対象とする意識調査で相関係数値が0.8以上を示すことはほとんどない。ゆえに，0.1程度であっても関係があるとする場合が一般的である。ただしそこに何らかの理論的な根拠があるわけではない。

(74) 従属変数は，政党支持ありを0，なしを1とするダミー変数であるが，その際の支持政党なしは「あなたは支持する政党がありますか」という第1段階の質問で得られたものを用いている。本来的には，「好ましい政党はありますか」というさらなる質問を用いて操作化すべきかもしれないが，マスメディアの世論調査では前者の方法で無党派層を操作化することが多く，また本章の図4－1で示している無党派層もこの操作的定義であることから，これを用いることにした。

(75) 統制変数の操作的定義については補遺を参照のこと。以降の分析においても，統制変数の詳細については紙幅の都合上すべて省略する。なお，DKとNA（無回答）については，すべて欠損として処理している。

表4－2　支持政党なしを従属変数とするロジット推定の結果

	1976年	1983年	1993年	1996年	2003年
認知的信頼	−0.717*	−0.319†	−0.500†	−0.748**	−0.646**
感情的信頼	−0.651*	−2.020**	−0.857*	−0.952**	−1.572**
性別	0.264	−0.012	−0.154	−0.309*	−0.120
年齢	−0.027**	−0.013†	−0.020**	−0.030**	−0.022**
教育程度	−0.051	0.159	0.137	0.230**	0.083**
政治関心	−0.273**	−0.280**	−0.202*	−0.215*	−0.420**
定数	1.794**	1.385**	0.434	1.476**	2.856**
N	692	999	1292	1289	1375
対数尤度	−395.86	−496.60	−567.78	−657.67	−797.94
疑似決定係数	0.055	0.072	0.042	0.088	0.134

注）表中の数値は偏回帰係数。†：p<0.1，*：p<0.05，**：p<0.01で統計的に有意

が難しい。そこでこの分析結果を用いた事後シミュレーションを行うことで，どの信頼がどの程度の影響を与えているのかを確認する。

　図4－3は，表4－2の結果をもとに，政治への信頼が支持政党の有無に与える影響をシミュレートしたものである。その他のすべての変数を平均値に固定したうえで，認知と感情のそれぞれの信頼の値を最小値から最大値まで動かした場合に，従属変数の選択確率がどのように変わるのかをシミュレートした。感情的な信頼の効果が特に強く見られるのは1983年（6月）および2003年のデータである。最小値から最大値まで感情的な信頼の値を動かした場合に，支持政党なしを選択する確率は40％近く低下する。ただしそれ以外のデータにおける効果は有意であるものの，相対的には小さなものとなっている。特に認知的な信頼の効果は感情的な信頼のそれと比較して小さい。この信頼がもっとも強い影響を与えるのは2003年のデータであるが，20％ほど従属変数の選択確率を変化させるに過ぎない。また1983年や1993年においては，ほとんど従属変数に影響を与えていない。

　ここで，以上の分結果について詳しく検討しておこう。政治への信頼のうち，支持政党の有無と関連があるのは感情的な信頼であった。この信頼は代議制に対する一般支持を意味するので，これが低下することで既成政党への支持も減退するということは，直観的には理解できるところである。しかし第3章で示したように，感情的な政治への信頼は不信者よりも信頼者の割合が圧倒的に多い。くわえてその推移については，認知的な信頼とは異なり，1970年代以降徐々に低下している。1990年代を境に低下しているのは，支持政党の有無とあまり関係があるとはいえない認知的な信頼である。

図4－3　支持政党の有無に対する信頼の効果（事後シミュレーション）

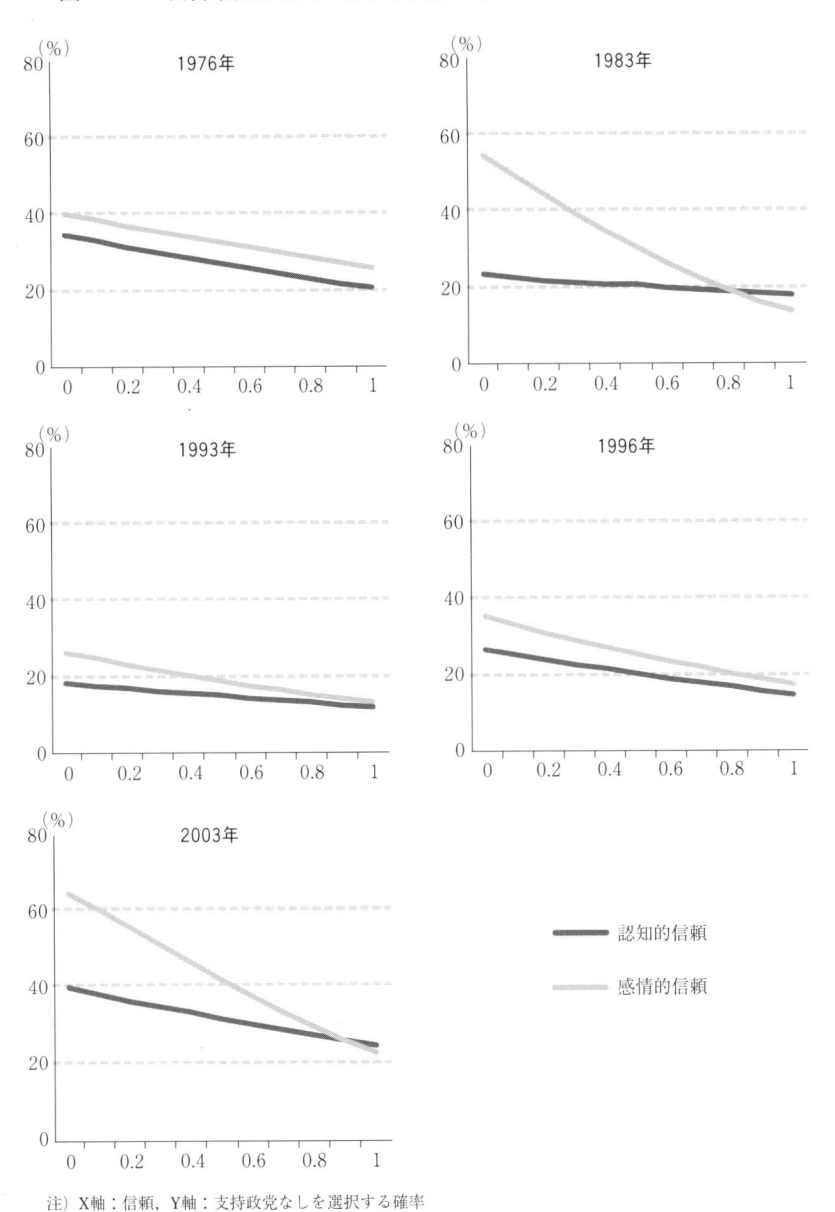

━━━ 認知的信頼
━━━ 感情的信頼

注）X軸：信頼，Y軸：支持政党なしを選択する確率

つまり以上の結果は，政治への信頼の低下と無党派層の増加との間にはそれほど強い関連がないことを示すものだといえる。政治への信頼の低下が無党派層の増加をもたらしているのなら，マクロレベルの推移の観点からいえば，感情ではなく認知的な信頼と支持政党の有無の間に関係があるという結果が示されなければならない。しかし本節の分析結果はそのような想定とは異なり，感情的な信頼が支持政党の有無を規定していることを示している。もちろん，認知的な信頼と政党支持態度がまったく関係ないというわけではないが，この信頼の低下が無党派層の増加をもたらしているとは考えにくい。政治不信の蔓延とは別の原因で無党派層は増加していると考えられる[76]。もっとも効果の大きさに違いはあるが，表4－2に示したように認知的な信頼の低下がまったく無党派層増加の要因となっていないわけではない。ここで指摘しているのは，その割合はそれほど多くないということである。

さらに本節の分析は，無党派層の中には異なる不信を背景とする有権者が存在することを示唆するものでもある。感情的な信頼の低下を背景に政党を支持しなくなった人もいれば，現実政治に対する認知的な不信を背景に支持政党をもたなくなった人もいる。政治への信頼の低下といっても，その信頼が何を意味するかによって，信頼低下の帰結としての無党派層の増加の意味が変わることをこの分析結果は含意している。その詳細を知るには，政治への信頼と支持政党の関係についてさらに分析する必要がある。

3．信頼と支持方向の関係

前節では，支持政党の有無を規定するのは主に感情的な信頼であることを明らかにした。しかし，政党支持には支持するか否かだけではなく，どの政党を支持するかという方向性に関する次元も存在する。認知的な信頼は，支

---

(76) 本章の目的は無党派層の内実を明らかにするところにあるわけではないためこれ以上の言及は避けるが，堤（2001）などのように，無党派層の意識構造を明らかにすることが今後の課題であることは指摘しておきたい。ここでの分析結果からも示唆される通り，無党派層はいわゆる伝統的無関心層と同一ではない。近年における「浮動層」研究や「スウィング・ボーター」の議論とあわせて（米田 2011；山田真裕 2012），この点についての理解を深めていくような調査と分析が必要だと考える。

持の有無ではなくこの支持方向と関連するというのが，ここでの仮説である。特に日本政治の文脈に照らし合わせていえば，認知的な信頼は，戦後の多くの時期の政権運営を担当していた自民党への支持と密接な関連を有すると予測することができる。もちろん1980年代までと，以降の時期では政権担当政党は大きく異なる。しかし細川政権期から羽田政権期までの期間を除き，2009年の政権交代に至るまで，自民党は常に政権の中枢にいた。ここから認知的な信頼は，政権担当政党としての自民党への支持と関連を有するものと考えられる[77]。

この点について明らかにするために，政治への信頼と各政党への感情温度との相関関係を分析した。その結果を整理したものが表4－3から表4－5である。ここでは自民党一党優位体制であった1980年代まで，政党の乱立や選挙制度改革が行われたことによって政治状況の混迷が見られた1990年代，そして自民党と民主党という2大政党による対立構造が安定するようになる2000年代と時期を分けて，相関関係を分析し整理している。

まずは1980年代までのデータにおける政権与党・野党への感情とそれぞれの信頼の相関関係について確認しよう。表4－3を見ると，政治への信頼と強く相関しているのは自民党への感情温度である。特に認知的な信頼との相関関係が強く，いずれのデータにおいても0.3以上の値を示している。感情

表4－3　政治への信頼と与党・野党感情温度の相関：1970－80年代

	1976 認知的信頼	1976 感情的信頼	1983(6) 認知的信頼	1983(6) 感情的信頼
自民党	0.353**	0.208**	0.323**	0.211**
社会党	0.023	0.074*	−0.001	0.000
共産党	−0.074*	−0.023	−0.113**	−0.103**
公明党	−0.022	0.053	0.039	0.053
民社党	0.130**	0.111**	0.080**	0.068*
新自由クラブ	0.098**	0.060	0.034	−0.041

注）相関係数はピアソンのr．＊：$p<0.05$，＊＊：$p<0.01$で統計的に有意

---

(77) なお2009年9月以降，自民党は与党ではなく野党となったので，認知的な政治への信頼は自民党よりも民主党への支持と相関するものと予測される。残念ながらこの仮説を検証するためのデータを本書は持ちあわせていないので，推論の域を超えない主張ではあるが，本書の主張を反証するための材料としては有益であるため，あえてここに記しておきたい。

的な信頼との相関関係も見られるが，値はいずれも0.2前後である。自民党への感情温度と関連するのは，感情的な信頼というよりも認知的な信頼だといえる。

自民党以外で実質的に相関関係があるとみなせるのは，共産党および民社党への感情温度である。1970年代においては，いずれの信頼も民社党への感情と相関関係にあるといえる。ただしこれについても，自民党への感情と同じく認知的な信頼の方が，相関係数値が大きい[78]。また1980年代では，共産党への感情とやや弱い相関関係にあるという結果が示されている。相関係数の符号の向きは負であり，信頼するほど共産党への拒否感情が強くなるという結果である。そしてこれについても，傾向としては認知的信頼の値の方が大きくなっている。

次に1990年代のデータを用いた表4−4の結果を確認しよう。ここでは1993年と1995年のデータを用いた結果を整理している[79]。自民党への感情との相関関係に関しては，表4−3の結果と同一であるが，いずれの信頼についても相関係数値が0.1ほど減少している。新党の乱立が相次ぎ日本政治が

表4−4　政治への信頼と与党・野党感情温度の相関：1993−95年

	1993		1995	
	認知的信頼	感情的信頼	認知的信頼	感情的信頼
自民党	0.241**	0.118**	0.222**	0.130**
社会党	0.030	−0.017	0.189**	0.060*
共産党	−0.054*	−0.053	−0.060*	−0.028
公明党	0.117**	0.070*		
民社党	0.140**	0.025		
社民連	0.026	−0.045		
新生党	0.097**	0.030		
新党さきがけ	0.061*	−0.051	0.106**	0.024
日本新党	0.051*	0.006		
新進党			0.100	0.140

注）相関係数はピアソンのr．＊：p<0.05，＊＊：p<0.01で統計的に有意

---

(78) ただしその差はほとんど見られず誤差の範囲内である。実質的には差がないと見る方が適切かもしれない。

(79) 公明党への感情温度については，1995年（JES Ⅱ第5波）および1996年（JES Ⅱ第6波）で調査されていない。

流動的であったためか，自民党への評価と信頼の結び付きが弱くなっている[80]。しかし既に政権担当政党としての自民党イメージが定着していたためか（三宅 1995），関係がないわけではないという結果が示されている。

　この時期のデータを用いた分析結果には，認知的な信頼が現実政治への認知と関連することがかなり明瞭な形で示されている。1993年のデータにおいて，認知的な信頼と有意な相関関係にあるのは共産党，公明党，民社党，新生党，新党さきがけ，日本新党である。ただし共産党，新生党，新党さきがけ，日本新党の4つの政党については，相関係数値が0.1未満であるため実質的な関連があるとはいえない。他方，感情的な信頼と有意な相関を示すのは公明党に限られ，またその係数値も0.1未満とかなり小さい。1995年においてはさらにこの傾向が顕著なものとなっており，認知的な信頼は自民党，社会党，新党さきがけの3つの政党と有意な相関を示す[81]。しかし感情的な信頼については，社会党と関連を示すのみであり，また相関係数値も0.1未満と小さい。

　最後に自民党と民主党の対立が鮮明となる1996年から2000年代のデータを用いた表4－5について確認しよう。認知的な信頼がより強く政党への感情温度と関連するという傾向は，1996年のデータにおいても同様に見られる。

表4－5　与党・野党感情温度と政治への信頼の相関：1996－2000年代

	1996		2003	
	認知的信頼	感情的信頼	認知的信頼	感情的信頼
自民党	0.268**	0.170**	0.286**	0.275**
共産党	−0.118**	−0.075**	−0.064*	0.005
公明党			0.203**	0.164**
新進党	0.116**	−0.002		
民主党	0.053*	0.001	−0.052*	0.105**
社民党	0.088**	−0.004	0.008	0.048
保守新党			0.112**	0.067*

注）相関係数はピアソンのr．＊：$p<0.05$，＊＊：$p<0.01$で統計的に有意

---

(80)　この点については，第5章にて詳しく分析する。
(81)　この調査が実施された時期は，自・社・さきがけの連立政権（村山富市内閣）期であったことを想起すれば，この結果は自ずと理解することができるだろう。

感情的な信頼は自民党への感情温度と相関するのみで，その他政党への感情とは有意な関連をもたない。ただし2000年代に入ると，公明党や民主党への感情と有意に関連する方向へと変化している。しかし認知的な信頼の方が政党への感情温度と関連する傾向にある[82]。

くわえて，2003年のデータにおいて，認知的か感情的かで民主党への感情温度との関係が逆転していることも，特筆すべき点としてあげられよう。認知的な信頼は，2003年時の政権政党であった自民党（および公明党）への感情とは正の相関関係にあるためか，民主党とは負の相関関係にある。他方，感情的な信頼は，自民党とも民主党とも正の相関関係にあり，さらには保守新党への感情とも正の相関関係にある。これらの結果は，認知的な信頼が支持政党の方向性と関連すること，そして感情的な信頼は支持政党の有無と関連することを示すものだといえる[83]。

以上の結果を整理しよう。第1に，政治への信頼は，支持政党を持つかどうかだけではなく，どの政党を支持するのかといった点とも関連する。第2に，ただし認知か感情かで，支持方向との関連は異なる。総じて認知的な信頼の方が支持方向と関連する傾向にあるといえる。第3に，時期によってどの政党への支持と関連するかは異なる。これは，認知的な信頼が現実政治への認知に基づくものだからだと推察される。第4に，ただし自民党への感情温度に関しては，常に信頼が高くなると自民党への感情も高くなるという関係性が見受けられる。政権担当政党としての自民党イメージが定着していたことがその原因だと考えられる。

---

(82) 2003年のデータでは，認知的な信頼は自民党と連立政権を組んでいた公明党への感情と有意な正の相関が示されている。現政権への評価と認知的な信頼は関連することを示す証左だと考えられる。

(83) 換言すればここでの分析の結果は，1990年代以降の認知的な信頼の低下は，時の政権担当政党であった自民党への信頼の低下を意味していたことを示すものである。その意味で1990年代以降，有権者の政治心理という側面では政権交代の準備は既に整えられていたと筆者は考えている。もちろん小泉政権期に認知的な信頼は少し回復したが（図1－1），しかしそれは僅かなものであった。

4. 信頼低下の帰結としての政党支持の変化

　政治への信頼には認知的な信頼と感情的な信頼の2つがあり，それぞれが有する政党支持態度との関連は大きく異なる。信頼低下の帰結としての政党支持の変化について論じるには，この政治への信頼の特徴を適切に把握しておく必要がある。特に，政治不信との関連が指摘される無党派層の増加に関しては，支持政党なしという政治的態度がいかなるものかを理解した上で，その原因について議論しなければならない。

　この点を踏まえた上で，信頼低下の帰結を政党支持との関連から検討すると，第1に感情的な信頼が低下すると，いわゆる伝統的無関心層が増加する可能性が高くなることを指摘することができる。しかし，選挙や国会といった代議制の中核を成す政治制度に対する信頼は今日においてもなお高い水準にある。したがって，伝統的無関心層が増加しているとも，また1990年代以降の無党派層の増加の背景にはこの信頼の低下があると考えることもできない。

　同時にこのことは，今日における無党派層は多くの論者が指摘しているように，必ずしも政治に対する興味や関心を失った層ではないことを示唆するものでもある。たしかに支持政党なしが代議制への愛着や帰属の欠如をその背景としているのなら，それは代議制が危機的状況に陥っていることを示す1つの証左だといえるかもしれない。しかし感情的な信頼は上述したように高い水準にあり，そのような現状において無党派層は増加している。したがって，今日における無党派層の多くが必ずしも政治に対する関心などを失っているとはいえないことを主張することができる。感情的な政治への信頼の低下を背景とする伝統的無関心層はかなり少ないと見てよいのではないだろうか。ただし今後ともその傾向が続くことを，以上は主張するものではない。

　では，政治への信頼が低下することの帰結としてはどのようなものが考えられるのか。この点について検討するには，1990年代に大きく低下した認知的な信頼が政党支持とどのような関係があるのかを理解する必要がある。認知的な信頼が主に規定するのは，支持政党の有無ではなくその方向性であった。具体的には，時の政権を担っている政党への支持とこの信頼は強く関連する。したがって，帰結の第2として考えられるのは，時の政権政党への支

持の低下，より具体的には政権担当政党として1955年以降，日本の政治運営を担ってきた自民党への支持の低下である。

認知的な信頼は，特定の時期の政治家や政党に対する信頼を意味する。したがって政権が変わるたびに，この信頼がどの政党への支持と関連するかは大きく異なる。表4－3に示したように，自民党一党優位体制下では，自民党に対する支持（感情）とこれは強い関連を有していた。また，1990年代の政界再編の時期においては，自民党への支持と関連を有しつつも，社会党や新党さきがけとも有意な関連を示していた（表4－4）。

時期によって相関関係を示すパターンはこのように大きく異なるが，認知的な信頼は他方で自民党への支持とは一貫して有意な関連をもっていた。その背景にあったのは，おそらく1955年以降から培われてきた，政権担当政党としての自民党イメージであるように思われる（三宅 1995）。少なくとも1990年代初頭までは，そのような自民党イメージは定着していたのではないだろうか。

つまり1990年代以降の認知的な信頼の低下の帰結としては，それまで政権運営を担っていた自民党への支持の低下があるといえる。もちろん，それは一時的な自民党への支持の低下を意味しているのかもしれないが，本書はより根底的な，政権担当政党としての自民党への支持の低下が生じたのではないかと考えている。2001年から2005年までの小泉政権期には，図1－1に示すように認知的な信頼の水準は多少回復したが，しかしそれはあくまで「小泉効果」に支えられた一時的な現象であった（池田 2004）。自民党以外の政党が政権を担当することを，多くの有権者は1990年代後半から既に許容していたのではないだろうか[84]。

まとめれば1990年代の政治への信頼の低下の帰結は，政党支持の変化とい

---

(84) 無党派層が増加するとそれだけ選挙が流動的になることは夙に指摘されるところであるが，なぜ流動的になるといえるのかについてはあまり語られていない。この問いに対して本書は，自民党への支持の低下がその原因であると考えている。政権担当政党としての自民党への支持が低下したことで，自民党以外の政党が政権の座につくことを，有権者は許容するようになったのではないだろうか。もちろん，自民党への支持の低下が認知的な信頼の低下をもたらしたという逆の因果もありうる。しかしここではより中・長期的な，自民党の「政権担当政党というイメージの変化」について議論している。

う観点から見れば,伝統的無関心層の増加を背景とする代議制の危機ではなく,日本のこれまでの政権を担ってきた自民党への中・長期的な支持の低下を意味するものであった。1990年代には既に有権者の政治意識という側面において,政権交代の準備は整えられていたのである[85]。

小 括

本章では,政治への信頼と政党支持態度の関連について分析した。ここで明らかとなったのは,1990年代に見られた政治への信頼の急激な低下は,無党派層の増加というよりも,政権担当政党としての自民党への支持の低下をもたらしたということである。自民党への支持の低下は必ずしも代議制の危機を意味するわけではなく,ゆえに政治不信の蔓延が代議制の危機を意味するかどうかは,より慎重な検討が必要とされる。代議制の危機としての「政治離れ」を生じさせるのは,感情的な信頼の低下であると考えられるが,この信頼はそれほど低下しているわけでも,低い水準にあるわけでもない。

これまで政治への信頼と政党支持,とりわけ無党派層との関連については様々な知見が蓄積されてきたが,信頼の質的相違に着目した上で,その効果の違いを実証する研究はほとんどなかったといってよい。またそれゆえに,どのような信頼が支持政党の有無と関連するのか,あるいは無党派層の増加の背景には政治不信があるといえるのかといった点についても,曖昧な理解が示されてきたように思われる。本章の分析はこれらの点を明らかにした点に意義があるといえる。

もちろん政党支持は,政治への信頼以外の多数の要因に規定されている。本章ではこれらの要因をすべて制御した状態で信頼と政党支持の相関関係を分析しているわけではない。したがって,ここで示された関係性は擬似的なものである可能性はある。しかし,感情的な信頼が支持政党の有無と,他方の感情的な信頼が支持政党の方向性と関連するという傾向自体は,どのよう

---

(85) 政権交代が行われるには,オルタナティヴとなる野党に対する期待も必要となる。与党への失望と野党への期待が相まって政権交代という現象は生じるためである(飯田 2009b)。ただしその野党への期待を可能とするのは,自民党以外の政党が政権の座につくことを許容する有権者の態度であると本書では考えている。

な要因を制御しても基本的には見出されるものであるように思われる。ここでの知見は，第1章で述べた認知と感情のそれぞれの特徴についての議論に支えられている。

　4. では政党支持の変化という観点から見た政治への信頼低下の帰結として，自民党への支持の低下があること，くわえて1990年代以降，自民党から民主党へという政権交代の基盤は既に整えられていたことを述べた。しかし，本章の分析の対象はあくまで政党に対する支持との関係であって，投票行動との関係ではない。この点については，次章にて行う信頼と投票行動の関連の分析より検討する。

第5章　信頼と投票行動

　第5章では，政治への信頼と投票行動の関係について分析する。一般に政治不信の蔓延は棄権率の増加をもたらすと説明されているが，それは必ずしもすべての信頼の低下にあてはまるわけではないだろう。政党支持と同じく，認知的な信頼か感情的な信頼かで，投票行動との関係も変化する。ここでは，それぞれの選挙が行われた文脈に注意を払いつつ，認知と感情のそれぞれの信頼が，投票行動といかなる関係にあるのかを分析する。

はじめに

　前章では，政治への信頼と政党支持の関係について分析した。本章では，認知と感情のそれぞれの信頼が投票行動にいかなる影響を与えるのかを，1970年代から2000年代のデータを用いて分析する。

　代議制においては，有権者の多くが投票に行くことでも政治的正統性は担保されるといわれる。そのためどの程度有権者が投票に参加しているかは，政治システムの機能不全を検討する上での関心事となる。くわえて，投票参加率は，実際の政治あるいは政策に影響を与える（Citrin, Schickler and Sides 2003）。規範的な意味だけではなく，現実政治の動向について考える上でも，有権者がどの程度投票に行っているのか，また行かないのならそれはなぜなのかを明らかにすることは重要である。

　一般にマスメディアなどでは，政治への信頼が低下すると投票参加率も低下すると説明されることが多い。たしかに選挙において自身の意向を表明するには，政治に対する信頼が必要である。自身の意向が政策に反映されない

のなら，わざわざ投票所に足を運ぶ必要はないだろう。だからこそ多くの研究者は，政治への信頼と投票参加の関係についてこれまで分析してきた。

しかし多くの実証研究が明らかにしたのは，意外にも政治への信頼と投票参加の間には関連があるとはいえないということであった。政治への信頼と投票参加の間には関連があるとする結果も散見されるが，相対的にはないとする結果の方が多い。いずれにせよ，政治への信頼と投票参加の関係についてはやや否定的な見解が示されている。

なぜこのように「常識」とは異なる結果が示されているのだろうか。その理由の1つに，これまでの研究は不十分な形で政治への信頼を捉えてきたことがあげられる。第Ⅰ部を通じて明らかにしたように，政治への信頼には認知と感情という質的に異なる2つがある。政治不信の蔓延という文脈において想定されているのは主として認知的な信頼であるが，この信頼は政治システム全体への信頼ではない。ゆえにこの信頼が低下しても，棄権率が増加するとは限らない。投票参加と関連するのは感情的な政治への信頼であろう。

以上の基本仮説に基づきつつ，本章では政治への信頼と投票参加の関係について分析する。ただし，それぞれの選挙には，その選挙特有の文脈が存在する。有権者は，選挙ごとの文脈上で，どの政党や候補者に投票するかを決定する。ゆえに政治への信頼と投票行動の関係も，選挙ごとに異なる様相を見せる可能性がある。本章では，そのような文脈の効果も視野に入れながら，両者の関係について実証分析を行っていく。

1. 投票参加率の低下とその要因

先行研究の検討に先立ち，日本の投票参加率の推移を確認することにしよう。図5-1は，地方自治体の首長選挙を除く各選挙の投票参加率の推移を整理したものである。投票参加率といっても国レベルの選挙の投票率と地方レベルのそれでは推移の傾向が異なるし，衆議院選挙と参議院選挙でも異なる。しかし基本的な傾向として，どの選挙においても投票参加率は低下傾向にあるといえる[86]。特に地方レベルの投票参加率は著しく低下している。戦

---

(86) 飯田（2009a）は複数の選挙の投票参加率を合成して作成した「投票参加指標」を用いて，日本の投票参加率は中・長期的に低下傾向にあることを示

図5-1 首長選挙を除く各選挙での投票参加率の推移（％）

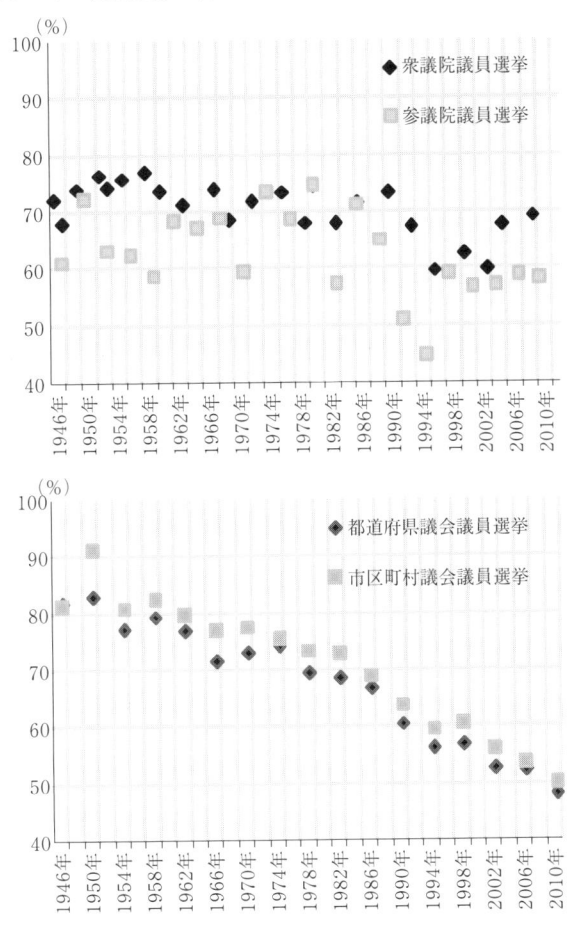

注1）明るい選挙推進協会HP（http://www.akaruisenkyo.or.jp/）より筆者作成
注2）上段図：国政選挙，下段図：地方選挙

後間もない頃は8割以上の有権者が地方の選挙に参加するなどこれまではかなり高い水準にあったが，近年は5割を下回っている。

また無党派層の増加と同じく，投票参加率の低下は先進諸国に共通して見

している。

られる現象でもある。図5-2は，主要先進諸国における議会（国政）選挙での投票参加率を整理したものである。1950年代に行われた議会選挙の投票参加率の平均値と，2000年以降に行われた選挙における投票参加率の平均値を比較した。スウェーデンとデンマークを除く多くの国において投票参加率が低下していることがわかる。

この投票参加率低下の原因としてしばしば言及されるのは政治不信である。特に1960年代あるいは1970年代頃のアメリカ政治学では，そのような主張がなされる傾向にあった。アメリカでは1960年から1970年にかけて政府への信頼が低下し，それに並行する形で投票参加率も低下した。その際，政府への信頼の低下が投票参加率低下の原因ではないかという指摘がなされ（Aberbach 1969），それ以降，政治不信と棄権の関係が分析されることとなる（Abramson and Aldrich 1982; Cassel and Hill 1981; Citrin et al. 1975; Conway 1981; Hill and Luttbeg 1983; Chen 1992）。しかし，実証分析の結果は意外にも両者の間にはそれほど関連が見られないというものであった。

もちろん投票参加の規定要因は政治への信頼に限定されるわけではない。たとえば投票参加を規定する心理要因としては，信頼だけではなく，政治関心や政治的有効性感覚なども重要である（Cambell et al. 1960）。またこれら心理要因以外にも，教育程度や所得，市民的技術といった資源の多寡にも投票参加は規定されている（Verba, Nie and Kim 1978＝1981; Verba, Schlozman and Brady 1995）。

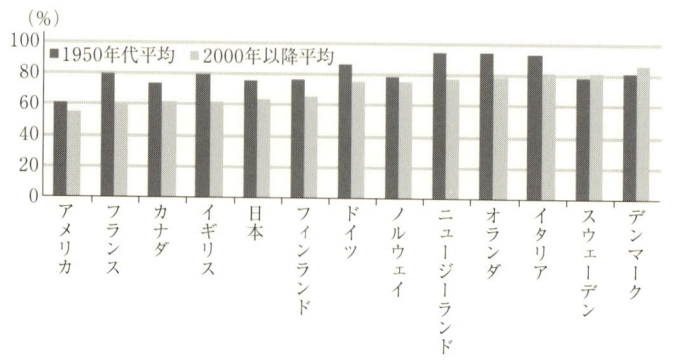

図5-2　主要先進国における議会（国政）選挙での投票参加率（％）

注）民主主義・選挙支援国際研究所HP（http://www.idea.int/）より筆者作成

特に1990年代以降，投票参加率低下の原因として，あるいは投票参加を規定する要因として注目を集めているのは政治家などによる動員（mobilization）である。その嚆矢となったのはローゼンストーンとハンソンによる研究であろう（Rosenstone and Hansen 1993）。彼らは教育といった個人的な資源に注目するアプローチや政治意識から投票参加を説明しようとするアプローチの限界を指摘し，動員力の低下から投票参加率の低下を説明した。既存のアプローチでは投票参加率の低下をうまく説明することができず，さらには新しく提唱されたこのアプローチの有用性が実証されたことによって，2000年以降はこの動員に多くの関心が注がれている（Gerber and Green 2000; Green and Gerber 2004; Jackson 2002）。

日本の投票参加率の低下についてはどうだろうか。1970年代以降，日本においても政治不信と投票参加の関係についての実証分析が行われ始める。しかし，アメリカにおける分析結果と同じく，両者の関連に疑義を呈する論者は多い。たとえば小林（1987）は，国政への信頼と投票参加の関係は政党支持強度でコントロールすると消滅する点から，両者の関係は擬似的な関係であることを指摘している。また綿貫（1997）の分析結果においても，政治家への信頼は投票参加に影響を与えていないことが示されている。さらに，三船（2005）の分析結果も，政治への信頼の影響力がそれほど大きくないことを示す。都道府県知事選挙への参加の変動要因を分析する伊藤（2011）は，投票参加率の低下は主として産業構造の変化によって説明できることを主張する。

その一方で，政治への信頼の効果があるとする研究もいくつか存在する。たとえば蒲島（1998）では，政治家への信頼が高くなるほど投票に参加する傾向があるとの結果が示されている。くわえて，政治不満と棄権の関連性を指摘する木村（2000）や山田真裕（2002a）の実証研究もある。政治への信頼感を直接扱っているわけではないが，山本（2006）のように，いずれの政党にも魅力を感じない疎外された有権者ほど棄権する確率が高くなることを実証する研究もある。善教（2010）は，信頼の時間変動という点を考慮した分析から，信頼の高低ではなく，その安定性が投票参加率を押し上げていることを実証する。

以上の整理から明らかなように，政治への信頼と投票参加の関連についての議論はかなり錯綜しており，確たる証左が得られているわけではない。そ

の原因としては次の2つが考えられる。第1は推定の際に生じる過小評価バイアスの問題である。この問題は特に心理変数と動員変数を同時にモデルに投入した場合に生じると考えられる。動員は参加しやすい有権者に対して戦略的に行われる（Rosenstone and Hansen 1993）。そして動員は意識よりも「後」の変数であると考えられており[87]，このような心理と行動を媒介する変数を制御した場合，信頼の効果は過小評価されることとなる。

第2は理論的な問題である。先行研究は，政治への信頼の質的相違を考慮しておらず，これが推定のミスを生じさせる1つの原因になっているように思われる。特定支持と一般支持の区別は，単に認識対象が異なるという以上の意味をもつ。両者が機能的にも等価な意識ではないことは，第4章の分析からも明らかであろう。しかし先行研究はこの点をまったく考慮しておらず，いずれの信頼も投票参加の減退をもたらすと考えてきた。

認知的な信頼としての特定の政治的対象への信頼は，その低下が必ずしも棄権をもたらすわけではない。この信頼は現実政治への認知に基づくものであり，そこでの現実政治が意味するのは，主として政権与党による政治運営である。日本政治の文脈に即していえば，認知的な信頼は「政権担当政党としての自民党への支持」に近似する。自民党への支持や信頼の欠如は，その他政党への信頼の低下までをも意味するわけではないので，認知的な信頼の低下は必ずしも棄権率の増加をもたらすわけではない。

実はこの点は，先行研究でも断片的にではあるが示されてきた。その例としては政治的事件の発覚が，その事件を起こした政治家の得票率を有意に下げることを実証する研究をあげることができる（Peters and Welch 1980）。政治的事件の発覚が影響を与えるのはあくまでその政治家や政党得票率であり投票参加率ではない点は重要である。また，政府への信頼が低い人は民主党と共和党以外の政党の候補者へ投票する傾向にあることを実証する研究もある（Hetherington 1999）。これらの研究は，本書でいう認知的な信頼は投票参加というよりも投票方向と関連することを示唆するものである。

---

(87) 政治的資源が政治参加の可否を規定し，続いて政治的関与（心理要因）が参加する意思や動機を規定する。そして動員が最終的に有権者を参加へ誘うというモデルは，政治参加のメカニズムを議論する上での基本型である（Verba, Schlozman and Brady 1995; 山田真裕 2004）。

感情的な信頼についてはどうだろうか。この信頼は，政治状況への認知ではなく，政治との感情的な紐帯を意味する意識である。ここから，認知的な信頼とは異なり，感情的な信頼の低下は棄権率の増加をもたらす要因になると考えられる。

　田中（1995）はシステム・サポート概念について議論する中で，これが自民党に限定されない，より広義な意味での政治全体に対する信頼を意味するものであることを指摘する。田中のいうシステム・サポートは，本書でいうところの感情的な政治への信頼である。もっとも，田中はリプセットの議論を基本的には踏襲しているので，この概念を本書のように感情的な政治への信頼とは捉えていない。しかし政治制度への帰属が，時の政権与党に対する信頼とは異なるものであると位置づけている点で，本書の議論と共通する。

　もちろん，認知的な信頼の中にも感情的要素は含まれるし，逆に感情的な信頼の中にも認知的要素は内包されている。特に2000年以降，両者の関連はより強化されている可能性がある。その意味で両者の質的相違はあくまで相対的なものに過ぎない。しかし認知と感情という信頼の相違は，上述したような投票行動との関連の違いを生じさせるのではないか。本章では，この点について実証的に明らかにする。

2. 55年体制下の信頼と投票行動

　有権者の投票行動は，その選挙が有する「文脈」の影響を強く受ける。もちろんすべての選挙に共通する関係性もあるだろう。しかし，選挙がどのような政治的・社会的文脈で行われたのかは，有権者の投票行動のメカニズムを分析する際は重要である。本章では，自民党一党優位体制であった1970年および1980年代，新党が乱立し自民党が下野することとなった1993年，自民党と社会党が連立を組むなど既存の体制からの混迷が見られる1995年および1996年，そして自民党と民主党という2大政党による対決構造が定着する2000年代と，時期を区分して信頼と投票行動の関係を分析していく。

　本書で用いるデータのうち，JABISSとJESは，ともに55年体制下における意識調査である。1960年代から1970年代は，保革という自民党と社会・共産党による対立が，国政レベルでは外交政策（日米安保や対ソ連外交など）の対立として，地方レベルでは「開発か福祉か」を軸に争われていた時代であ

った（曽我・待鳥 2007）。社会党の再統合を受け1955年11月に自由党と民主党の合同により誕生した自民党は，1993年に野党に転落するまで日本政治の運営を担っていた政党であった。もっとも，その支持基盤はけっして磐石といえるものではなく，1993年に至るまで幾度もの危機を自民党は迎えていた（水崎・森 2007）。

　1970年代，とりわけ1976年についていえば，自民党は大きくは次の2つの点で危機を迎えていた。1つはロッキード事件の発覚である。当時の自民党は，「金脈問題」を背景に首相の座をおりた田中角栄の後を継いだ三木武夫による「クリーン政治」を前面に打ち出していた。しかし，ロッキード事件の発覚は，そのようなイメージを覆すものであった。有権者の政治不信は，この時かなりの高まりを見せることとなったとされている（三宅 1986）。

　この点にくわえて，1970年代は1950年代後半あるいは1960年代から始まる高度経済成長が終焉を迎え，高成長時代から低成長時代へと経済状況が大きく変化した時期でもあった。日本国内の物価は高騰し[88]，特に土地は異常なほどの価格高騰を呼んだ。1976年時においてもその余波は残存しており，有権者はなお日々の生活に対する不安を抱いていた。

　他方，1980年代は経済成長率こそ以前の水準を満たすものではないが，自民党による政治運営が評価された時代であった。この時期になってようやく経済成長の恩恵を認識するようになった有権者は，概ね自民党に対して肯定的な評価を与えていたように思われる。自民党の議席数は1980年代に入ると増加し，1986年には議席数が300になるなどピークを迎える。ゆえにこの時代は「保守回帰」と呼ばれることもある（内田 1981）。ただし1983年はその傾向に陰りが見えていた時期であり，自民党が選挙で大勝したわけではなかった。

　本節で分析する2つのデータは，それまで多数の支持を獲得していた自民党が，その勢いに衰えを見せた時期に調査されたものであったといえる。では，そのような自民党の危機の時代における信頼と投票行動の関係はどのようなものであったのか。表5－1は，1970年代と1980年代における投票参加

---

　(88)　消費者物価指数（持家の帰属家賃を除く総合値）でいえば，1973年を境に急増している。消費者物価指数の詳細については，総務省統計局HP (http://www.stat.go.jp/data/cpi/index.htm 2012年9月30日アクセス）を参照のこと。

の規定要因について分析した結果を整理したものである。統制変数としては，性別や年齢といった人口統計学的変数のほか，政治関心，有効性感覚，保革イデオロギーを投入した。政党支持強度や政党への感情温度，政策選好については，政治への信頼が影響を与える変数として本書では捉えているため投入していない。

表5－1の結果によれば，認知的な信頼はいずれも統計的に有意な関連を示していない。したがって，認知的な信頼の高低が投票参加率の高低に影響を与えているとはいえない。その一方で，感情的な信頼は1970年代，1980年代ともに投票参加に対して有意な正の影響を与えている。この時期は，特に1976年は上述したように政治不信がピークを迎えていた時期であった。言い換えれば，認知的な政治への信頼が著しく低下した時期であったが[89]，それ

表5－1 投票参加の規定要因（ロジット）：1970－80年代

	1976	1983(6)
認知的信頼	0.121	0.323
感情的信頼	1.182**	1.315**
性別	0.603	0.124
年齢	0.065**	0.022**
教育程度	−0.501	0.010
政治関心	0.102	0.431**
有効性感覚	0.175	0.108†
保革イデオロギー	−0.002	−0.090
定数	−0.504	−1.892**
N	624	951
対数尤度	−112.49	−445.99
疑似決定係数	0.166	0.083

注）数値は偏回帰係数。†：p<0.1，**：p<0.01で統計的に有意

図5－3 投票参加に対する効果の事後シミュレーション：1970－80年代

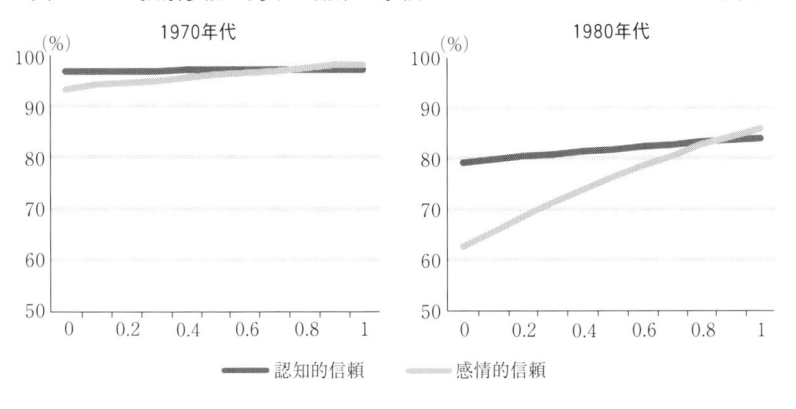

―― 認知的信頼 ―― 感情的信頼

(89) ロッキード事件の発覚は，実は感情的な信頼の低下をもたらしていたわけではない。この点については，第8章で実証する。

は投票参加率の低下をもたらしていたわけではなかったのである。

しかしながら，投票参加に対する感情的な信頼の影響は，1970年代と1980年代でやや異なっているようである。表5－1の結果を用いて事後シミュレーションを行ったところ（図5－3），1980年代に，感情的な信頼は比較的大きな影響を投票参加に与えている。しかし1970年代においては，統計的に有意ではあってもその効果はあまり大きくない[90]。このように時期ごとに違いはあるが，感情的な信頼は，それが高くなるほど投票参加確率を高める効果を有すると主張することができる。

表5－1は投票参加を従属変数とした分析の結果であったが，投票方向まで考慮した場合，分析結果はどのように変わるだろうか。その結果を整理したものが表5－2である。ここではデータの都合上，従属変数を自民党，社会党，その他政党，棄権の4つにまとめた上で，多項ロジット推定を行っている[91]。なお，従属変数の基準カテゴリは自民党である。

表5－2の結果は，何を基準カテゴリとするかで統計的に有意かどうか，さらには係数の符号の方向まで変わるため，この分析の結果を単純な形で解釈することはできない。しかし，認知と感情とでは，投票行動に与える効果が異なる点は明確に示されている。認知的な信頼の場合，特に係数値が大きく，かつ有意なのは社会党およびその他政党への投票である。他方，感情的な信頼は棄権に対する効果がもっとも大きい。

このことをわかりやすく示すために，表5－2を用いた事後シミュレーションを行った。その結果を整理したものが図5－4である。いずれのデータにおいても，認知および感情的な信頼が高くなるごとに自民党への投票確率

---

(90) このような結果が生じる原因としては，JABISSはDK率とNA率が高く，本章の分析ではそれらをすべて欠損として除外しているため，係数が過小評価されていることが考えられる。事実，JABISSを用いた分析では，半数以上のサンプルが欠損として除外されている。

(91) 多項ロジット推定は無関係な選択肢からの独立性（Independence from Irrelevant Alternatives: IIA）の仮定を満たす必要がある。投票先を従属変数とする場合，この仮定は往々にして満たされないことが多く，それゆえに条件付きロジットなどIIAの仮定を緩和する方法を採用すべきだという批判はあるだろう（堀内 2001）。本節では分析結果の解釈を容易とするために多項ロジットを用いたが，この点については今後の課題としたい。

表5－2 投票方向と棄権の規定要因（多項ロジット）：1970－80年代

	1976			1983(6)		
	社会党	その他政党	棄権	社会党	その他政党	棄権
認知的信頼	−1.603**	−1.101*	−0.990	−1.506**	−1.981**	−1.166**
感情的信頼	−0.487	−0.539	−1.654**	−1.166*	−0.717	−1.924**
性別	0.270	0.017	−0.455	0.105	0.071	−0.077
年齢	−0.006	−0.007	−0.073	−0.001	−0.012	−0.025
教育程度	0.340	0.062	0.796**	0.360	0.147	0.150
政治関心	−0.072	0.052*	−0.263*	0.003	0.051	−0.373**
有効性感覚	−2.838**	−1.815**	−1.809**	0.030	0.089	−0.078
保革イデオロギー	0.057	−0.015	−0.291†	−1.119**	−0.894**	−0.461**
定数	6.106**	4.745**	6.713**	3.656**	3.513**	5.042**
N		606			905	
対数尤度		−513.83			−1041.02	
疑似決定係数		0.303			0.143	

注）数値は偏回帰係数。†：p<0.1, *：p<0.05, **：p<0.01で統計的に有意

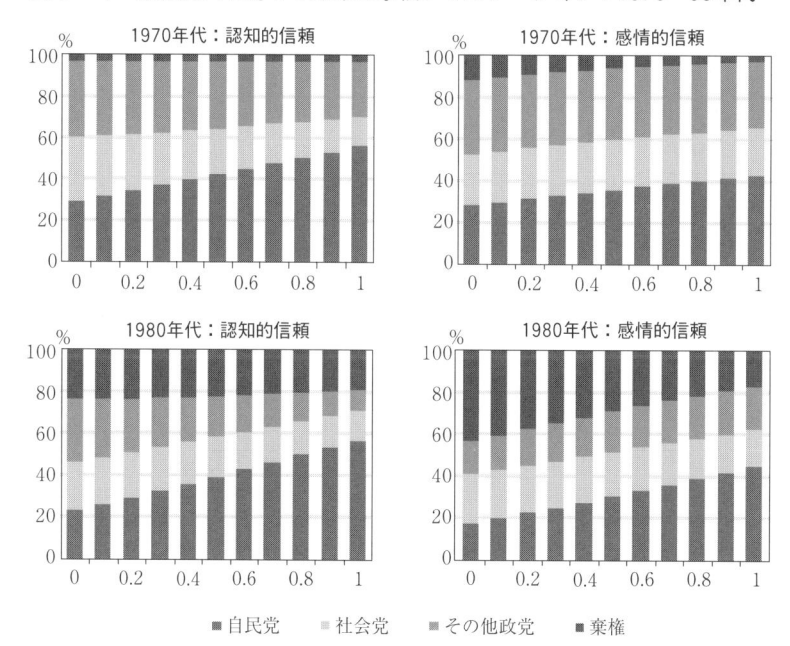

図5－4 投票方向に対する効果の事後シミュレーション：1970－80年代

■自民党　■社会党　■その他政党　■棄権

が高くなるという結果が示されている。しかしその程度は認知か感情かで異なる。増減の幅が大きいのは認知的な信頼であり，感情的な信頼のそれは相

対的には小さい。また認知的な信頼は，信頼が高くなるほど社会党やその他政党への投票確率が低下するが，感情的な信頼の場合は棄権を選択する確率が低下する。

　以上の結果は，時期ごとに異なる様相を見せてはいるものの，基本的には認知的な信頼は投票方向と関連し，感情的な信頼は投票参加と関連することを明らかにしている。認知的な信頼が低くなるにしたがって，自民党への投票から社会党あるいはその他政党への投票確率が高くなる。自民党への投票傾向は感情的な信頼においても見られるが，この信頼の場合は，その低下が社会党などへの投票ではなく棄権をもたらすことになる。

3. 政界再編期における信頼と投票行動

　1980年代までとは変わって，1990年代はまさに政治の流動期と呼びうる時代であった。第1は政党の離合集散である。1990年代初頭，日本新党（1992年5月），新生党（1993年6月），新党さきがけ（1993年6月），など新たな政党が発足したと同時に，新進党（1994年12月）など社会党以外の新たな政党が議席を伸ばした時期であった。

　第2は自民党一党優位体制の終焉である。佐川急便事件などを契機に，1990年代初頭，自民党は再び危機を迎えることとなる。もちろん「金権政治」に対する不満は自民党に限らず野党に対しても向けられていたが，批判の矛先となっていたのは自民党であった。そして1993年7月の第40回衆議院議員総選挙において，自民党は結党からはじめて政権の座から転落することになる。

　1993年に設立された細川内閣は，そもそもイデオロギーが大きく異なる政党などによる連立政権であったためか，すぐに内部の対立が激化した。細川内閣だけではなく，その後継である羽田内閣も短命におわり，1994年6月には自民党・社会党・新党さきがけによる連立内閣が発足する。内閣総理大臣として任命されたのは社会党の委員長であった村山富市だが，この時自民党はふたたび政権の座に返り咲くこととなった。しかし，自民党と社会党という，これまで対立してきた政党による連立政権は，自民党の下野と同等の，あるいはそれ以上の衝撃を有権者に与えた[92]。

　このように1990年代はイデオロギー対立の希薄化と，新党の乱立による日

本政治の混乱が見られた時期であった。そのような状況における有権者の投票行動はどのようなものであったのだろうか。まずは自民党が下野することとなった1993年の投票行動について確認しよう。その結果を整理したものが表5－3である[93]。投票参加に対する政治への信頼の効果について見ると，いずれの信頼についても投票参加に有意な影響を与えていない。この時期に見られた政治不信の蔓延は，必ずしも棄権の増加をもたらしていたわけではなかったようである。他方，投票方向についても，全体として有意な関連性は見られない。投票参加と投票方向のいずれに対しても，この時期，政治への信頼はそれほど強い影響を与えていなかったことを示す結果だと考えられる。

表5－3の結果を用いた事後シミュレーションの結果を見ていこう（図5－5）。投票参加に対する信頼の効果はいずれも有意ではなかったため省略し，投票方向を加味した場合の事後シミュレーションの結果のみをここでは示している。感情的な信頼の効果についていえば，わずかに自民党への投票確率を押し上げるものの，投票方向に対してはほとんど影響力がないことがわかる。他方の認知的な信頼については，棄権率との関連はみられないが，社会党，既成政党（公明党・共産党など），新政党（新党さきがけ・日本新党など）への投票と関連するようである。ただし新政党については，社会党など既成政党とは逆の傾向を見せており，信頼が高くなるほど新しい政党に投票するという結果となっている[94]。

---

(92)　保革イデオロギーの政策争点に対する規定力も，この時期大きく変化していることが実証されている（蒲島・竹中 1996）。冷戦の終結が直接的な契機となったと考えられるが，それだけではなく自・社・さきがけの連立政権の誕生も重要であったように思われる。

(93)　前節と同じく，投票参加の規定要因についてはロジット推定を，棄権を含めた投票方向の規定要因については多項ロジット推定を用いて分析を行っている。表5－3以下の分析も同様である。

(94)　既成政党とは異なり，なぜ認知的な信頼の高さが新しく結成された政党への投票を促したのか。この理由は，おそらく次のように解釈できる。新生党や新党さきがけは，自民党から離党した政治家を中心に結成された。前章で実証したように，認知的な信頼は主として自民党への支持を意味するものであったので，この信頼が高くなるとこれらの政党への投票を促すことになったと考えられる。

表5－3　投票参加と投票方向の規定要因：1993年

	投票参加／棄権	投票方向／棄権			
		社会党	既成政党	新政党	棄権
認知的信頼	0.388	−0.933*	−0.667	0.074	−0.594
感情的信頼	0.095	−0.266	−0.276	0.080	−0.068
性別	0.510*	−0.094	−0.389	−0.260	−0.709*
年齢	0.059**	0.002	−0.024	−0.002	−0.062**
教育程度	−0.206	0.105	−0.111	0.178†	0.271†
政治関心	0.560**	0.159	0.131	0.084	−0.462**
有効性感覚	0.064	0.038	0.187	0.026	−0.005
保革イデオロギー	0.050	−0.698**	−0.712	−0.426**	−0.432**
定数	−1.678*	2.747**	4.398	1.536**	4.751**
N	1219	1173			
対数尤度	−249.56	−1488.52			
疑似決定係数	0.155	0.138			

注1）数値は偏回帰係数。†：p<0.1，*：p<0.05，**：p<0.01で統計的に有意
注2）従属変数の基準カテゴリ（多項ロジット）は自民党への投票

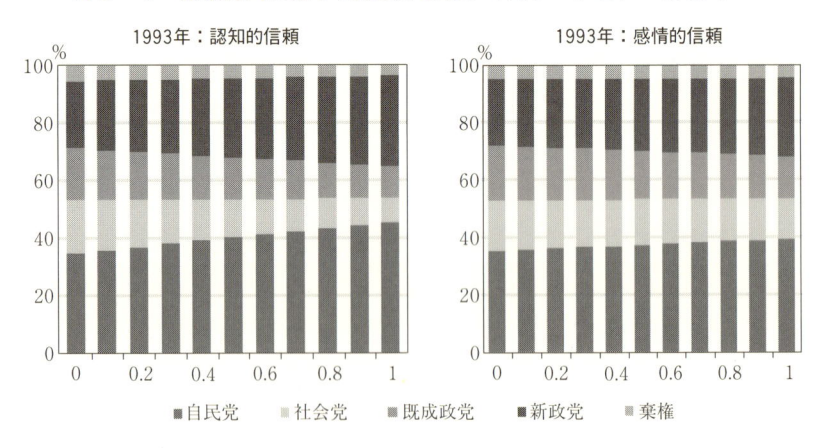

図5－5　投票方向に対する効果の事後シミュレーション：1993年

続いて自民党が再び政権政党となった時期のデータを用いた分析結果を確認しよう。表5－4は，投票参加に対する政治への信頼の効果について分析した結果を整理したものである。この時期は，1993年とは異なり，認知，感情ともに投票参加に対して有意な影響を与えている。ただし効果の大きさという点でいえば，これまでの分析結果と同じく感情的な信頼のそれの方が相対的には大きいようである。ただし1996年のデータにおいては（係数値自体

は認知の方が大きいが）両者の差はそれほど見られなくなっている。

事後シミュレーションの結果をもとに，この点について詳しく検討しよう（図5－6）。まず1995年の結果については，相対的には感情的な信頼の方が増減の幅が大きく，最小値から最大値まで値を変化させた場合，投票参加確率は20ポイント以上増加する。1996年のデータを用いた場合は，認知的な信頼の効果の方が大きいとの結果が示されているが，両者の差はほとんどなく，どちらも3から5ポイント程度，投票参加確率を押し上げる程度に留まっている。

表5－4 投票参加の規定要因：1995－96年

	1995年	1996年
認知的信頼	0.747**	1.327**
感情的信頼	1.280**	0.908*
性別	−0.261†	−0.224
年齢	0.037**	0.024**
教育程度	−0.080	−0.015
政治関心	0.590**	0.893**
有効性感覚	0.085†	0.142†
保革イデオロギー	−0.015	0.195**
定数	−3.350**	−3.386**
N	1425	1209
対数尤度	−697.29	−319.05
疑似決定係数	0.128	0.155

注）数値は偏回帰係数。†：$p<0.1$，*：$p<0.05$，**：$p<0.01$で統計的に有意

1980年代までは見られなかった認知的な信頼に対する投票参加への効果がこの時期から見られるようになったことは，政治への信頼の効果について変化が生じていることを示しているのだろうか。この点について，投票方向を加味した分析を行ったところ，これまでと同じく，認知的な信頼は投票方向と，また感情的な信頼は投票参加を規定するという結果を得ることができた。表5－5はその結果を整理したものである。特に1995年においては，認知的な信頼が投票方向と関連し，感情的な信頼が投票参加と関連するという，1970年代から1980年代とほぼ同様の結果が示されている。

図5－6 投票参加に対する効果の事後シミュレーション：1995－1996年

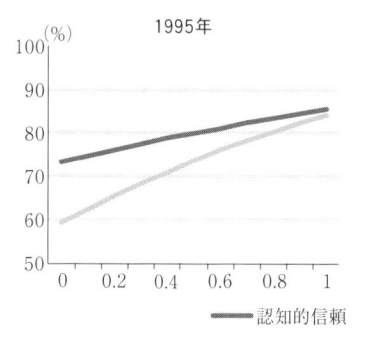

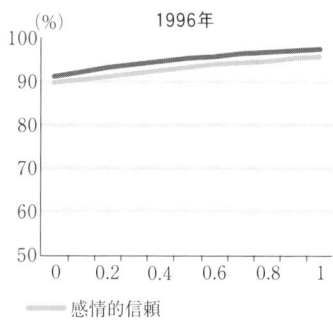

118 第Ⅱ部 信頼低下の帰結

表5－5 投票方向と棄権の規定要因：1995－96年

	1995年				1996年			
	社会党	新進党	その他政党	棄権	新進党	民主党	その他政党	棄権
認知的信頼	−0.381	−0.188	−1.863**	−1.221**	−0.391	−0.748*	−1.238**	−1.838**
感情的信頼	0.587	0.957†	−0.096	−0.922*	−0.938*	−1.343**	−0.737†	−1.599**
性別	−0.184	−0.037	−0.231	0.181	−0.161	−0.089	0.114	0.238
年齢	−0.017*	0.007	−0.009	−0.042**	−0.022**	−0.006	−0.005	−0.031**
教育程度	−0.287**	−0.008	0.209†	0.072	−0.116	0.260*	0.045	0.041
政治関心	0.258*	0.348*	0.129	−0.426**	0.286**	0.220	0.054	−0.759**
有効性感覚	−0.003	−0.012	0.158*	−0.055	−0.009	0.031	−0.012	−0.144†
保革イデオロギー	−0.515**	−0.764**	−0.692**	−0.417**	−0.217**	−0.444**	−0.515**	−0.451**
定数	3.819**	1.893*	3.742**	7.036**	2.261**	1.617**	3.056**	6.404**
N	1384				1194			
対数尤度	−1876.95				−1590.40			
疑似決定係数	0.134				0.102			

注1）数値は偏回帰係数。†：p<0.1，*：p<0.05，**：p<0.01で統計的に有意
注2）従属変数の基準カテゴリは自民党への投票

図5－7 投票方向に対する効果の事後シミュレーション：1995－96年

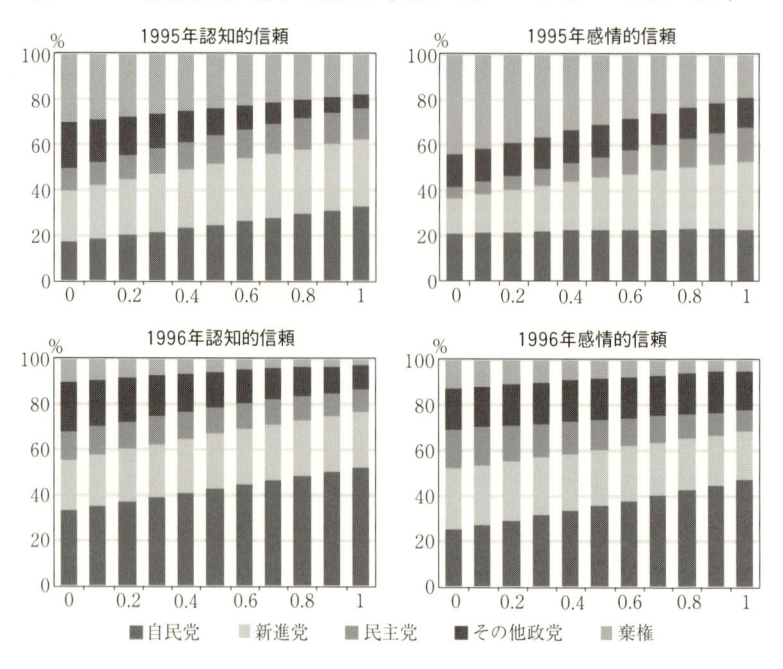

1995年認知的信頼　　1995年感情的信頼

1996年認知的信頼　　1996年感情的信頼

■自民党　■新進党　■民主党　■その他政党　■棄権

事後シミュレーションを行った図5－7を見ても，認知的な信頼は投票方向と，感情的な信頼は投票参加と基本的には関連していることがわかる。投票方向を加味した場合，いずれの調査年度においても，感情的な信頼の方が投票参加か棄権かという選択と関連している。ただし1996年における両者の差は大きくない。しかしそれでもなお，感情的な信頼の方が参加か棄権かと関連していることを，この結果は示している。

　ここで注目すべきは，認知的な信頼の効果の違いである。1995年には，社会党への選択に対する認知的な信頼の効果は有意ではなくなっている。これは社会党が有権者の中で自民党に代わる選択肢ではなくなっていたことを意味するものだと考えられる。ただし新進党も自民党に代替する選択肢としては十分ではなかったようである。1996年に入ると，有力な選択肢として新進党が浮上し，さらに民主党もそこにくわえられることになる。いずれにせよ，この時期は社会党に代わる新たな政権担当政党を有権者は模索していた時期であったことを，本節の分析結果は明らかにしている。

4．2大政党対立期における信頼と投票行動

　2000年代に入ると自民党（および公明党）と民主党という2大政党による対立が安定的に見られるようになる。その背景には選挙制度改革があった。2009年には民主党が政権の座を獲得し，自民党は再び野党へと転落するが，本書が扱うデータは，どちらかといえば自民党が1990年代の混乱を乗り越え，再び支持を獲得していた時期のデータだといえる。

　1994年6月より始まった村山内閣は1996年1月に終焉を迎えた。村山内閣の後を継いだのは橋本内閣であり，ここに自民党による政権運営が再び始まることとなる。ただし1999年以降の政権は，自民党単独ではなく自民党と公明党の連立政権であった。橋本内閣の後継である小渕内閣，そしてそれに続く森内閣への支持が低迷していたということもあり，自民党単独では議会を安定的に運営することが困難であったためである。

　このような状況下で，党勢を拡大したのは元新党さきがけの鳩山由紀夫や元社民連の菅直人などを中心に結党された民主党であった。結党当初は60人弱であったが，新進党の解党（1997年12月）や民政党の合流などを契機に，民主党は徐々に党勢を拡大させていった。そして2000年に行われた衆議院選

挙で民主党は議席数を大幅に増やした[95]。

民主党が勢力を拡大させつつある中，2001年4月に小泉内閣が誕生した。「自民党をぶっ壊す」というスローガンのもとで，様々な政治・行政改革に取り組んだ小泉内閣は，多数の有権者からの支持を獲得し，結果として2006年9月まで続く長期政権となる。その一方で民主党も，2003年9月には自由党と合併するなど党勢を拡大し続けた。2000年代は，自民党と民主党という2大勢力が，一方は政権の座を維持するために，他方はそれを獲得するために政争を繰り広げた時期であった。

そのような2大政党対立期における政治への信頼の効果について分析した結果が表5－6である。ここではデータの都合上，2003年に実施された衆議院議員総選挙下の投票行動に対する信頼の効果を分析した結果を整理している。まず投票参加への信頼の効果については，統計的な有意水準ではやや劣るものの，感情的な信頼の係数は有意である。認知的な信頼の効果は有意ではなく，この点はこれまでと同様の結果だといえる。事後シミュレーションの結果も，これまでとほぼ同様であり，感情的な信頼が高まるほど投票参加確率が高くなることを示している（図5－8）。

投票方向を加味した結果についても検討しておこう。認知的な信頼は，投

表5－6　投票行動の規定要因：2003年

	投票参加／棄権	投票方向／棄権 民主党	その他	棄権
認知的信頼	0.019	−0.982**	−0.349	−0.457
感情的信頼	0.507†	−0.524	0.343	−0.772†
性別	0.207	−0.160	−0.155	−0.255
年齢	0.045**	−0.001	−0.012	−0.049**
教育程度	0.061	0.054†	−0.083†	−0.052
政治関心	0.554**	0.145	0.238	−0.456**
有効性感覚	0.186*	0.000	−0.057	−0.191*
保革イデオロギー	−0.023	−0.283**	−0.459**	−0.155*
定数	−3.434**	0.971	2.445**	5.509**
N	1171	1091		
対数尤度	−402.35	−1285.32		
疑似決定係数	0.132	0.096		

注1）数値は偏回帰係数。†：p<0.1, *：p<0.05, **：p<0.01で統計的に有意
注2）多項ロジットの従属変数の基準カテゴリは自民党への投票

(95) 議席数でいえば，民主党はこの時127まで増やした。

票参加を従属変数とする場合は有意な影響を与えていなかったが，投票方向に関しては，これまでの結果と同様に有意な影響を与えている。具体的には，認知的な信頼が低くなると，民主党への投票が促されるようである。対する感情的な信頼についてはそのような効果は見られず，あくまで信頼の低下は投票参加率の低下をもたらすようである。

図5－8 投票参加に対する効果の事後シミュレーション：2003年

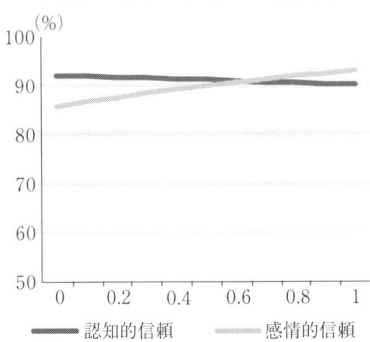

投票方向を加味した場合の事後シミュレーションの結果を整理した図5－9を見ると，認知的な信頼は棄権の選択よりも野党，特に民主党の選択確率と関連を有していることが示されている。他方の感情的信頼も投票方向と関連するが，それは認知的な信頼ほど強くはない。いずれにせよ，2000年代のデータを用いた結果についても，認知的信頼は投票方向と，感情的信頼は投票参加と関連するという結果だという点は，これまでの結果と同一だといえる。

図5－9 投票方向に対する効果の事後シミュレーション：2003年

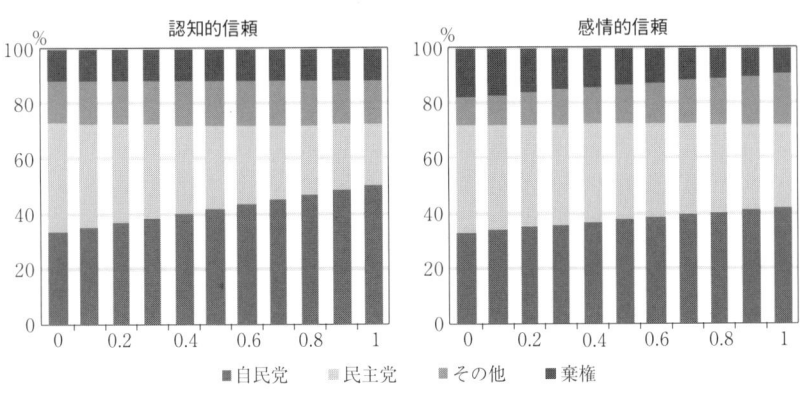

5. 転変する政治状況の下での信頼低下と投票行動の変化

　1970年代から2000年代に至るまで，日本政治は大きく変動した。「1ヶ2分の1体制」と呼ばれる自民党一党優位体制は，1993年の「政権交代」を経るまで，薄氷の上を歩みつつも維持・継続された。しかし，そこで有権者に示されていた選択肢は，選挙あるいは時代ごとに大きく異なっていた。1970年代は社会党が自民党に代わる選択肢として機能していたが1980年代にはそうではなくなっていた。政治への信頼が投票行動に与える効果も，そのような時代の変化を受ける形で，1970年代と1980年代ではやや異なるものとなっていた。

　1990年代に入ると状況はさらに一変し，保革の対立軸が消滅する。有権者は，政党が再編される中で，保革イデオロギーとは異なる新たな軸を基準に政党を選択しなければならなくなった。相次ぐ政党の離合集散は，そのような有権者の選択をさらに困難にさせた。ただし民主党が台頭し始める2000年代以降，その状況は改善されることとなる。

　以上の日本政治の流れを念頭に置きつつ，それぞれの時期ごとに共通する点と異なる点とに分析結果をまとめよう。まず共通項として指摘できるのは，認知的な信頼と感情的な信頼が投票行動に与える影響が異なるという点である。1. で論じたように，特定の対象への支持を意味する認知的な信頼は，主として投票方向と関連する。ゆえにこの信頼の低下は，政治全体への信頼の低下ではなく，あくまで政権与党（自民党）への信頼の低下を意味することになる。したがって投票行動との関係も，自民党への投票かそれ以外の政党かという選択と強く関連する。他方，感情的な信頼は，投票方向というよりも投票参加と関連する。政治体との紐帯を意味するこの信頼は，それが低下すると自民党への投票傾向が停滞ないしは低下すると同時に棄権率が増加する。

　次に時期ごとの相違について確認しよう。1970年代および1980年代における分析結果は，認知的な信頼と感情的な信頼の相違が明瞭な形で見られた。認知的な信頼は投票方向を主に規定し，感情的な信頼は投票参加を規定する。本書の想定通りの結果が得られたといってよい。

　しかし1993年は，認知的な信頼も感情的な信頼も投票行動を規定していな

かった。おそらくこの結果は，先に述べたように，新党の乱立に端を発する日本政治の混乱によってもたらされたと考えられる。何を選択すべきかについての判断が困難であるときは，政治への信頼と投票行動の関連性は弱くなるのかもしれない。少なくとも本章の分析結果では，この時期，政治への信頼と投票行動の間にはほとんど関係がないことが示されていた。

　1995年に入っても，依然として日本政治は流動的であり，ゆえに有権者は何を選択すべきかについての判断材料を得ることが困難であったように思われるが，政治への信頼と投票行動の関連は再び見られるようになっていた。とりわけ1996年の自民党の政権復帰以降，政治への信頼と自民党への投票の間の関連性は以前の水準に戻ることとなる。ただし認知的な信頼の低下についていえば，自民党以外の特定の政党への投票と結びつくとは必ずしもいえない結果であり，ゆえにこの時期においても有権者は実質的に政党を選択をすることは難しかったと考えられる。

　2000年代に入ると，自民党と民主党という2大政党の対立図式が鮮明に打ち出されるようになったということもあり，有権者は自民党か民主党かという選択をする方向へと変化する。認知的な信頼と投票方向の関係は変化し，信頼していれば自民党へ，不信であれば民主党へという結果を確認することができた。ただし感情的な信頼については，棄権と相対的には強く関連するという点で，これまでの分析と同じ結果が得られた。

　このように，政治への信頼と投票行動の関係は，認知的な信頼が投票方向を規定し，また感情的な信頼が投票参加を規定するという共通傾向は維持されつつも，政治状況の変化に伴い大きく変化する。両者の関係は，日本政治という文脈にかなりの程度条件付けられるものと考えなければならない。しかし上述した傾向は，そのような影響を受けつつもほぼすべての時期に一貫して見られるものであった。

　以上より，政治への信頼低下の帰結としては，次の2点を指摘することができる。第1は棄権率の増加である。これは主に感情的な信頼の低下の帰結として生じると考えられる。ただしこの信頼はそれほど大きく低下していないので，現在の低投票率がこの信頼の低下によってもたらされているとは考えにくい。また後述するように，認知的な信頼の低下は棄権率の増加に直結しないので，結局のところ政治への信頼の低下と投票参加率の低下は関係がないということになる。動員力の低下や選挙の舞台装置など，その他の要因

の変化から投票参加率の低下は説明されるべきだろう（蒲島1988；西澤・三宅1997；石上2006）。

では、政治への信頼低下の帰結としてはどのようなものが考えられるのか。1990年代を境に急激に低下した認知的な信頼が投票参加に与える効果という観点から、この問題について検討しよう。この信頼は、上述の通り投票参加というよりも、どの政党に投票するかという投票方向と関連する。ただし、信頼低下の帰結としてどの政党への投票が促されるかは、当該選挙の状況や政治的文脈などに依存する。そのためどの政党が得票を伸ばすかについて予測することは難しいが、自民党以外の政党への投票確率が高くなるといえる。

すなわち第2に認知的な政治への信頼低下の帰結としては、有権者の「自民党離れ」を指摘することができる。前章では、政党支持との関連から、信頼低下の帰結として自民党への支持の低下が生じていることを指摘した。同様の傾向は、本章の分析からも確認することができる。菅原（2009）は、小泉内閣以後に行われた一連の「改革」が自民党への支持の低下をもたらしたと指摘するが、そのような「改革」が行われる以前から、有権者の中での「自民党離れ」は潜在的な形で進行していたのではないだろうか。その帰結が、2009年の政権交代であったように筆者には感じられる。

小 括

本章では、政治への信頼が投票行動に与える効果について分析した。ここでは、本書における政治への信頼の分類枠組みと第4章における分析結果から、認知的な信頼と感情的な信頼とでは投票行動の規定の仕方が異なるという仮説を提示した。分析の結果は概ね本書の仮説を支持するものであり、認知的な信頼が投票方向を規定し、感情的な信頼は投票参加を規定するという傾向は、いずれの時期においてもほぼ共通して確認することができた。

しかしながら、以上の傾向が存在することを認めつつも、政治への信頼と投票行動の関係は、次に述べる2つの意味で限定的なものにならざるを得ないように思われる。第1はその時々の政治状況によって、信頼と投票行動の関係は異なるものとなるという点での限定性である。たとえば1993年のように、日本政治がまさに混沌としている状況下では、政治への信頼が投票行動に与える規定力は著しく低下する可能性がある。逆にいえば、日本政治があ

る程度の安定性を確立し得たときに，信頼は投票行動を規定すると考えられる。

　第2は他の要因との関連という点での限定性である。たとえば動員のように，投票行動を規定する要因は，政治への信頼以外にも存在する。本書の分析は，これらの要因をほとんど含めていない。無論，それが必ずしも方法論的な誤りを意味するとは考えていないが，しかし動員のあり方やその他政治意識のあり方によって，信頼と投票行動の関連は大いに変化する可能性はある。政治への信頼の効果は，その意味でも限定的なものであろう。

　これまで，政治への信頼と投票行動の関係は，信頼の低下が棄権の増加をもたらすという形で理解されてきた。しかし，認知的な信頼か感情的な信頼かで，どの意思決定と関連するかは異なる。投票参加か棄権かという選択と関連するのは主に感情的な信頼であり，認知的な信頼は自民党かそれ以外の政党への投票かという選択と関連する。したがって，後者の低下の場合は必ずしも投票参加率の低下がもたらされるわけではない。この場合は，政権与党（自民党）への投票の低下が見られるだけである点には注意しなければならない。

　とはいえ，感情的な信頼が今後とも現在の水準を維持する保証はない。したがって，投票参加率は，今後さらに低下していく可能性はある。それをどのように食い止めるかは今後の課題である。

第6章　信頼と政策選好

　第6章では，政治への信頼と政策選好の関係について分析する。政策選好を規定する要因としては，保革イデオロギーや政党支持などがこれまでとりあげられてきた。しかし政治への信頼が政府への評価を意味するのなら，それは政府が進めようとしている政策を選好するかどうかとも関連すると考えられる。本章では，信頼と政策選好の関連を分析し，信頼低下の帰結としてどのような選好の変化が生じるのかを明らかにする。

はじめに

　政治への信頼は，政治家や政治制度が民意を適切な形で政策に反映しているのかについての政治意識である。言い換えれば，政治が信頼されている状態とは，政府が形成し実施する政策への賛同が得られている状態であることを意味する。ここから政治への信頼は，有権者の政策選好とも関連すると考えることができる。

　これまで日本では，有権者の政策選好ないしは争点態度を規定する要因として，価値観や保革イデオロギーなどが指摘されてきた（三宅 1985, 1998；蒲島・竹中 1996；公平 1997）。欧米などにおける政治的対立軸は階級の違いなどを反映するものであったため，そこでは有権者の社会的属性の違いなどが政策選好の規定因としては重視されてきたが，日本では価値観の違いが対立軸となっており，それゆえに伝統的価値観などが政策選好の規定因として重視されていた。いずれにせよ，政治への信頼と政策選好の関連についてはほとんど実証的に検討されてこなかったといってよい。

政党支持が様々な態度や行動の「セッター」としての役割を担っていることを想起すれば（三宅 1985），それを規定する政治への信頼も，直接的に，あるいは間接的に有権者の政策選好を規定すると考えることができる。それゆえに近年のアメリカ政治学では，政治（政府）への信頼と政策選好の関連についての実証分析が多数蓄積されている（Chanley, Rudolph and Rahn 2000; Chanley 2002; Hetherington and Globetti 2002; Hetherington 2005; Rudolph and Evans 2005; Rudolph 2009; Rudolph and Popp 2009; Avery 2009）。しかしながら日本ではこの点についてほとんど検討されておらず，そのため信頼の低下がいかなる政策選好の変化を生じさせているのかは明らかとなっていない。

くわえて先行研究には，政治への信頼の質的相違を考慮していないという問題もある。認知的な信頼と感情的な信頼は，それぞれ規定する政策選好が異なる。さらに信頼の違いは政策選好に対する規定の仕方とも関連する。たとえば認知的な信頼の場合，それが高くなると政治改革に対してそれを支持しなくなる傾向にあるが，感情的な信頼の場合は逆に政治改革を支持するようになる。

有権者の政策選好は，政党支持や投票行動を経由して間接的に政治的決定に影響を与えるが，より直接的に政治的決定に影響を与える場合もある（Erikson, Stimson and MacKuen 2002; 大村 2012）。政治家（や政党）は，自らの再選可能性を高めるために有権者の意向に注意を払い，それを政策決定に反映させようと努力するためである。その意味で政治への信頼と政策選好の関係を明らかにすることは，信頼の低下の帰結を今後の政策展開という観点から議論する上で重要だといえる。

1. 価値観と政策選好

多くの有権者は，政党や政治家によって示された政策に対して，それを支持するかどうかについての判断を下す。この政策に対する有権者の態度を，ここでは政策選好（policy preference）と呼んでいる。政策選好は，政策を重視するかどうかと，政策を支持するかどうかという2つに分けて考えることができる。本章では，主として方向性，すなわちある政策に対する賛否と政治への信頼の関係について議論する[96]。

政策選好の規定要因としてしばしば指摘されるのは有権者の社会的属性で

ある。職業，人種，収入，階級，宗教といった属性の違いは，自身がどの政党を支持するのか，さらにはどのような政策を選好するのかを大きく左右する（Campbell et al. 1960; Lipset and Rokkan 1967; Lewis-Beck et al. 2008）。日本でも，「自前意識」をもつ自営業者は自民党を支持する傾向にあるなど（三宅 1985），社会的属性と政党支持や政策選好の関連について言及する研究はある。

ただし日本の政治学では，直接的に社会的属性と政策選好の関係について検討するというよりも，両者を媒介するイデオロギーや価値観と政策選好の関連に着目することが多い。日本では社会的属性の投票行動への規定力の小ささがかなり早い段階から実証されていたということもあり（三宅・木下・間場 1967），階級など属性要因を重視する研究はそれほど多くはないが，社会学的モデルをまったく無視しているというわけでもなく[97]，保革イデオロギーや価値観が政策選好ないしは争点態度を規定していることについては，実証研究が今日に至るまで蓄積されてきている（Watanuki 1967, 1974；蒲島 1986；蒲島・竹中 1996；公平 1997；平野 2007）。

価値観やイデオロギーなど，属性と政策選好の媒介に位置する基底的な政治意識に着目する理由は，イデオロギーや価値観が，複数の政策選好から帰納的に析出される態度としての側面をもつ一方で（Eysenck and Wilson 1978），逆にこれが政策選好を規定する側面も有するためである。「私は保守的なイデオロギーをもっているので，保守的な政策を支持する」という主張はまさにその典型だといえる。

---

(96) 日本を事例に政策選好の変動要因をもっとも精緻な形で実証しているのは大村（2012）であるが，そこで分析されているのは主として本書でいうところの強度についてであり，方向性についてはあまり検討されていない。しかしながら，先行研究がこれまで分析対象としてきたのは方向性についてであり，また本書が分析するのも強度ではなく方向性である。政策変動について議論するには，強度だけではなく，あるいはそれ以上に選好の方向性の規定要因について分析しなければならないと考えているからである。

(97) 丸山（2007）は，政治学における社会心理学的モデルへの傾斜を批判し，社会学モデルの重要性を指摘するが，今日の政治学において社会学モデルが無視されているわけではないことはここに指摘しておきたい。事実，近年の投票行動研究の最新動向を整理している編著作において，社会学モデルは1つの章を割いて丁寧な解説が行われている（日野 2009）。

一般的な有権者は政策に対する詳細な知識や情報を有していないことがほとんどである。そのため，数多く存在する政策を何らかの形で抽象・体系化した上で，個々の政策についての判断を下していると考えた方がよい。この体系化された集合的な選好こそが，信念体系（belief system）あるいはイデオロギーと呼ばれている政治意識である（Converse 1964）。この体系化された信念を多くの有権者は有しているからこそ，複数の政策に対して詳細な知識をもたずとも有権者は判断を下すことが可能になっている。

　もっとも保革イデオロギーについていえば，時代を経るごとに政策選好に対する規定力が変化していることが実証されている（蒲島・竹中 1996）。既に1960年代には「イデオロギーの終焉」が指摘されていたが（Bell 1960=1969），日本でも高度経済成長が終焉を迎える1970年代後半には，政治体制をめぐっての政治的対立は見られなくなっていた。少なくとも，憲法改正などについて激しい論争が繰り広げられることはなくなり，政策争点はより生活に直結するものへと変化していた（公平 1997）。

　それゆえに今日では，物質主義か脱物質主義か，あるいは伝統的価値観か近代的価値観かといった価値観の違いから，有権者の政策選好の違いについては説明されることが多い。特にヨーロッパでは，古い階級政治から，新しい価値対立を基軸とする政治へと1970年代に変化したこともあり，イングルハートのいう脱物質主義的価値観がそのような新たな争点軸を説明するものとして重要視されている（Inglehart 1977=1978, 1990=1993, 1997; Inglehart and Welzel 2005）。日本でも中谷（2005）が，地方レベルの政治において，これまでとは異なる新たな政策（争点）を掲げる首長の台頭が認められることを実証している。

　このように先行研究では，社会的属性あるいはそれに基づくイデオロギーや価値観などが，有権者の政策選好を規定すると述べられてきたが，政策選好を規定する要因はこれらに限定されるわけではない。本書では政党支持やイデオロギーなどにくわえて，政治への信頼も政策選好を規定すると考えている。しかしながら欧米の政治学とは異なり日本において，この点を実証的に明らかにしている研究はほとんどない。その理由はおそらく，政治への信頼は政治に対する志向性を規定する政治意識であると考えられてきたからだろう。この認識が誤りであることは，前章までの分析結果と，これまでに蓄積されてきた多くの政治への信頼に関する先行研究が示す通りである（Chanley, Rudolph and Rahn 2000; Chanley 2002; Hetherington and Globetti 2002; Hetherington 2005; Rudolph and Evans 2005; Rudolph 2009; Rudolph and Popp 2009; Avery 2009)。

　理論的な観点からいえば，政治に対する信頼は，イデオロギーなどと同じく政策への選好を示す際のヒューリスティクスになっていると考えられる。当該政府が進めようとしている政策についての知識をもたない中で，それでも有権者はその政策について評価し，判断を下さなければならない。その際に，その政府はそもそも信頼に足る政府なのかという点は，重要な手がかりとして機能する。たとえ政策についての情報を得ていなくても，政府が信頼されるものであれば，その政策は自身にとって良いものだと認識され，結果としてその政策を支持するようになる。逆に政府に対して不信を抱いている場合は，どのような政策であっても良いものだとはみなされにくくなるし，そもそも政府が政策を形成し実施することに対して否定的になるかもしれない。

　ここから政治への信頼も有権者の政策選好を規定する要因だと考えられるが，さらにこの点にくわえて重要なのは，認知的な信頼か感情的な信頼かで，政策選好に対する影響は異なる場合があることである。具体的には第1に，認知的な信頼と感情的な信頼は，その意味するところが異なるため，どの政策選好を規定するかは異なると考えられる。たとえば体制選択に関する政策への選好について感情的な信頼が影響を与えることは十分に考えられるが，認知的な信頼が影響を与えるとは考えにくい。このようにどの政策選好を規定するかという点で，両者の間には違いがあるように思われる。

　第2に認知か感情かで，政策選好に与える影響の方向性が異なる場合がある。たとえば政治改革についていえば，現政権への認知に基づく認知的な信頼の場合，信頼を抱くほどそのような政策を支持しなくなると予測される。認知的な信頼は「現政権への支持」を意味するからである。しかしながら感情的な信頼は，特定の政権というよりも，代議制という政治全体への信頼を意味するものである。そのため，政治システムの維持や発展にとって政治改革が必要であれば，それを支持する方向へ有権者を誘うだろう。

　この第2の点については，欧米の先行研究においてもほとんど検討されてこなかった。言い換えれば先行研究は，政治への信頼の質的相違を考慮せずに，信頼と政策選好の関係についての実証分析を行ってきたのである。本章

では，どのような政策選好に対して，どの信頼が，どのような影響を与えているのかを分析する。その作業を通じて，信頼の質的相違に伴う政策選好に対する効果の違いを実証的に明らかにする。

2. 55年体制下の信頼と政策選好

　55年体制という自民党一党優位体制下において，有権者はいかなる政策選好をもっていたのか。そして，政治への信頼と政策選好の関係はどのようなものであったのか。本節では，1980年代に調査が実施されたJESを用いて[98]，55年体体制下の政治への信頼と政策選好の関係を実証的に明らかにする。

　具体的に分析の対象とする従属変数は，次に示す12の政策に対する賛否である。1）自国の防衛力強化，2）貿易摩擦の解消，3）社会福祉の充実，4）小さな政府化，5）金権政治の打破（政治改革），6）天皇の発言権の強化，7）核兵器の廃絶，8）対ソ連協調外交，9）日米安保体制の強化，10）労働者の発言権の強化，11）公務員のスト権，12）女性の社会参画。これらを従属変数に，認知と信頼のそれぞれの信頼がいかなる影響を与えているのかを分析する。なお，回答はすべて「1：賛成」から「5：反対」であるため，分析手法としては順序ロジット推定を用いる。

　上述した政策は合意争点と非合意争点とに大別することができる。政策選好とは，ある争点に対する有権者の賛否をいうが，たとえ異なる選択肢が示されていたとしても，ある一方の選択肢しか実質的には選択されないという場合もある。具体的な例をあげるなら，政治改革や経済成長などである。このような賛成（あるいは反対）が多数を占める争点は，一般に合意争点（valence issue）と呼ばれる（Stokes 1963）。

　図6－1は，上述した12の政策争点への賛否を整理したものである。政治改革や核兵器の廃絶，社会福祉の拡充などは，その政策への賛成の意向を示す回答者が多数を占める。「どちらともいえない」という中間的な回答率も相

---

(98) JABISSを用いても分析を行っているが，ほとんどの変数において有意な結果を示さなかったため結果は省略する。この原因としては，「わからない」という回答が多数を占めることによるバイアスのほか，信頼変数（感情的信頼）の回答方式の相違などが考えられる。

132　第Ⅱ部　信頼低下の帰結

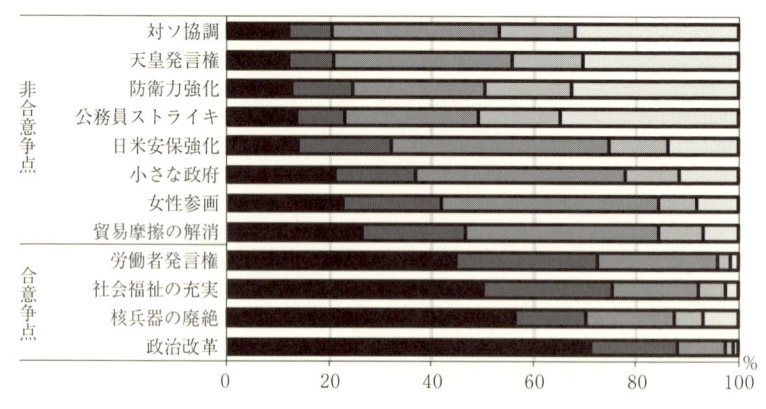

図6−1　各政策への賛否の分布（1980年代）

非合意争点:
- 対ソ協調
- 天皇発言権
- 防衛力強化
- 公務員ストライキ
- 日米安保強化
- 小さな政府
- 女性参画
- 貿易摩擦の解消

合意争点:
- 労働者発言権
- 社会福祉の充実
- 核兵器の廃絶
- 政治改革

■賛成　■どちらかといえば賛成　■どちらともいえない　■どちらかといえば反対　□反対

対的には低く，したがってこれらは合意争点だということができる。他方，貿易摩擦の解消や日米安保体制の強化については，賛成と反対の割合が拮抗していたり，中間的な回答率が高かったりするなど必ずしも多くの有権者が賛同しているとはいえない。本書では，この政策争点の相違も考慮しながら分析を進めていく[99]。

以上にあげた政策選好の規定要因について分析した結果を整理したものが，表6−1および表6−2である。争点には合意争点と非合意争点の2つがあるので，それぞれ分けた上で結果を整理している[100]。まずは合意争点を従属変数とする表6−1の結果から確認していくことにしよう。ほとんどの政治への信頼変数が，自民感情温度や保革イデオロギーを統制した状態で，政策選好に対して統計的に有意な影響を与えるという結果が示されている[101]。

---

(99)　どの時期のデータを用いるかによって結果は異なるが，政策選好はいくつかの複数の抽象的な次元に整理できることが先行研究では明らかにされている（蒲島 1986；綿貫 1997；公平 1997）。その1つが，本書で述べている合意争点と非合意争点の区別である。これは，それぞれの政策ごとに異なる規定要因が存在することを示唆するものであり，したがって本書でも争点の質的相違を考慮しながら分析を行うことにしている。

(100)　従属変数のコーディングの都合上，正負の符号の解釈が逆である点に注意されたい。

第 6 章　信頼と政策選好　133

表 6 - 1　合意争点への選好の規定要因：1980年代

	政治改革	核兵器の廃絶	社会福祉の充実	労働者の発言権
認知的信頼	1.547**	0.789**	0.690*	0.957**
感情的信頼	−0.852*	−0.771*	−0.847**	−0.232
性別	0.465**	0.345*	0.273*	0.362**
年齢	−0.025**	−0.003	−0.016**	0.006
教育程度	−0.279*	−0.120	0.068	0.154
保革イデオロギー	0.176**	0.136*	0.138	0.482**
自民感情温度	0.015**	0.009**	−0.002	0.001
カットポイント1	1.292**	0.933*	−0.395	2.454**
カットポイント2	2.421**	1.519**	0.730†	3.717**
カットポイント3	4.069**	2.542**	1.941**	5.884**
カットポイント4	5.290**	3.170**	3.173**	6.555**
N	941	933	940	897
対数尤度	−722.01	−1113.90	−1159.55	−1028.34
疑似決定係数	0.065	0.023	0.017	0.054

注）数値は偏回帰係数。†：p<0.1，*：p<0.05，**：p<0.01で統計的に有意

表 6 - 2　非合意争点への選好の規定要因：1980年代

	女性の参画	貿易摩擦の解消	小さな政府化	日米安保の強化	公務員のスト権	防衛力の強化	天皇発言権強化	対ソ連協調
認知的信頼	−0.144	0.176	0.562**	−0.263**	−0.216	−0.591**	−0.149	−0.049
感情的信頼	−0.921**	−0.749*	0.439	−0.470	−0.393	−0.062	0.144	0.386
性別	0.777**	−0.315*	−0.084	−0.063**	0.176	−0.462**	0.675**	0.413**
年齢	0.000	−0.005	−0.010*	0.009	0.009†	−0.007	0.004	0.013**
教育程度	−0.074	−0.193*	0.061	0.060	−0.221*	−0.024	0.556†	0.245**
保革イデオロギー	0.183**	0.016	−0.018	−0.393**	0.298**	−0.282**	−0.102**	−0.018
自民感情温度	0.000	−0.006**	0.005**	−0.020	0.020**	−0.024**	−0.014**	0.003
カットポイント1	−1.155**	−2.479**	−0.865**	−4.261**	−0.221	−5.233**	−1.720**	−0.309
カットポイント2	−0.235	−1.611**	−0.074	−3.175**	0.534	−4.302**	−1.057**	0.325
カットポイント3	1.708**	0.023	1.499**	−1.270**	1.611**	−3.161**	0.550	1.604**
カットポイント4	2.393**	0.912*	2.265**	−0.449**	2.310**	−2.416**	1.163**	2.273**
N	914	883	831	865	914	936	916	883
対数尤度	−1294.82	−1286.75	−1253.34	−1220.98	−1300.42	−1337.81	−1252.9	−1291.36
疑似決定係数	0.022	0.010	0.007	0.062	0.052	0.071	0.049	0.012

注）数値は偏回帰係数。†：p<0.1，*：p<0.05，**：p<0.01で統計的に有意

(101)　政治への信頼は自民感情温度の規定要因でもある。つまりこの変数を経由しての間接効果も存在するため，総合的な政治への信頼の効果はここで示されているものより実際は大きいと考えた方がよい。政治への信頼と政策選好の関係を分析する研究は日本ではほとんどなく，その意味で政党支持とは異なる形での信頼の効果を示すことが重要だと考え，統制変数として自民

ただし，係数の符号の向きは，認知と感情とで異なっている。

認知的な信頼は，合意争点に対して，信頼が高くなるほどその政策を支持しなくなる方向の影響を与える。たとえば政治改革についていえば，認知的な信頼を抱くほど，政治改革をすべきではなくなることをこの結果は意味している。核兵器の廃絶や社会福祉の充実なども同様に，認知的な信頼の場合は，それが高くなるほどこれらの政策を選好しなくなるようである。その一方で感情的な信頼の場合は，認知的な信頼とは異なり，それが高くなるほど合意争点となっている政策を選好するようである。ただし労働者の発言権の強化への選好については有意な影響を与えていない。

なぜこのように同じ信頼であっても，係数の符号の向きが逆転するのだろうか。認知的な信頼についていえば，これは時の政権への信頼であるため，その政権が推進しようとしている政策や，政権基盤を揺るがすような政策に対してはそれを支持しない方向の影響を与える。そのように考えれば，この信頼が高い人が政治改革，社会福祉の充実，労働者の発言権の強化などの政策に反対の意向を示すのは理解できる。他方の感情的な信頼については，やや解釈が難しいが政治改革などを推進することが代議制をより良くすることに貢献するから，この信頼はこれらの政策を支持する方向の影響を与えているのかもしれない。

次に非合意争点に対する政治への信頼の効果について確認しよう（表6－2）。合意争点を従属変数とする場合とは異なり，これらの政策選好については，認知，感情のいずれかが影響を与えるようである。くわえていえば，公務員のスト権，天皇発言権，対ソ連協調政策への選好のように，どちらの信頼も影響を与えない政策選好もある。

認知的な信頼が有意な影響を与えているのは，小さな政府，日米安保，防衛力強化の3つの政策選好である。この信頼が高くなるほど，小さな政府には反対を，日米安保体制の強化には賛成を，自国の防衛力の強化には賛成の意向を示しやすくなる。係数の符号の向きは認知も感情も変わらない。

次に感情的な信頼が有意な影響を与えているのは，女性の社会参画の推進と貿易摩擦の解消である。この信頼が高い人ほど，これらの政策に対して賛

感情温度を投入しているが，方法論的には信頼の係数に過小評価のバイアスがかかるため適切ではない。

成の意向を示しやすくなるようである。認知的な信頼の効果について見ると，統計的には有意ではなく，さらに係数の符号が逆転している場合もあるので，これらの政策については感情的な信頼のみが影響を与えると考えた方がよいだろう。

認知的な信頼が影響を与えている政策は，1980年代あるいはそれ以前までの日本政治における政治的対立軸となっていたものである。認知的な信頼がこれらの政策選好に対して影響を与えるという理由は，この点を勘案するなら容易に理解することができる。その一方で女性の社会参画はリベラルな政策であるが，代議制への支持はこれを促進させる方向の影響を与えるようである。政党支持との関連でいえば，感情的な信頼も自民党への支持と関連するのでやや意外な結果であるが，代議制への信頼は社会の平等化を促進させるということなのかもしれない。

3. 政界再編期における信頼と政策選好

さて1990年代の政界再編期における有権者の政策選好の分布はどのようなものであったのだろうか。本書で用いるデータでは，1993年と1996年の選挙時に政策選好について調査がなされているので，この2時点の分布をそれぞれ確認することにしよう。

図6-2は，1993年時点における有権者の選好分布を整理したものである[102]。天皇の発言権の強化のみ合意争点化しているという点で変化が見られるが，賛否の割合を含めて，全体としての傾向は1980年代とほとんど変わっていない。また図6-3は，1996年時点の有権者の選好分布を整理したものである[103]。この結果も，全体としての傾向は，1980年代や1993年と同一である。

では，政治への信頼と政策選好はどのような関係にあるのか。ここでも合意争点と非合意争点に大別した上で，それぞれの規定要因について分析した。

---

(102) とりあげる政策は，対口協調外交などを除き図5-1とほぼ同じであるため説明を省略する。

(103) 金権政治に関する質問が尋ねられていないため，ここでは掲載してない。また1996年時調査では，中国など対アジア外交への賛否が新たにくわえられているが，継続性という観点からここでは省略している。

136　第Ⅱ部　信頼低下の帰結

図6－2　各政策への賛否の分布（1993年）

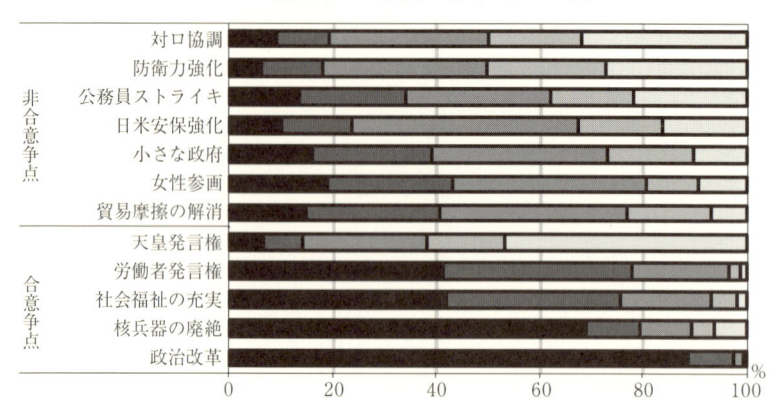

図6－3　各政策への賛否の分布（1996年）

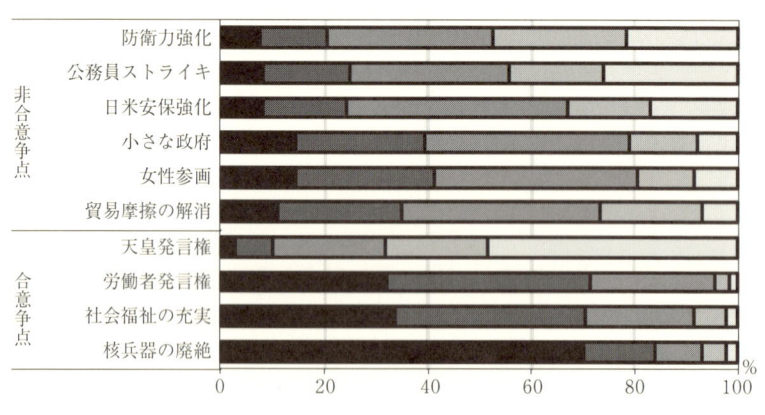

　その結果を整理したものが表6－3と表6－4である。まずは合意争点を従属変数とする結果から確認しよう。一部，統計的に有意な結果が示されていないが，全体的な傾向は表6－1の結果と変わらない。特に感情的な信頼の効果については安定しており，すべての合意争点に対して，信頼が高くなるほどそれを支持する方向での影響を与えているようである。1980年代のデータを用いた分析から確認することのできなかった労働者の発言権の強化や天

表6－3　合意争点への選好の規定要因：1990年代

	政治改革 93年	社会福祉の充実 93年	社会福祉の充実 96年	核兵器の廃絶 93年	核兵器の廃絶 96年	労働者の発言権 93年	労働者の発言権 96年	天皇発言権強化 93年	天皇発言権強化 96年
認知的信頼	1.730**	0.541**	0.571**	−0.173	−0.015	0.717**	0.767**	−0.150	−0.429*
感情的信頼	−1.594**	−0.309	−0.836**	−0.590†	−0.859**	−0.954**	−0.281	−0.050	0.517**
性別	0.030	−0.266*	0.083	0.308*	0.065	−0.013	0.089	0.728**	0.529**
年齢	−0.029**	−0.005	−0.011**	−0.002	0.008	0.009*	0.013**	0.013**	0.007
教育程度	0.127	0.200**	0.175**	0.002	−0.008	0.156*	0.254**	0.372**	0.345**
保革イデオロギー	0.111*	0.030	0.001	0.038	0.010**	0.098**	0.009**	−0.067*	−0.008**
自民感情温度	0.012*	0.001	0.094**	0.007*	0.063†	0.004	0.080**	−0.007*	−0.024
カットポイント1	1.852**	−0.116	−0.641†	1.010*	1.783**	0.705**	1.619**	−1.667**	−2.563**
カットポイント2	3.809**	1.464**	0.950**	1.529**	2.562**	2.405**	3.404**	−0.772*	−1.187**
カットポイント3	4.726**	2.967**	2.514**	2.248**	3.425**	4.387**	5.557**	0.540	0.159
カットポイント4	6.243**	4.274**	4.145**	2.761**	4.437**	5.541**	6.458**	1.213**	1.026**
N	1241	1239	1240	1227	1200	1187	1179	1212	1185
対数尤度	−461.34	−1535.59	−1601.74	−1220.04	−1484.29	−1370.73	−1682.23	−1597.20	−1767.83
疑似決定係数	0.077	0.011	0.018	0.008	0.027	0.02	0.037	0.035	0.032

注）数値は偏回帰係数。†：p<0.1，*：p<0.05，**：p<0.01で統計的に有意

皇発言権の強化への影響が有意であったところから，これらの政策選好への影響は時代によって変わるのだろう。同様のことは，社会福祉への選好についてもあてはまる。

認知的な信頼の効果についても，全体としては表6－1と同じ結果を得ることができたが，核兵器の廃絶への選好に対する影響について1990年代においては有意ではなくなっている。その他の政策選好に対する効果が大きく変わっているわけではないところから，この政策固有の事情が影響している可能性がある[104]。

次に非合意的争点への選好に対する政治への信頼の効果を確認しよう。表6－2と共通する点もいくらか見受けられるが，異なる点も多い。女性の社会参画，貿易摩擦の解消，日米安保の強化，公務員のスト権の拡大などは，1980年代における結果と大差ない。一部の政策選好への効果については有意となっていないが，係数の符号が逆転しているわけではない。ただしこれら以外の政策への選好については，1980年代の結果と異なっている。

---

(104) 核兵器不拡散条約を批准する国家が1990年代に増加したこと，北朝鮮の核兵器保有問題が1990年代初頭にクローズアップされたことなどが，その原因としては考えられる。

表6－4　非合意争点への選好の規定要因：1990年代

	女性の参画 93年	女性の参画 96年	貿易摩擦の解消 93年	貿易摩擦の解消 96年	小さな政府化 93年	小さな政府化 96年
認知的信頼	0.094	0.013	0.185	−0.092	0.292	0.677**
感情的信頼	−0.493†	−0.703**	−0.992**	−0.195	0.523*	0.157
性別	0.431**	0.349**	−0.172	0.056	−0.258*	−0.356**
年齢	−0.004	−0.001	−0.001	−0.007	−0.009*	−0.002
教育程度	0.124*	0.099†	0.033	0.154**	−0.022	−0.029
保革イデオロギー	0.093**	0.007*	−0.026	−0.006	0.044	0.006*
自民感情温度	0.007	0.089**	0.000	0.019	0.000	0.055†
カットポイント1	−0.687*	−0.972**	−2.693**	−2.518**	−1.507**	−1.072**
カットポイント2	0.617†	0.408	−1.208**	−0.910**	−0.336	0.233
カットポイント3	2.274**	2.047**	0.313	0.640†	1.063**	1.889**
カットポイント4	3.196**	2.989**	1.790**	2.118**	2.262**	3.071**
N	1203	1190	1175	1156	1138	1159
対数尤度	−1765.23	−1803.25	−1731.01	−1691.66	−1747.10	−1706.71
疑似決定係数	0.015	0.019	0.006	0.007	0.006	0.012

注）数値は偏回帰係数。†：p<0.1，*：p<0.05，**：p<0.01で統計的に有意

　第1は小さな政府への選好についてである。1993年の結果では，感情的な信頼のみが有意な影響を与えている。ただし1996年には認知的な信頼のみが影響を与えており，この結果は1980年代と変わらない。第2は日米安保への選好である。1993年の結果においては，認知も感情もこの政策選好に対して有意な影響を与えていない。ただしこれも小さな政府と同じく，1996年には表6－2と同じ結果が示されている。第3は防衛力の強化である。1993年，1996年ともに信頼変数は有意な影響を与えておらず，回帰係数の符号も安定していない。第4は対ロシア協調政策である。認知的な信頼のみが有意な影響を与えており，これは1980年代までの対ソ連外交への選好を従属変数とする場合と異なる結果だといえる。

　1993年は，新党が乱立するなど政界再編が始まった時期であった。全体の傾向として，1993年よりも1996年の方が有意な信頼の効果が見られるのは，そのような事情が影響しているのかもしれない。この点にくわえて興味深いのは，日米安保や防衛力の強化といった政策選好に対して，信頼がそれほど強い影響を与えなくなっている点である。1996年は自民党と社会党および新党さきがけによる連立政権が発足した後であり，保守か革新かという日本政治上の対立軸が，事実上消滅したことが影響していると考えられる。

日米安保の強化		公務員のスト権		防衛力の強化		対口協調
93年	96年	93年	96年	93年	96年	93年
−0.167	−0.418*	0.120	−0.104	−0.253	0.188	−0.405*
−0.363	−0.011	0.217	0.344	−0.329	−0.126	0.167
0.325**	0.204†	0.250*	0.160	−0.035	−0.157	0.220*
0.015**	0.010*	0.012**	0.005	−0.004	−0.014**	0.031**
0.162**	0.220**	−0.023	−0.167**	−0.045**	0.012	0.206**
−0.117**	−0.014**	0.131**	0.009**	−0.149**	−0.014**	0.044
−0.014**	−0.159**	0.009**	0.097**	−0.012**	−0.096**	0.000
−2.626**	−3.282**	−0.068	−1.193**	−4.863**	−4.669**	0.052
−1.521**	−1.943**	1.267**	0.182	−3.558**	−3.454**	0.945**
0.379	−0.076	2.447**	1.383**	−2.065**	−1.990**	2.353**
1.296**	0.903*	3.205**	2.282**	−1.019**	−0.751*	3.137**
1151	1234	1182	1198	1219	1219	1181
−1649.23	−1148.75	−1808.46	−1429.21	−1765.83	−1806.09	−1731.87
0.030	0.014	0.026	0.028	0.029	0.025	0.022

4．2 大政党対立期における信頼と政策選好

　2000年代の調査であるJSS-GLOPEは，JESとは異なる政策への選好が尋ねられている。具体的には，1）イラクへの派遣問題，2）郵政民営化，3）夫婦別姓，4）福祉のあり方，5）福祉政策の5つについて，その賛否などが尋ねられている。その意味で2000年代の結果はやや限定的なものとなってしまうが，外交，政治改革，福祉政策とおおよそのところはカバーしている[105]。よってここではこれらの政策選好と政治への信頼の関係について分析する。

　それぞれの回答分布は次の通りである。まず，イラクへの派遣と郵政民営化の2つの政策については，半数近い回答者が中間的な立場にあり，また積極的な回答者と消極的な回答者の割合も拮抗している。次に夫婦別姓については，中間的な回答割合も多いが，それ以上に支持しない消極的な回答が目立つ。最後に福祉政策への選好についてであるが，家族よりも国が福祉の担

---

(105) なおイラク派兵，郵政民営化，夫婦別姓は選挙前（第1波）調査であるが，福祉のあり方と福祉政策は選挙後（第2波）調査である。そのため回答の尺度は異なる。

い手であるべき，また税金を増やしてでも福祉予算を拡充すべきと多数の回答者が考えているようである。ただし後者については，福祉サービスを削ってでも税金を減らすべきだと考えている回答者も4割近くいるところから，合意争点であるとはいえない。以上の詳細は，図6－4および図6－5に示している通りである。

質問文や回答は異なるが，これら5つの政策への選好と信頼の関係は，前節までの分析結果からある程度予測することが可能である。第1に日米安保

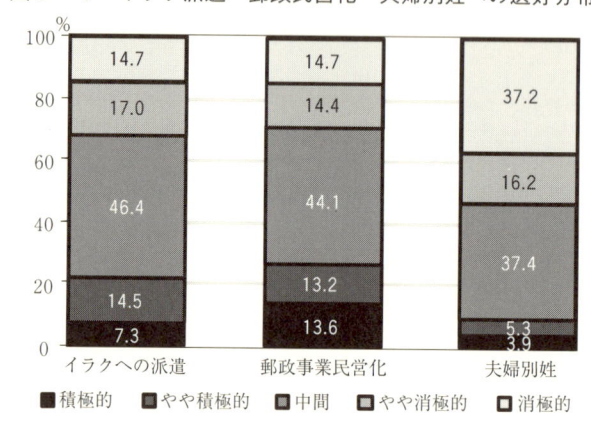

図6－4　イラク派遣・郵政民営化・夫婦別姓への選好分布

	イラクへの派遣	郵政事業民営化	夫婦別姓
積極的	7.3	13.6	3.9
やや積極的	14.5	13.2	5.3
中間	46.4	44.1	37.4
やや消極的	17.0	14.4	16.2
消極的	14.7	14.7	37.2

図6－5　福祉政策への選好分布

A：お年寄りは，国の年金で面倒を見るべき
B：お年寄りは，自分で生活するか家族に養ってもらうべき

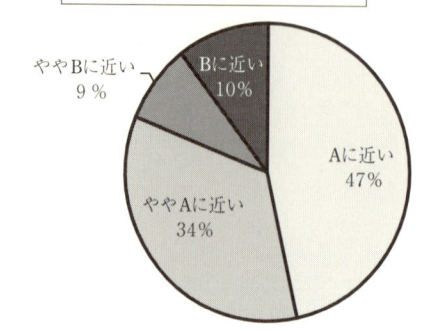

- Aに近い　47%
- ややAに近い　34%
- ややBに近い　9%
- Bに近い　10%

A：福祉サービスの予算を減らしてでも，税金を減らすべき
B：税金を増やしてでも，福祉サービスの予算を増やすべき

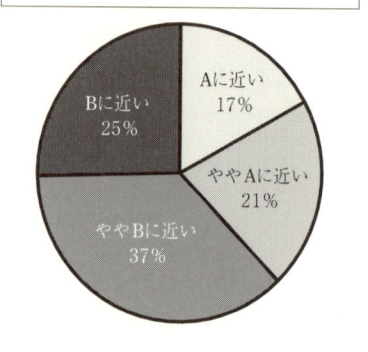

- Aに近い　17%
- ややAに近い　21%
- ややBに近い　37%
- Bに近い　25%

体制の強化に対する信頼の効果が認知的な信頼に限定されていたことから，イラクへの派遣については，認知的な信頼のみが影響を与えると予測することができる。第2に郵政民営化は，小さな政府への変化もしくは政治・行政改革のいずれかに相当するものだといえる。前者であれば，認知もしくは感情のいずれかがこれに有意な影響を与えるだろう。後者であれば，認知と感情の両者が影響を与えるが，その方向性は異なるものとなる。第3に夫婦別姓問題は，女性の社会参画問題に通ずる。これについては感情的な信頼のみが有意な影響を与えるだろう。

　福祉政策への選好についてはやや予測が難しいが，国か家族かという問題は合意争点に近い分布となっているため，表6－1や表6－3でいうところの社会福祉の充実に近いものだと考えられる。したがって認知，感情ともに有意な影響を与えるが，その方向性は異なるものとなるだろう。また増税か減税かという問題については，大きな政府か小さな政府かという問題でもある[106]。したがって認知もしくは感情のいずれかが有意な影響を与えるだろう。

　表6－5は，イラク派遣への賛否などを従属変数とする順序ロジット推定の結果を整理したものである。イラク派遣に対しては，予測通り認知的な信頼のみが有意な影響を与えている。係数の符号は負であり，認知的な信頼が高いほど自衛隊のイラクへの派遣に積極的になる。次に郵政民営化については，感情的な信頼のみが有意な影響を与えており，この信頼が高いほど郵政民営化に積極的になる。また認知的な信頼の係数は有意ではないが，符号の向きは正である。ここから，この政策は政治・行政改革の1つだと認識されていた可能性が高いといえる。夫婦別姓への選好についても予測通り，感情的な信頼のみが有意な影響を与えている。この信頼が高くなるほど，夫婦別姓に積極的になるようである。

　以上に見たように，イラク派遣や郵政民営化については，これまでの分析結果とほぼ同じ結果を得ることができた。では福祉政策への選好についてはどうだろうか。まず福祉のあり方については，感情的な信頼の影響のみが統計的に有意である。ただし有意水準は10％であり，また認知的な信頼は有意

（106）　福祉政策への選好を尋ねるというよりも，増税か減税かについて尋ねているためである。

表6－5　政策選好の規定要因：2000年代

	イラク派遣	郵政民営化	夫婦別姓	福祉のあり方	福祉増税
認知的信頼	−0.651**	0.182	0.010	−0.222	0.437*
感情的信頼	−0.012	−0.650**	−0.474*	−0.415†	0.250
性別	−0.264*	0.034	0.325**	−0.131	0.046
年齢	0.008†	−0.006	0.014**	−0.017**	0.021**
教育程度	0.010	−0.067**	−0.046*	−0.014	0.074*
保守イデオロギー	−0.173**	0.057†	0.119**	0.053	−0.061†
自民感情温度	−0.021**	−0.008**	0.005	−0.001	−0.004
カットポイント1	−4.531**	−3.565**	−2.389**	−1.440**	0.067
カットポイント2	−3.150**	−2.597**	−1.393**	0.238	1.306**
カットポイント3	−0.963*	−0.756†	0.693	0.967*	2.955**
カットポイント4	0.137	0.126	1.352**		
N	1293	1286	1286	1108	1056
対数尤度	−1750.39	−1887.50	−1673.00	−1267.45	−1388.62
疑似決定係数	0.047	0.008	0.023	0.011	0.013

注）数値は偏回帰係数。†：p<0.1，*：p<0.05，**：p<0.01で統計的に有意

な影響を与えていないので、この政策選好と信頼はそれほど強い関連がないと見た方がよい。次に福祉サービス拡充のための増税については、認知的な信頼のみが有意な影響を与えている。係数の符号は正であり、この信頼が高くなるほど、増税してでも福祉予算を増やすべきと考える傾向にある。認知的な信頼が高いほど大きな政府を求めるという結果なので、これまでと同一の結果が得られたといえる。

　1980年代や1990年代に見られた政治への信頼と政策選好の関連は、2000年代のデータにおいても確認することができた。もちろん、社会経済的環境や政治のあり方は時代を経るごとに大きく変化しているため、すべてにおいて共通する結果が得られているわけではない。しかし全体的な傾向として、これまでの結果と同一の結果を得ることができたと考えてよいのではないだろうか。

5. 信頼の低下と政策選好の変化

　社会経済的な環境や政治状況が変化するにしたがって、人々が政治に何を求めるのか、あるいは政党などによって提示された政策に対していかなる選好をもつのかは変化する。本章では、1980年代から2000年代までのデータを

用いて，政治への信頼と政策選好の関連を実証的に明らかにした。そこから得られた知見をもとに，政治への信頼の低下がいかなる政策選好の変化をもたらしているのか，あるいはもたらすのかを検討する。

まずは合意争点である政治改革や核兵器の廃絶などへの選好について検討する。1990年代に認知的な政治への信頼は大きく低下した。その帰結としては，政治・行政改革，核兵器の廃絶，社会福祉の充実などがさらに支持されるようになったと考えられる。もちろん感情的な信頼もこれらの政策選好に対しては影響を与えているが，他方でこの信頼はそれほど大きく低下しているわけではない。

政治改革への賛否を例に，この点についてさらに詳しく検討する。表6−6は，表6−1の推定結果をもとに，政治改革への選好に対して政治への信頼がどの程度の影響を与えているのかを，事後的にシミュレートした結果である[107]。最小値から最大値まで信頼の値を動かした場合に，従属変数の選択確率がどの程度変わるのかを整理した。認知的な信頼の値を最小値から最大値まで動かした場合，行政改革に賛成カテゴリの選択確率は30ポイント近く低下する。対して感情的な信頼の値を同様に動かした場合，賛成カテゴリの選択確率は約17ポイント増加する。同じ信頼であっても，信頼の質が異なると政策選好に対する効果もまた異なることをこの結果は示している。くわえて，感情的な信頼よりも認知的な信頼の方が政治改革への選好に対する影響力が大きい。ここから認知的な信頼が低下すると政治改革を支持する人が増

表6−6　政治改革への選好に対する政治への信頼の効果：1980年代

		最小値(0)	→	→	→	→	最大値(1)	増減
認知的信頼	賛成	86.7	82.8	77.9	72.1	65.5	58.2	−28.5
	やや賛成	8.6	10.9	13.7	16.8	20.0	23.0	14.4
	中間	3.8	5.0	6.7	8.8	11.4	14.6	10.8
	やや反対	0.7	0.9	1.2	1.7	2.2	3.0	2.3
	反対	0.3	0.4	0.5	0.7	1.0	1.3	1.0
感情的信頼	賛成	63.5	67.4	71.0	74.4	77.5	80.3	16.8
	やや賛成	20.8	19.1	17.3	15.6	13.9	12.3	−8.5
	中間	12.2	10.6	9.2	7.9	6.8	5.8	−6.4
	やや反対	2.4	2.1	1.7	1.5	1.3	1.1	−1.4
	反対	1.0	0.9	0.7	0.6	0.5	0.5	−0.6

(107)　値を動かさない変数については，平均値で固定している。

えること，また感情的な信頼の低下は認知的な信頼の低下の効果を相殺するほどではないという2点を主張することができる。

同様の傾向は社会福祉や核兵器の廃絶などについてもあてはまる。ただしこれらの政策への選好について，認知的な信頼はそれほど強い影響を与えているわけではない。合意争点に対する信頼の効果について，表6－6と同じくシミュレートした結果を整理したものが表6－7である。社会福祉や核兵器の廃絶への選好に対する認知的な信頼の効果は，政治改革のそれと比較すると小さく，また感情的な信頼が与える効果と変わらないことがわかる。感情的な信頼低下の効果に相殺されるほどではないが，認知的な信頼の低下は，これらの政策への選好を大きく変えるには至っていないように思われる。

次に合意争点ではない政策への選好の変化について検討しよう。認知的な信頼が有意な影響を与えていたのは，小さな政府と日米安保への賛否であった[108]。これらの政策選好に対しては感情的な信頼も影響を与える場合があるが，認知と感情とで係数の符号が逆転しているわけではないので，効果の相殺という問題については考慮する必要はない。したがって，1990年代を境とする認知的な信頼の低下は，大きな政府から小さな政府へ，また日米安保（ないしは対アメリカ協調路線）とは異なる政策へという形の政策選好の変化をもたらしたといえる。ただし係数の値はそれほど大きくはないので，社会

表6－7　合意争点に対する信頼の効果の比較：1980年代

		政治改革			社会福祉			核兵器		
		最小値	最大値	増減	最小値	最大値	増減	最小値	最大値	増減
認知的信頼	賛成	86.7	58.2	−28.5	58.4	41.3	−17.1	67.3	48.3	−19.0
	やや賛成	8.6	23.0	14.4	22.8	27.1	4.3	11.4	14.4	3.0
	中間	3.8	14.6	10.8	12.3	19.5	7.1	12.4	19.7	7.3
	やや反対	0.7	3.0	2.3	4.5	8.2	3.8	3.9	7.4	3.5
	反対	0.3	1.3	1.0	2.0	3.9	1.9	4.9	10.2	5.3
感情的信頼	賛成	63.5	80.3	16.8	35.4	56.0	20.7	44.9	63.8	18.9
	やや賛成	20.8	12.3	−8.5	27.4	23.7	−3.7	14.5	12.2	−2.3
	中間	12.2	5.8	−6.4	22.2	13.2	−9.0	20.9	13.8	−7.1
	やや反対	2.4	1.1	−1.4	10.1	4.9	−5.2	8.1	4.5	−3.7
	反対	1.0	0.5	−0.6	4.9	2.2	−2.7	11.6	5.7	−5.9

(108)　1980年代においては自国の防衛力強化に対して有意な影響を与えていたが，1990年代では有意ではなくなっていたので，この点については検討していない。

福祉などと同じく,それほど大きな選好の変化をもたらしたわけではないだろう。

対して感情的な信頼は,貿易摩擦の解消や女性の社会参画(あるいは夫婦別姓)に有意な影響を与えていた。したがってこの信頼が低下すると,さらなる貿易摩擦を招くような政策や,女性の社会参画などを抑止するような政策を支持する有権者が増加する可能性が高くなる。もちろん感情的な信頼は大きく低下しているわけではないので,政策選好の変化が現時点で顕在化しているわけではない。しかし今後,そのような政策が支持されるようになる可能性は否定できないところである。

小 括

本章では,政治への信頼と政策選好の関係について分析した。これまで政策選好の規定要因としては,有権者の属性やイデオロギー,価値観などが議論される傾向にあった。もちろんこれらも政策選好を規定するが,本書が議論の対象とする政治への信頼も政策選好の規定因としては重要である。日本の政治学では,アメリカ政治学のそれに比してこの点に関する実証研究がほとんど蓄積されていない。本章の分析は,日本を事例に,近年の政治への信頼の研究の中で言及されている政策選好と信頼の関連を実証的に明らかにしたものとして,意義があるといえるだろう。

以上にくわえて本章の議論は,認知と感情の2つに信頼を区別することの必要性を,政策選好に対する信頼の効果という側面から明らかにしているという点でも重要である。認知的な信頼と感情的な信頼は,それぞれ異なる政策選好を規定する。さらにいえば,同じ政策選好に対してであっても,認知か感情かでその効果は異なるものとなる。これらの点について先行研究はほとんど言及しておらず,その意味でも本章の知見は意義があるということができるだろう。

政治への信頼の低下は直接的に政策選好の違いをもたらす要因となる。アメリカにおける政府の動向を理解する上で政府への信頼の推移に着目することは有意義であることをヘザリントンは強調するが(Hetherington 2005),それは日本においてもあてはまる。特に近年,なぜこれほどまでに政治・行政改革が有権者から求められているのか,またなぜ政治家や政党は様々な改革

を実行しようとしているのかを知る上で，本章の知見は有益であるように思われる。その傾向は，現状に鑑みるに今後とも続いていくように思われる。

　政治への信頼は，政治システムへの入力としての政党支持，投票行動，政策選好のそれぞれを議論する上できわめて重要である。第4章からこの第6章までの分析は，いわばこの単純ではあるが重要な事実を明らかにした。しかし政治への信頼は，このような政治システムへの入力に対してのみ影響を与えるわけではない。システムからの出力と有権者の関係を議論する上でも，政治への信頼という概念に着目する必要がある。次章では，政治的決定に対する受容的態度への信頼の効果から，この点について検討する。

第7章　信頼と政治的逸脱

　第7章では，政治への信頼と2つの政治的逸脱行動の関係について分析する。第1はデモやボイコットなど，エリート挑戦的な政治参加である。第2は政治的決定に対する受容的態度である。特にここでは後者との関係について詳しく検討する。その背景には，政治への信頼は，政治システムへの入力のみならず，システムからの出力とも関連するという本書の想定がある。分析の結果，感情的な政治への信頼は，政治的決定からの逸脱を抑止し，政府に対する消極的な形での協力を促す効果があることが明らかとなる。

はじめに

　ここまでの議論を通じて明らかにしたのは，主として政治システムへの入力と政治への信頼の関係についてであった。代議制が治者と被治者の自同性を前提とする以上，政治への信頼と支持や参加との関連を明らかにしなければ，代議制の危機について論じることはできない。しかし，政治への信頼はそのような入力に対してのみ影響を与えるわけではないだろう。その対極にあるシステムからの出力とも信頼は関連する。本章ではこの点について検討する。
　政治システムからの出力としての政治的決定と政治への信頼の関係を探る理由は，単にシステムからの出力への政治的態度についても信頼は影響を与えていることを示したいからではない。そうではなくこの点を明らかにすることは，今日における代議制の危機について理解する上で，入力との関連を探る以上に重要だと考えているからである。

有権者が当該システムをもっとも良いとみなすとき，そこには政治的正統性があるといえる（Lipset 1959）。すべての有権者を満足させるような政策など存在しないが，たとえ政府の決定に不満があっても多くの有権者がそれを受容しなければ，政治システムは安定的に機能しない。多くの人々が政府に対する反対運動を繰り広げ，また定められた制度に従わないという状況は，まさに政府が機能不全に陥っている状態を想起させる。政治的正統性はそのような政治からの逸脱（deviance）を抑止する機能があると考えられており，ゆえに政治への信頼の低下が，代議制の危機をもたらすものとして問題視されている。

代議制における政治的な逸脱行動としては次の2つが考えられる[109]。第1はデモやボイコットといった非慣習的参加（unconventional participation）である。第2は政治制度あるいは政治的決定への不服従（disobedience）である。1970年代における統治の危機論では（Crozier, Huntington and Watanuki 1975=1976），参加の噴出という事態が生じていたということもあり，過剰な政治参加が問題視される傾向にあった。先行研究においてもこの非慣習的な参加と信頼の関連については，かなりの知見の蓄積が見られる（Gamson 1968; Finkel 1987; Muller 1977; Muller and Jukam 1977; Barnes and Kaase et al. 1979; Muller, Jukam and Seligson 1982）。

しかしデモやボイコットなどが日常的に行われているわけではない日本において，信頼の低下が非慣習的な政治参加をもたらすという主張は説得力に欠ける。根深い参加拒否意識があるためか（西澤 2004），日本の有権者は投票以外の政治参加にはそれほど積極的ではなく，その参加率は低い水準にある（山田真裕 2008）[110]。

しかしそれは日本人が政府に対して従順であることを意味しない。日本には参加とは異なる形の抗議活動が存在する。それは，政治的決定に対する拒否である。定められたルールに従わないことをもって，ある政策に対して拒否の意向を示すことは，日本では頻繁に見られる光景である。その例として

---

(109) 暴力行為などもここでいう逸脱行為に含まれるが，これは主として非民主主義的な国家において見られる現象である。そのため，本章ではこれを議論の対象としない。

(110) ただし世界価値観調査の結果では，請願書への署名率については高い水準にあることが示されている。

は年金未納問題をあげることができる[111]。これらは，表立って抗議活動を展開するというものではないが，代議制の機能不全を生じさせる行為であることに相違はない。

　日本における政治への信頼低下の帰結としては，デモやボイコットといった非慣習的な政治参加の増加ではなく，この政治的決定に対する拒否，あるいは決定への受容的態度の低下があると考えられる。不平や不満を抱きつつも有権者は消極的な形で政治的決定を受容する。しかし政治への信頼が低下することで，政府の決定に従わない有権者が増えるのではないだろうか。

　ただし，すべての信頼にそのような行動を抑止する効果があるわけではない。政治的決定への受容と関連するのは，特定の政治的対象に向けられる認知的な信頼ではなく，感情的な政治への信頼の方だろう。代議制という政治システムへの一般支持は，政治的正統性の源泉でもある。ゆえに感情的信頼の低下は，決定からの逸脱行動を促進させることになるだろう。本章ではこの点について実証的に明らかにする。

1. 逸脱行動としての政治参加

　多くの有権者が定められた決定やルールに従わない行動をとる場合，政治システムは不安定で非効率的になる。本書ではそのような秩序を乱す政治的な行動を，政治的逸脱行動と呼ぶ。逸脱は主に社会病理の研究において用いられてきた概念であるが[112]，政治行動を分析する際にも用いられることがあ

---

(111) 牛生レバーに対する規制への販売店等の対応も，その1つとしてあげられるかもしれない。牛生レバーの提供に際しては，2012年7月以降，加熱しなければならないことが販売店などでは義務付けられたが，それを遵守しない販売店および消費者が一定程度存在するという報告は多々見受けられる。

(112) 宝月（2004）によれば，逸脱概念の捉え方には次の3つがあるという。第1はある人が社会的に有害な結果をもたらす行為をとった場合などにこの概念を用いるというものである。犯罪行為などがそれに相当する。第2は何らかの規範ないし規則から外れたり，それを無視したりする行為を逸脱と定義するものである。政治制度に対する不服従などがこれに該当する。そして第3に，誰かが特定の行為を逸脱とみなし，そうした認識が社会的に一般化した場合に逸脱とするものである。第1の立場は行為者論的な視角から，第2の立場は構造論的な視角から，第3の立場は相互作用論的な視角から逸脱

たとえばタークは政治犯罪（political crime）を次の4つに分類している（Turk 1984）[113]。第1は異議申し立てであり，現在の権威者などに挑戦し別の制度確立のために運動する行為をいう。第2は回避であり，これは気に入らない現行制度の拘束から逃れようとする行為をいう。第3は不服従であり，これは権威に対して暴力を用いることなく拒否する行為である。第4は，暴力的な破壊行為である。テロや革命などがこれに相当する。これらはいずれも政治的な逸脱行動であるが，本章では第1から第3までについて検討する[114]。

　政治的な逸脱行動を異議申し立て，回避，不服従の3つより構成されるものとして捉えるとき，そこには参加と拒絶の異なる2つの形態が存在することに気付かされる。これらはいずれも公的な制度からの逸脱であり，ゆえに構造論的立場からの捉え方という点では共通しているが，入力に対する反応か，それとも出力に対する反応かという点で異なる。前者には異議申し立てが，後者には回避と不服従が該当しよう。

　政治への信頼の先行研究の中で議論の対象となっていたのは，上記のうち入力に関わる政治的逸脱行動と信頼の関係についてであった。1950年代ないし1960年代に，世界的に参加の噴出という現象が見られたことは広く知られる通りである（Almond and Verba 1963=1974）。当時，選挙での投票のような制度的あるいは慣習的な政治参加が停滞した一方で，より直接的で非慣習的な政治参加が台頭した（Barnes and Kaase et al. 1979）。デモクラシーは，あくまで有権者の積極的な政治参加によって支えられるものであることから，これは必ずしも非難されるものではない。しかしこれらの参加は既存の権威に挑戦するという性質を帯びていたということもあり，政治システムを不安定にさせるという点で多くの論者に危惧を抱かせるものでもあった（Croz-

---

　　　を捉えようとするものだといえる。
　（113）　政治犯罪は，テロなど政府に対する犯罪行為という意味で用いられる場合がほとんどだが，それだけではなく国家による人権の侵害行為のように，一般の市民に対する政府の行為を説明する際にも用いられる広義な概念である（Ross 2012）。
　（114）　暴力的な参加は非民主的な国家において見られるものだからである（Huntington and Nelson 1976）。

ier, Huntington and Watanuki, 1975=1976)。

　これら直接的な政治参加は，当時，政治への信頼の低下を背景に台頭したと考えられていた。すなわち政治への信頼が低下したことにより政治という権威が失墜し，エリート挑戦的な政治参加が台頭するに至ったと説明されてきたのである。そして1960年代あるいは1970年代頃から，この点を実証的に明らかにする研究が行われるようになる（Gamson 1968; Finkel 1987; Muller 1977; Muller and Jukam 1977; Muller, Jukam and Seligson 1980; Ross 1975）。

　ただし日本では，そもそも投票外参加の研究が一部を除きほとんど存在しないということもあり[115]，この点についてはほとんど検討されてこなかった。本書でいう政治的逸脱行動については，むしろ政治学以外の学術領域において研究されてきたといってよい[116]。とはいえこれは，日本の実情を勘案すればそれほど不思議なことではないかもしれない。すなわち日本の政治不信は国際的に見てもかなり高い水準にあるにもかかわらず（Pharr 1997=2002），その一方で投票外参加率の増加が見られないわけだから（山田真裕 2008），わざわざ分析をせずとも両者の間には関係がないといえるのである。

　もちろんマクロレベルの傾向から，ミクロレベルの関係を推論することには慎重になるべきであり，この点は個人を対象とするデータ分析から実証的に明らかにされなければならない。それを前提としつつも，日本には政治参加に対する拒否意識が根深く存在していると考えられ（西澤 2004），ゆえに信頼の低下が上述した直接的な政治参加の台頭をもたらすと主張することは困難であるように思われる。少なくとも，東日本大震災以後に見られるようになった反原発デモのような抗議活動が，日本で日常的に見られるとは考え

---

(115) もちろん，日本で政治参加を研究するものがまったく存在しないわけではない。その例としては蒲島（1988），西澤（2004），三船（2008），山田真裕（2004, 2008）などをあげることができる。しかし，投票以外の政治参加の研究は2000年以降にようやく積極的に行われるようになったこと，また投票行動研究に比してその数が少ないことは事実として指摘することができる。なお，近年のデモに関する研究としては五野井（2012）がある。

(116) 市民運動や社会運動については，社会学者が主に実証研究を蓄積させてきた（社会運動研究会 1990, 1997, 2001；曽良中他 2004）。ただし政治参加研究においてデモやボイコットがとりあげられることはあるので，政治学においてまったく蓄積がないわけではない。

にくい。ゆえに本書ではもう1つの逸脱行動としての政治的決定に対する拒否に注目する。

2. 逸脱行動としての政治的決定の拒絶

　回避や不服従は，いずれも政治システムからの出力を受容しないという行為である。本書が着目するのは，前節で述べた入力的側面における逸脱ではなく，出力との関係の中での逸脱である。いわゆる政治（制度）が求めることに対して応じないという抗議活動は，政府に対する積極的な抗議活動ではないが，重要な意思表明である。さらにいえば，近年の政治への信頼低下を危惧する論者は，それが抵抗的な参加をもたらすこと以上に，回避や不服従といった政府への非協力的な態度を促す側面について問題視している（Nye 1997=2002）。その意味でも，信頼と政治的決定への受容的態度の関係を明らかにすることには意義があると考えられる。

　政治への信頼は，政治的正統性を構成する一要素としてこれまでみなされてきた。とりわけ感情的な政治への信頼は，代議制あるいは政治全体に対する信頼という特徴を有しており，支持を継続的に創出する貯蔵庫のようなものだと議論されてきた（Easton 1965）。その背景には，なぜ多くの有権者は，政治に対して不信や不満を抱きつつも，政治的決定に抗うことなくそれを受容することが多いのだろうかという疑問がある。その解答として提示されたのが，支持の貯蔵庫としての一般支持であったことは，これまでの議論を通じて示してきた通りである。ここより政治への信頼には，政治的逸脱行為の顕在化を抑止するような効果があると考えられる。

　ただし，すべての信頼にそのような効果が存在するわけではない。換言すれば，特定の対象への認知に基づく信頼については，上述した効果があるとはいえない。政治的決定への受容的態度と関連するのは，認知ではなく感情的な政治への信頼に限定されるだろう。

　本書のいう認知的な信頼は第1章で述べているように，何らかの自己利益に基づく道具的な意味での信頼である。自身にとって，ある政治的決定ないしは政策が有用だから，時の政権を支持し信頼する。そのように考えると，認知的な信頼が政治的決定の受容を促すとは考えにくい。政治的正統性に基づく決定の受容とは，あくまで不平や不満を有する中で，それでもなお決定

を受容する行為をさす。そこで想定されている信頼とは，表層的な信頼とは区別される普遍的な信頼であり117，ゆえに認知的な信頼にはそのような効果があると考えられない。

感情的な信頼は，代議制という政治システムに対する確信とでもいうべき無自覚的な信頼である。この信頼は，自身が不利益を被る政策が実施されたとしても，中・長期的には利益をもたらし得るだろうという期待を創出する（Gibson, Caldeira and Spence 2005）。逆にいえば，何らかのシステム上の不都合が生じたとしても，それとはかかわりなく支持を創出するからこそ，一般支持は支持の貯蔵庫といえるのである。

以上にくわえて第1に感情的な信頼がすべての政策決定に対してそれを受容させるような効果を有するわけではないこと，第2に政治的決定に対して拒否や拒絶をしないということは必ずしも政府に対する積極的な協力を意味するわけではないという2点にも注意する必要がある。

どのような政策であっても，それに対して不満を抱く人もいれば，逆に満足する人もいる。すべての人々に不満を抱かせるような政策などないし，逆に満足させる政策もない。このように政策に対する捉え方は有権者ごとに異なると考えられるが，相対的には不満を抱かれやすい政策とそうではない政策とに大別することができるだろう。たとえば，消費税率をあげるという決定は，それに対して満足する有権者が多くないという意味で相対的には不満を抱かれやすいものだといえる。これまでの議論の内容に鑑みれば，政治への信頼がその効力を発揮するのは，このような不満を抱かれやすい政策に限られるように思われる。なぜならここでの議論は，あくまで不平や不満があることを前提とするものだからである。

また，政治的決定を受容するということは，政府に対する積極的な志向性を意味するわけではない点にも注意する必要がある。決定を受容するということは，あくまで出力された決定に対してどのように反応するかという問題である。ゆえにそれは必然的に，受動的なものになりやすい。もちろん，す

---

(117) 第1章で検討したミラーとシトリンの論争は（Miller 1974a, 1974b; Citrin 1974），まさにこの点について争われたものであったことを想起されたい。ミラーは表層的な不信の増加であっても問題だということを論じていたわけではない。あくまで政府への信頼は一般支持の低下を意味すると考えたからこそ，この信頼の低下を問題視したのである。

べての決定の受容が消極的であることを主張しているわけではない。たとえば政策実施に対する積極的な協力は，政治的決定を積極的に受容する行為だといえる。しかし前節で述べたように，そのような行為が顕在化することは，日本では希である。

　年金未納問題を例に，この点について詳しく考えよう。年金制度に対する不満が鬱積している点は，既に多くの世論調査から明らかにされている。先行きの見えないこの制度に対して，制度破綻をきたしているとの認識には根強いものがある。他方でそのような認識を抱きつつも年金を払い続けている人は多い。それは明らかに政府に対する協力行為を意味するが積極的な行為だとはいえない。あくまで政治的な秩序から逸脱することを避けるという，消極的な意味での協調行為であるに過ぎないように思われる。

　決定を回避（拒否）しないという行為は，それを受容するという点で，たしかに政府に対する協力の1つだとみなせる。しかしその背後にある動機の違いによって，決定への拒否が意味するところは異なるものとなる。協力行為の背景には，「カプセル化された自己利益としての信頼論」のような積極性が含意されている場合もあれば，そうではなくしぶしぶ協力するというような消極性が含意されていることもある。感情的な政治への信頼の効果を議論する上で重要となるのは，前者ではなく後者である。すなわちここから感情的な政治への信頼は，積極的というよりも消極的な意味での協力行為を促すものだと考えられる。

3. 信頼とエリート挑戦的政治参加の分析

　本節では，2つの政治的逸脱行為のうちの1つであるエリート挑戦的な政治参加と政治への信頼の関係について分析する。1. では，日本では政治への信頼の低下がこれらの政治参加の台頭をもたらす可能性は低いことを指摘したが，それは実証的に支持されるのだろうか。この点について確認することが，本節の目的である。

　ここで用いるデータはJABISSとJSS-GLOPEの2つである[118]。1970年代と2000年代という調査時期が大きく異なるデータを用いた分析から共通する知

---

　(118)　JESとJESⅡを用いた分析としては山田真裕（2002b）がある。

見が得られたなら，ここでの結果は頑健だと主張することができるだろう。

推定に用いる従属変数は，1) 市民・住民運動への参加，2) デモやボイコットへの参加，3) 地域の問題解決活動への参加，4) 請願書への署名の4つの政治参加である。質問文ないし質問形式はJABISSとJSS-GLOPEで異なっているものの，ともに上述した4つの政治参加について，それぞれどの程度参加していたかが尋ねられている。なお，回答はいずれも「1　頻繁に参加している」から「3　まったく参加していない」までの3点順序尺度である。このように従属変数が順序尺度であるため，ここでは順序ロジットを用いて推定を行う。なお，解釈を容易にするため，値を逆転させている。

独立変数は認知的な信頼と感情的な信頼である。また，これまでの分析と同様に，性別，年齢，教育程度の3つの人口統計学的変数と，政治関心および政治的有効性感覚の2つの心理変数の効果を制御した状態で，政治への信頼の効果を推定する。

改めて先行研究の主張について述べれば，政治への信頼の低下が直接的な政治参加の台頭をもたらしたというものである。したがってこの仮説が支持されるのなら，認知であれ感情であれ，信頼が高くなるほどエリート挑戦的な政治参加の頻度は低下するという結果が示されることになる。それに対して政治への信頼はこれらの政治参加に影響を与えていない，あるいは信頼が高いほどより積極的に参加するという結果が示された場合は，上記仮説は棄却されることになる。

まずはJABISSを用いた分析の結果から確認しよう。表7－1は順序ロジット推定の結果を整理したものである。まず認知的な政治への信頼の効果について見ると，いずれの政治参加に対しても統計的に有意な影響を与えていない。係数値も総じて小さな値を示しているので，両者の間には関係がないと見てよいだろう。次に感情的な信頼の効果については，デモやボイコットへの参加を除き統計的には有意ではないという結果が示されている。また有意な結果が示されたデモやボイコットへの参加に対する効果についても，係数の符号は正であり，これは信頼が高いほどデモやボイコットに参加するという結果である。

なお，統計的に有意ではないがそれぞれの係数の符号について確認しておこう。認知的な信頼も感情的な信頼も，ともに政治参加に対して正の方向での影響を与えている。先行研究の仮説が支持されるなら係数の符号は負でな

表7-1　直接的な政治参加の規定要因：1976年

	市民運動	地域の問題解決	請願書へ署名	デモやボイコット
認知的信頼	0.100	0.559	0.119	0.377
感情的信頼	0.089	0.119	0.817	1.049†
性別	0.725*	0.797**	0.919**	1.113**
年齢	−0.001	0.017†	−0.006	−0.031*
教育程度	−0.135	0.082	−0.123	0.201
政治関心	0.313*	0.261†	0.569**	0.565**
有効性感覚	0.091	0.063	0.046	0.043
保革イデオロギー	−0.128	0.151	−0.052	−0.528*
カットポイント1	3.231**	4.661**	4.933**	3.839**
カットポイント2	3.958**	5.365**	5.798**	4.495**
N	631	629	630	630
対数尤度	−267.99	−329.22	−212.39	−222.46
疑似決定係数	0.031	0.050	0.054	0.102

注）数値は偏回帰係数。†：$p<0.1$，*：$p<0.05$，**：$p<0.01$で統計的に有意

ければならない。無論，有意ではないので正負を判断することはできないが，この結果は日本におけるエリート挑戦的参加の論理が諸外国のそれとは異なる可能性があることを示すものだといえる。

　表7-2は，JSS-GLOBEを用いて，同様の推定を行った結果を整理したものである。表7-1の結果とはやや異なるが，政治への信頼の低さがエリート挑戦的な政治参加の台頭をもたらすわけではないという点は共通している。

表7-2　直接的な政治参加の規定要因：2003年

	請願書に署名	デモや集会への参加	住民運動	自治会活動
認知的信頼	0.165	0.588*	0.276	0.340†
感情的信頼	0.442†	0.491	0.098	−0.006
性別	−0.354**	0.674**	0.228†	0.075
年齢	0.008†	0.017**	0.013**	0.026
教育程度	0.045†	0.020	0.060*	0.039†
政治関心	0.478**	0.466**	0.439**	0.322**
有効性感覚	0.096*	0.122*	0.066	0.055
保革イデオロギー	−0.066*	−0.211**	−0.036	−0.047
カットポイント1	2.740**	4.583**	3.888**	3.059**
カットポイント2	3.665**	5.280**	4.594**	3.832**
N	1367	1368	1365	1366
対数尤度	−1313.52	−669.80	−1087.46	−1308.94
疑似決定係数	0.037	0.074	0.035	0.037

注）数値は偏回帰係数。†：$p<0.1$，*：$p<0.05$，**：$p<0.01$で統計的に有意

以下，結果について詳しく考察していく。

第1に住民運動や市民運動への参加については，認知・感情ともに統計的に有意な影響を与えていない。第2に自治・町内会活動への参加に対しては，認知的な信頼が有意な影響を与えている。ただし係数の符号の向きは正であり，信頼が高いほどより参加するという結果である。第3に請願書への署名については感情的な信頼のみが有意な影響を与えている。しかしこれも係数の符号の向きは正であり，先行研究とは異なる結果だといえる。第4にデモやボイコットへの参加に対しては認知的な信頼が有意な影響を与えている。ただし係数の符号の向きは正である。

以上の推定結果は，日本では政治への信頼の低下は，非慣習的な政治参加の台頭とほとんど関係がなく，仮にあったとしてもそれは非慣習的な政治参加率の増加ではなく減少をもたらすことを示すものである。日本では認知であれ感情であれ，信頼するほど政治に参加するという傾向が見られ，それは投票外参加においても例外ではない。日本における政治への信頼は，投票外参加を促す資源としての役割を果たしているようである。

4. 信頼と政治的決定に対する受容的態度の分析

前節の分析を通じて，逸脱行動としての直接的な政治参加の台頭と政治への信頼低下の間には，それほど明確な関連がないことを示した。本節では再びJABISSとJSS-GLOPEの2つのデータを用いた分析より，もう1つの逸脱行動としての政治的決定への受容的態度（拒否）と信頼の関係について分析する。

従属変数について説明しよう。JABISSには，ある仮想的な状況を想起させた上で，そこで下される決定について，いかに自身が対応するかに関する質問が用意されている。具体的には，1）電気等の節約，2）立退きの依頼，3）生活必需品の配給，4）賃上げ等の抑制のそれぞれについて，協力するか抵抗するかが尋ねられている。仮想的な出来事への対応ということもあり，厳密な意味での協力行為ではないが，本書の仮説を検討するための質問として用いることができる。またJSS-GLOPEでは，年金制度に限定した上で，保険料を支払うかどうかが尋ねられている。あくまで年金の支払いという限られた協力行為について尋ねるものだが，本書の仮説の妥当性を検討する質問とし

図7－1　政治的決定の受容に関する操作的定義

【JABISS】
1. もし国や自治体が，あなたにエネルギー節約と汚染解消のために電気・水道・ガスなどの消費をできるだけ節約するようにといってきたら，あなたはどうしますか
（1）何らかの形で抵抗する　（2）仕方なく協力する　（3）積極的に協力する

2. 国や自治体が，重要な公共事業のため正当な補償を条件にお宅の立退きを求めてきた場合，あなたはどうしますか

3. 国が買占めや売り惜しみを強く取締まらないでおいて，米・砂糖・紙製品などの生活必需品を配給にしたらあなたはどうしますか

4. インフレで物価高騰の恐れが強いとき，政府があなたやあなたのご家族にこれまでの収入で我慢して，賃上げや商品の売値の改定を控えるようにといってきたらあなたはどうしますか

【JSS-GLOPE】
最近，国民年金の保険料を払わない人が増えていることが，よく報道されています．あなたはこのことについて，どのようにお考えですか．ご自分で国民年金の保険料を支払う立場にいるとして，この中から1つ選んでください

（1）保険料の支払いは，義務だから支払う
（2）たとえ受取額が少なくなったとしても，老後の年金は必要だから支払う
（3）未払い者が増加すると，将来の自分の受取額が少なくなるが，それでも老後の年金は必要だから支払う
（4）未払い者が増加すると，国民年金の仕組みが破綻するおそれがありそれを防ぐためにも支払う
（5）未払者が増加すると国民年金の仕組みが破綻し年金を受け取れなくなるおそれがあるので，自分も支払わない
（6）将来のことはまったくわからないので支払わない

ては有益である。なお，それぞれの操作的定義は図7－1に記す通りである。

　次に分析手法について説明する。第1にJABISSを用いた推定では，一般化順序ロジットによる推定を行う。その理由は，本書では感情的な信頼が規定するのは，積極的な政府への協力行為ではなく，消極的な意味での協力に限定されると考えているからである。各順序カテゴリを選択する係数の傾きが同一であることを仮定しない一般化順序ロジットは，その意味で本書の仮説を検証する上で適切な手法だといえる[119]。

（119）　順序ロジットは，従属変数の各カテゴリに対する独立変数の効果が同一であることを仮定した上で推定を行う。これを一般に並行性の仮定というが，一般化順序ロジットはこの仮定を緩和しているため，各カテゴリに対す

第2にJSS-GLOPEを用いた推定では，回答が名義尺度であるため，多項ロジット推定を行う。ただし，多項ロジットは，ある回答を選択する確率が他の回答を選択する確率とは無関係であることを仮定した上で，独立変数の効果を推定する。その際，回答を「義務だから支払う［1］」，「必要だから支払う［2］と［3］」，「破綻を防ぐためにも支払う［4］」，「支払わない［5］と［6］」にまとめた上で，推定を行う[120]。

　表7-3は，JABISSを用いた推定の結果を整理したものである。賃上げの抑制を除き，概ね本書の仮説を支持する結果を得ることができた。従属変数ごとに推定結果について確認すると，第1に電気等の節約に関しては，感情的な信頼のみが統計的に有意な影響を与えている。ただし，消極的な協力を促進する場合にのみ有意な影響を与えており，積極的な協力については有意な影響を与えていない。第2に立ち退きへの協力についても，10％水準ではあるが，感情的な信頼が有意な影響を与えている。これについても，消極的な協力のみを規定しており，かつ認知的な信頼は有意な影響を与えていない。第3に配給化への協力についても，これまでの結果と同様に，感情的な信頼のみが消極的な協力のみを促すという結果が示されている。第4に，賃上げへの協力については，認知・感情ともに有意な影響を与えていない。

　以上の推定結果は，認知的な信頼は逸脱行動としての政治的決定への不服従ないしは拒否とほとんど関連がなく，これと関係するのは感情的な信頼のみであることを示すものだといえる。積極的な協力に対しては，それを促すような効果を有しているわけではなく，感情的な信頼のみが消極的な協力を促していた。JABISSを用いた推定の結果は，概ね仮説を支持するものだといえるだろう。

　　る独立変数の傾きが異なるのかどうかを分析することができる。本章の仮説は，積極的な協力は促さないが消極的な協力は促すというものであり，いわば従属変数の各カテゴリに対する信頼の影響が異なることを主張するものである。ゆえにここでは一般化順序ロジットを用いて推定を行う。
（120）　IIAの仮定を満たすものではないため，推定結果にはいくらかのバイアスがかかることになってしまうが，分析結果をわかりやすく示すために，ここでは多項ロジットを用いている。結果の頑健性については，多項ロジットと同じカテゴリを基準とするロジット推定を行うことで確かめているが，結果はほとんど変わらなかったことをここに記しておく。

表7-3　政治的決定に対する受容的態度の規定要因

		電気の節約	立ち退き	配給	賃上げ
抵抗→消極的	認知的信頼	0.549	−0.111	0.386	0.561
	感情的信頼	0.866*	0.536†	0.852**	0.097
	性別	0.159	0.706**	0.300	0.049
	年齢	0.020	0.004	0.033**	0.025**
	教育程度	−0.023	0.144	−0.110	0.052
	政治関心	−0.047	−0.142	−0.418**	−0.357**
	有効性感覚	−0.042	0.046	0.096	0.240**
	保革イデオロギー	0.106	0.282*	0.441**	0.528**
	定数	0.707	−0.473	−3.079**	−2.576**
消極的→積極的	認知的信頼	0.042	−0.015	−0.349	0.214
	感情的信頼	0.298	0.176	0.840	−0.811
	性別	0.024	0.492†	0.455	−0.316
	年齢	0.000	−0.012	0.024	0.022
	教育程度	0.167	−0.201	0.208	−0.029
	政治関心	0.275**	0.365*	−0.232	0.186
	有効性感覚	0.024	0.097	0.099	0.223†
	保革イデオロギー	0.190†	0.326*	0.706*	0.388†
	定数	−1.875**	−3.196**	−6.800**	−5.108**
	N	611	568	576	558
	対数尤度	−541.56	−531.82	−390.11	−430.47
	疑似決定係数	0.027	0.037	0.096	0.081

注）数値は偏回帰係数。†：p<0.1，*：p<0.05，**：p<0.01で統計的に有意

同様のモデルを用いて，上記の傾向は2000年代においても見られるのかを分析した。その結果を整理したのが表7-4である。なお，従属変数の基準カテゴリは「支払わない」である。有意水準が10％と必ずしも満足できる結果だとはいえないが，感情的な信頼が高くなると「必要だから」といった形の消極的な協力を選択する確率が高くなることが示されている。「義務だから」というような，どちらかといえば積極的な

表7-4　年金制度に対する受容的態度の規定要因

	義務だから	必要だから	破綻を防ぐ
認知的信頼	0.518	0.382	0.456
感情的信頼	0.387	0.850†	0.728
性別	−0.412†	−0.607*	−0.608*
年齢	0.030**	0.022**	0.015**
教育程度	0.016**	0.041*	0.035
政治関心	0.005	0.094	0.099
有効性感覚	0.181†	0.249**	0.471**
保革イデオロギー	0.038	0.013	−0.001
定数	−0.892	−1.345	−2.632*
N		1145	
対数尤度		−1315.67	
疑似決定係数		0.027	

注）数値は偏回帰係数。†：p<0.1，*：p<0.05，**：p<0.01で統計的に有意

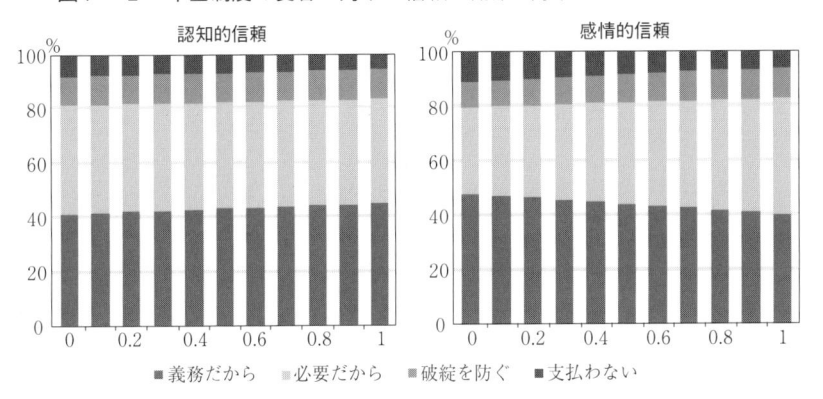

図 7 − 2　年金制度の受容に対する信頼の効果（事後シミュレーション）

認知的信頼　　　　　　　　　　　　　感情的信頼

■義務だから　■必要だから　■破綻を防ぐ　■支払わない

協力に対しては，感情的な信頼は有意な影響を与えていない。くわえて，認知的な信頼は，どの選択肢に対しても有意な影響を与えていない。年金制度を例にとった分析でも，本書の想定と一致する結果が得られたといえる。

　以上の結果がいかなる意味を有するのかについて，事後シミュレーションを行うことで具体的に説明することにしよう。図 7 − 2 にその結果を整理している。認知的な信頼の効果について整理した左の図について見ると，信頼が増加しても従属変数の選択確率がまったく変化していないことがわかる。これは認知的な信頼の高低が，年金制度を受容するかどうかという意思決定とは関係ないことを示している。次に感情的な信頼の効果を整理した右の図では認知的な信頼とは異なり，感情的な信頼の値が高くなるほど，「必要だから」支払うという回答を選択する確率が高くなっていることがわかる。これは，感情的な信頼が，たとえ消極的な形であっても政治的決定を受容するという，政府に対する協力を促す効果を有していることを示す結果だといえる。

5. 信頼低下の帰結について考える：なぜ政治への信頼は重要か

　一般に政治への信頼は，代議制という政治システムを機能させる上では欠かすことのできない資源だと説明される。しかし他方で，具体的にこの信頼がいかなる意味で代議制にとって重要なのかは不明瞭であったし，また日本において，この点を明らかにする実証分析が十分に蓄積されてきたわけでも

なかった。そのような問題意識を背景に，政治への信頼が何にどのような影響を与えるのかという観点から，信頼はどのような意味で代議制にとって重要だといえるのかという問いに対してこたえることが，この第Ⅱ部の目的であった。

　政治への信頼といっても，それが特定の政治的対象に対する信頼か，それとも代議制全体に対する信頼かによって従属変数に与える影響は大きく異なる。政治への信頼低下の帰結について考察するには，何よりもまずこの信頼の質的相違に伴う効果の違いを考慮しなければならない。

　まずは1990年代を境に急激に低下した認知的な信頼の帰結について考えよう。この信頼が主として時の政権（政党）に対する信頼を意味していたことは，これまでの実証分析の結果を通じて明らかにした通りである。日本の政治的文脈に照らし合わせていうなら，この信頼は主に「自民党による政治」に対する信頼を意味していたのではないだろうか。ゆえに認知的な信頼の低下は，代議制というよりも，自民党政治の崩壊を生じさせるきっかけとしての意味をもっていたと考えられる。自民党から民主党へという政権交代が行われたのは2009年であるが，そのための有権者の側の準備は，既に1990年代には整っていた。そしてこれこそが，まさに1990年代に生じた信頼低下の帰結であったと考えられる。

　この点について詳しく説明しよう。まず政党支持との関連でいえば，認知的な信頼は，支持政党の有無よりも方向性とより関連しており，特に自民党への感情温度と強い関連を有していた。政策選好との関連についても，認知的な信頼の高さは自民党が推し進める政策への選好や，政治・行政改革のような自民党政治の瓦解を導くような政策への選好と関連する。認知的な政治への信頼は，その意味で「自民党による日本政治」を支える有権者の側の心理的な基盤であったと考えられる。

　認知的な政治への信頼は，上述した政党支持や政策選好のような有権者の内的な心理的側面とのみ関連するわけではなく，投票行動のような行動的側面とも関連を有する。投票行動には，投票に参加するかどうかとどの政党に投票するかという2つの異なる意思決定が存在するが，認知的な信頼が主として関連するのは後者である。つまり，認知的な信頼の低下は，意識と行動の両側面において，自民党政治の衰退をもたらす要因となっていた。

　ただし，投票行動は政治への信頼のような心理要因によってのみ規定され

ているわけではないし，さらにいえば選挙制度や時の政治状況によって大きく異なる。とりわけ政治状況が混乱している中では，（感情的な信頼もそうであるが）認知的な信頼が与える効果はかなり限定的なものとなる。したがって認知的な信頼が低下したからといって，すぐに政権交代が生じると主張することはできない。あくまでその「下準備」としての意味は十分にあるというのが，これまでの分析結果より導き出される含意である。

他方の感情的な信頼の低下についてはどうだろうか。この信頼は，認知的な信頼の低下と比較してそれほど低下しているわけではなく，その意味で信頼低下の帰結について考察する必要はないともいえるが，第3章で論じたように1970年代以降，徐々にではあるが低下している。ゆえに，この信頼の低下の帰結についても検討しておく必要はある。

第Ⅰ部を通じて明らかにしたように感情的な信頼は，代議制の政治的正統性を支える政治意識である。そのことはこれまでの実証分析の結果からも十分に示し得たのではないだろうか。つまり感情的な信頼はどの政党を支持するか以上に，そもそも政党を支持するかどうかを規定する。同様に投票行動についても，どの政党に投票するかというよりも，投票に参加するかどうかを規定する。ここから感情的な信頼の低下は，いわゆる「政治離れ」を促進する一要因になると考えられる。

また，以上のような政治システムへの入力的側面だけではなく，システムからの出力とも感情的な政治への信頼は関連を有する。ある政策決定を有権者が受容するかどうかは，代議制というシステムをどの程度信頼できるものとみなすかにかかっている。ゆえに感情的な信頼の低下は，そのような政治的決定からの逸脱者の増加を，その帰結として生じさせることになる。

もっとも，何度も述べているように，感情的な政治への信頼は依然として高い水準にある。くわえて，この信頼は急激に低下しているわけでもない。したがって上記の問題がすぐに顕在化するとは考えられないが，他方で1970年代以降，徐々にこの信頼が低下していることもまた確かである。もしこの低下傾向が中・長期化することになれば，先に示した問題が顕在化することになるだろう。

小 括

　本章では，政治的逸脱行動と政治への信頼の関係について分析した。先行研究では，信頼の低下はエリート挑戦的な参加の台頭をもたらすことが説明されてきたが，日本ではこのような傾向が生じる可能性は低い。直接的な政治参加に対する拒否反応を示す人が多い日本の実情に鑑みれば，もう1つの逸脱行動である政治的決定への拒絶との関連について検討すべきではないか。そのような問題意識に基づき，本章では政治への信頼の低下と直接的な政治参加の台頭の間には関連がないことを示した上で，感情的な信頼が政治的決定を消極的な形で受容させることを実証した。必ずしも十分に満足できる結果が得られたわけではないが，JABISSとJSS-GLOPEを用いた分析の結果は，本書の仮説が概ね支持されることを示すものであった。

　序章で述べたように，今日における代議制の危機は，1990年代以降の政治への信頼の低下を背景に主張されている。本書は，この主張への疑問を出発点に政治への信頼についての分析を行うこともそこでは述べた。なぜ政治への信頼が低下しているにもかかわらず，日本の代議制は維持されているのか。あるいはなぜ日本の有権者は，代議制という政治制度に疑問を抱かないのだろうか。このパズルを解く鍵は第Ⅰ部と第Ⅱ部から明らかにした知見の中にある。

　端的にいえば，信頼低下を背景に代議制の危機を標榜する論者が見ていたのは，政治システムの安定性や効率性を支える感情的な政治への信頼ではなく，認知的な信頼の低下であった。それゆえに，政治への信頼の低下が代議制の倒壊に結びつかないのである。WVS型の信頼の操作的定義（政治的信頼指標）が，感情ではなく認知に近いものであることは，第2章の検討を通じて明らかにしている。認知的な信頼はあくまで「現政権に対する支持」であり，代議制や政治システム全体への支持ではない。認知的な信頼低下の帰結が代議制の危機とはまた別の次元で生じていたことは，これまでの実証分析を通じて明らかにした通りである。

　第3章で示した通り，感情的な信頼は高い水準にある。この点を勘案すれば，代議制がすぐさま危機的状況に陥るとは考えられないが，仮に感情的な信頼が中・長期的に低下した場合，政治システムは機能不全を起こすことと

なる。その時，多くの論者が指摘する代議制の危機がおとずれることになるだろう。感情的な信頼は1970年代以降，徐々に低下してきているが，その傾向は今後とも続くのだろうか。それを知るには，政治への信頼の変動要因について理解する必要がある。この問題については，第Ⅲ部で分析する。

第Ⅲ部　信頼の変動要因

第8章　政治的事件の発覚と信頼

　本章では，政治への信頼の低下をもたらす政治的事件の発覚の効果について分析する。政治への信頼の低下をもたらす要因としては，経済状況の悪化や価値観の変動などが，これまで指摘されてきた。その中でも政治家の汚職や不正の発覚は，政治への信頼の著しい低下をもたらすことが知られている。本章では，戦後の日本における重大な汚職事件であるロッキード事件をとりあげ，これが政治への信頼にどのような影響を与えたのかを分析する。その作業を通じて，認知と感情とではその変動要因が異なることを示す。

はじめに

　政治への信頼を規定する要因としては様々なものがあげられる。政府の実施する政策が有権者の意向からかけ離れたものである場合，有権者は政治に対する信頼を失うことになるだろう。また経済状況への認知も，政治への信頼を規定する要因としては重要である (Hetherington 2005)。価値観の変動も，信頼低下の原因を議論する上では重要であろう。いわゆる価値観の脱物質主義化が信頼の低下と関係があることは，既に国際比較世論調査を用いた分析からも明らかにされているところである (Inglehart 1977=1978, 1990=1993, 1997; Inglehart and Welzel 2005)。さらに社会関係資本の低下やニュース報道のあり方も政治への信頼の低下をもたらす一要因だと考えられている (Cappella and Jamieson 1997=2005; Putnam 1993=2001, 2000=2006)。

　汚職や不正といった政治的事件の発覚は，これらの中でも特に政治への信頼の低下をもたらすものだといえる。政治家のスキャンダルの発覚は，マス

メディアが積極的に報道するという事情もあって，有権者の政治意識に多大な影響を与える。他方の政治家も，スキャンダルの発覚は直接的に自身の進退や再選可能性に影響を与えることからその防止に尽力する。汚職や不正の発覚が政治への信頼の低下をもたらすという主張は，いわば新鮮味のない「当たり前」の事実として認識されている。

ロッキード事件は，数ある日本の政治的事件の中でも，特に大きな影響を有権者に与えた事件であったと考えられる。もちろん昭電汚職（疑獄）や黒い霧事件など，世間をにぎわせた汚職や不正はロッキード事件が発覚する前にも多数存在する。しかしそれらはあくまで国内での事件に留まっており，ロッキード事件のような国際的な汚職事件をそれまで日本の有権者は経験してこなかった。

ロッキード事件の発覚は，一般的には政治への信頼の低下をもたらしたと考えられているが，本書は，この事件の発覚がすべての信頼に影響を与えたわけではないと考える。認知的な信頼は，その呼称に示されているように，現実政治への認知や認識に基づく信頼である。ゆえにこの意識は政治的事件の発覚の影響を多分に受けると考えられる。しかし感情的な信頼については，必ずしもそうではない。なぜなら，この信頼はあくまで代議制への規範意識だからである。

感情的な信頼が高い人は，政治システムに対して永続的な支持を調達する「貯蔵庫」としての役割を果たす。そのため，政治的な事件が発覚するたびにこの信頼が低下していては，政治システムは事件が生じるたびに破綻してしまうことになる。逆にいえば，そのような認知の影響を受けないからこそ，感情的な信頼の高い人は支持の「貯蔵庫」となり得る。いずれにせよ，感情的な信頼に対する政治的事件の発覚の効果は，それほど大きくはないと予測される。

ロッキード事件の発覚が認知と感情のそれぞれに与えた影響を分析することで，両者の変動要因が異なることを明らかにすることができる。仮にロッキード事件が認知的な信頼に影響を与える一方で，感情的な信頼にはそれほど影響を与えていないことが明らかとなった場合，政治状況への認知と感情の因果関係は希薄だと主張できるだろう。ロッキード事件はいわば「決定的事例（crucial case）」に相当するものであり（Eckstein 1975），ゆえにこの事件の効果を明らかにすることで，両者の変動要因が異なることを示すことが

できると考える。

　もっとも，ここで用いるデータは横断的調査でありパネル調査ではない。意識変動を直接的に分析できるのは後者である。しかしいくつかの条件を仮定することで，横断的調査を用いた分析であっても，ロッキード事件が信頼にどのような影響を与えたのかを推論することは可能である。本章ではJABISSを用いて，政治的事件の発覚の効果を分析する。

1. 汚職・不正認知のインパクト

　政治的事件の発覚が有権者の政治意識，とりわけ政治への信頼に影響を与えることについては既に多くの研究で実証されている。不正を行っていることが発覚した候補者の得票率が以前の得票率に比して激減することは，直観的にではあっても理解できるところであるし，事実，そのような傾向が存在することを示唆する研究は多い（Abramowitz and Segal 1992; Peters and Welch 1980; Welch and Hibbing 1997）。政治的事件の発覚は，政治家の進退や再選可能性に多大な影響を与えるため，落選を防ぐために政治家は，自身の誠実さを有権者に積極的にアピールする誘因をもつ（Jacobson and Dimock 1994）。

　日本でも「政治とカネ」の問題についての批判的報道は多く，政治家もこの問題については敏感である。近年における大規模な政治制度改革として知られる選挙制度改革も，「政治とカネ」の問題を解決するための改革であったことはよく知られている。1993年の衆議院議員総選挙後，細川内閣が発足したことを受け，日本では衆議院の選挙制度が中選挙区制から小選挙区比例代表並立制へと変更された。その背景には政・官・財の「鉄の三角形（iron triangle）」の存在と[121]，中選挙区制下の選挙では多額の資金が必要だったという2点があった。

　汚職や不正といった政治的事件の発覚が政治への信頼にどのような影響を

---

(121)　ある特定の政策領域において，（族）議員，官僚，業界団体が相互に依存しているような状態を鉄の三角形という。鉄の三角形の特徴は，相互依存の関係性により生じる安定性とその閉鎖性の2点にあるが，中選挙区制を採用することによって生じる「セクター割」が（建林2004），このようなネットワークを構築するに至る要因の1つであった。

与えるのかは，これまで様々な方法から明らかにされてきた。それらは，マクロ（集合的）なデータを用いるものと政治意識調査を用いるミクロレベルの分析とに大別される。前者は主に時系列分析から政治的事件発覚の効果を明らかにするものであり，後者ではどのような属性の人が汚職や不正を認知しやすいのか，またそれらを認知している人は信頼が高いのか低いのかが分析される。

マクロレベルの分析では，上述の通り時系列分析から政治的事件発覚の効果について分析がなされている。政治的事件をどのように操作化するかは研究者によって異なるが，総じて政治的事件の発覚は信頼を有意に下げることが実証されている（Chanley et al. 2000; Keele 2007; Hetherington and Rudolph 2008; 善教 2009b）。アメリカではウォーターゲート事件やジム・ライト（Jim Wright）スキャンダルの発覚などが，日本では佐川急便事件などの発覚が，政治への信頼を有意に下げている[122]。

このようにマクロレベルの分析からは常識的な見解と合致する結果が得られてはいるが，他方で次の2点の問題があることには注意しなければならない。第1にすべての政治的事件の発覚が政治への信頼の低下をもたらすわけではない。信頼を下げる効果が見られるのは，マスメディアが頻繁に報道し，かつ有権者の認知度合いの高い政治的事件に限られるだろう[123]。第2にマクロレベルの分析は，有権者全員に対して政治的事件の発覚は一律の影響を

---

(122) ウォーターゲート事件とは，1972年に発覚した共和党政権による不祥事である。当時の野党（民主党）の本部が存在していたウォーターゲートビルに盗聴器の設置を試みた不法侵入者の逮捕をきっかけに，共和党政権，とりわけニクソン大統領がこれに関与していたことが明るみに出た。ニクソン大統領は，この事件をきっかけに任期途中であるにもかかわらず辞任することとなる。またジム・ライトスキャンダルとは，下院議員であったジム・ライトが，1988年より始まる倫理委員会での調査をきっかけに，多額の不正な金銭を妻と共に得ていたことが発覚し，結果として辞任に追い込まれた事件である。そして佐川急便事件とは，1992年，当時の自民党の副総裁であった金丸信が，佐川急便から多額の不正献金を受けていたことが発覚し，最終的には辞職に追い込まれた事件である。なお，佐川急便事件は，1993年以降の政界再編のきっかけであったと一般的には説明されることが多い。

(123) ただし，どの事件の認知度合いが高いのかをアプリオリに定めることはできないという問題はある。

与えることを仮定している。態度を変えやすい有権者もいればそうではない人もいるが、マクロレベルの分析はこの差異をあまり検討していない[124]。

上述した第2の点について、より詳細に検討しているのがミクロレベルの分析である。そこでは誰が政治的事件を認知するのか、また政治的事件への認知は信頼とどのような関係にあるのかといった点が分析されている。

政治的事件に反応する人もいれば反応しない人もいる。いわば政治的事件の効果には個人差が存在するわけだが、教育程度の高い人ほど、また、収入が多い人ほど政治的事件をより認知することが知られている（McFarland 1984; Redlawsk and McCann 2005）。また、政党帰属意識の違いも重要とされており、自身の帰属する政党の候補者の事件の場合、その認知度合いは低くなる（Druckman, Jacobs and Ostermeier 2004）[125]。

とはいえ、汚職や不正が有権者に認知されると、ほとんどの場合政治への信頼は低下する。この点はマクロレベルの分析もミクロレベルの分析も共通している。公職者は不正を行うことが多いという主観的認知は有意に政治への信頼を低下させる（Espinal, Hartlyn and Kelly 2006）。アジア5ヶ国のデータを用いて政治的事件への認知と政治への信頼の関係を明らかにしている研究によれば（Chang and Chu 2006）、どの程度効果があるかは国によって異なるものの、どの国でも汚職や不正への認知は有意に信頼を下げることが実証されている。

さらに、単純な政治的事件への認知ではなく、汚職や不正の質的側面に注目する研究もある。不正行為への認識を「ルールからの逸脱（lawbreak）」指標と「私的利益重視（favoritism）」指標の2つに大別した上で、それぞれが信頼に与える効果を分析する研究はその典型だといえる（Redlawsk and McCann 2005）。結果として、「不正が行われている」という認識に有意な影

---

(124) ただし、理論的にすべての人に対して同一の効果を与えると仮定できるのであれば、この点は問題とならない。

(125) 社会経済的資源（socio economic resources）が多い人ほど政治的事件を認知する理由は、資源を有する人ほど政治関心といった政治に対する志向性が強いからである。ただし日本では両者の相関はあまり高くない（Verba, Nie and Kim 1978＝1981; 蒲島 1988）。また政党帰属意識については、これが政治的情報を解釈するための枠組みとなっているためである。これは、言い換えれば自身にとって批判的な情報を受容する誘因がないということでもある。

響を与えるのは私的利益重視指標のみであることが明らかにされている。

2. 信頼の質的相違と方法論上の問題

　以上に概観したように，先行研究は政治的事件の発覚が信頼の低下を生じさせることを明らかにしている。しかし，そこにまったく問題がないわけではない。第1に先行研究の多くは政治への信頼の認知的側面にしか注目していない。したがって，感情的な政治への信頼に対する政治的事件の発覚の効果が明らかになっているとはいえない。第2に独立変数と従属変数の距離が近すぎる研究がある。同義反復的な推論を行っているため，政治的事件の効果を適切に推定できていない。

　第1の問題について説明すると，上述した先行研究の従属変数は，そのほとんどが本書でいうところの認知的な政治への信頼である。つまり先行研究は，政治的事件の発覚が認知的な信頼に与える効果しか分析しておらず[126]，感情的な信頼に対してどのような影響を与えるのかは明らかにしていない。

　認知的な政治への信頼が現実政治への認識に基づき形成される点を勘案するなら，政治的事件がこの信頼の低下をもたらすということは容易に想像できる。なぜなら，政治的事件の発覚は，政治家が民意を政策に反映しようとしているのかを判断する上での認知的ヒューリスティクスだからである。多くの有権者は，政治的な意思決定を行う際に，限られた「手がかり（cues）」を用いて推論を行う（Lupia and McCubbins 1998＝2005）。その際の手がかりとして政治的事件の発覚は重要な役割を果たす。汚職や不正を行ったことが明らかになった政治家は，公益ではなく私的な利益を追求する存在として有権者の目に映る。結果として信頼は低下することになる。

　しかし感情的な政治への信頼については必ずしもそうなるとはいえない。その根拠は感情的な信頼の特徴にある。感情的な信頼は，認知的な信頼と比較して安定的な政治意識である。この特徴は，裏を返せば感情的な信頼は，

---

　(126)　これは，マクロレベルの分析を行う研究にもあてはまる問題である（Chanley et al. 2000; Keele 2007）。これらは，第2章で示した「政府への信頼」を従属変数として基本的には用いているが，この質問文は認知的な信頼であり，政治システムへの感情的な信頼とは異なる。

その時々の政治状況に左右されることのない意識であるということを意味する。

　そもそも感情的な政治への信頼が現実政治への認知などに強く規定されるのなら、それは代議制を支える重要な心理的基盤にはならない。日々変動する政治状況の下にあって、それでもなお安定的な支持を政治システムに供給し続けるからこそ、この信頼が高い人は支持の「貯蔵庫」となる（Easton 1965）。先行研究の多くは、政治への信頼を本書のように区別してこなかったため、政治的事件の発覚がそれほど影響を与えない信頼もあることを見過ごしてきた。

　続いて第2の問題について検討する。いくつかの先行研究では独立変数と従属変数の「距離」が近すぎるという問題があり適切な分析を行いえていない。たとえば先述した「公職者の汚職の程度」は、複数の不正や腐敗に関する質問文への回答から作成される合成指標だが、これはある意味で「政治不信」そのものでもある[127]。このように概念的に似通った変数を分析に用いることは、方法論上は適切ではない。独立変数の操作的定義としては政治的事件に対する認知を尋ねるに留めておく方がよいだろう。

　ただし政治的事件への認知から操作化したとしても、ミクロレベルの分析の場合は、より認知されている事件であるほど、その影響力を適切に評価することができないという問題が発生する。なぜなら、多くの有権者が事件を認知しているということは、独立変数の値が分散していないことになるからである[128]。いわゆる無分散デザインの問題に抵触してしまうため[129]、より

---

(127)　本書では第1章で述べた通り、政治家や政党が民意からかけ離れた政治的決定を行っているという認識や感情を政治不信と定義している。それを操作化する指標として、政治家が応答的か、政治家の目的はどのようなものか、そして政治家は汚職や派閥争いに明け暮れしているのかといった質問を用いることも第2章で述べた。ここで明らかなように、「公職者の汚職の程度」は認知的な政治への信頼指標と近似しており、ゆえにこの指標を用いて信頼の規定要因を分析することは不適切だということになる。

(128)　すべての有権者がある政治的事件を認知している場合、認知していない人が存在しないことになるため、認知の効果を推定できない。つまり、認知の有無を独立変数とする場合、影響力が強いと考えられる事件であればあるほど、かえってその効果を適切に推定できなくなる。

多くの有権者に影響を与えているような政治的事件については，ミクロレベルの分析では扱うことができないという矛盾が発生する。

　政治的事件の発覚が信頼に与える影響を明らかにすることは，認知的な信頼と感情的な信頼の変動要因がそれぞれどのように異なるのかを知る上で有益である。そのためには，有権者の属性等を考慮しつつ，政治的事件の発覚が認知と感情のそれぞれについて，どの程度影響を与えるのかを分析しなければならない。しかし，他方でそこには認知度が高い事件ほどその効果を測定しにくいという問題がある。この問題をいかに解決するかが，本章の分析の重要な点となる。

3.「決定的事例」としてのロッキード事件

　本章の目的は，政治的事件の発覚の効果の分析を通じて，認知と感情の変動要因の違いを明らかにするところにある[130]。政治的事件の発覚の効果を対象とする理由も，これが認知的なヒューリスティクスの典型だと考えられるからである。

　政治的事件をこのようにみなす以上，本章ではより認知度の高い事件の効果を分析した方がよいことになる。先行研究の検討を通じて明らかにしたように，すべての政治的事件の発覚が信頼の低下をもたらすわけではない。それほどマスメディアが注目しなかった事件の場合は，有権者の政治意識に与える影響は小さく，またその範囲もかなり限定的となるだろう。くわえて，どのような政治的事件かという点も重要である。年金未納問題のような単純な政治家の過ちよりも，私的な利潤を追い求めたような事件の方が，より強い影響を与えるだろう。多くの有権者が認知しており，かつ私的利益を追い求めていたことが明確な事件をここでは分析の対象とする必要がある。

　そのような政治的事件としてとりあげるのは，1976年2月に発覚したロッ

---

(129)　ある従属変数に対する独立変数の効果を推定する場合，両変数が分散していることが必要条件となる。換言すれば，変数が分散していない場合，効果を推定することは不可能である。この問題は一般に無分散デザインの問題といわれている。

(130)　1990年代の認知的な信頼低下の原因については，既に別稿で論じている（善教 2009b）。

キード事件である。この事件の概要を簡単に述べておこう。1976年2月4日に行われたアメリカ上院外交委員会多国籍企業小委員会において，ロッキード社が自社の製品を売り込むために世界各国の政府関係者に賄賂をばら撒いていたことが発覚した。その中には日本も含まれており，具体的には全日本空輸の旅客機選定の際に便宜を図ってもらうため，多額の賄賂を政治家などに渡していたことが明るみに出た。賄賂を渡した人物としては，販売代理店である丸紅の幹部や「政商」と呼ばれた小佐野賢治などがあげられたが，内閣総理大臣であった田中角栄の名前もそこに含まれていた。「総理の犯罪」としての異名をもつこの事件は，戦後日本の政治的事件を代表する事件であるとされている[131]。

ロッキード事件を選択する理由は，具体的には第1に元内閣総理大臣が逮捕されたこと，また国際的な汚職事件であったなど様々な事情があったことから，多くの有権者がこの事件について関心を寄せていたと考えられるためである。たとえば，JABISS にある「今年の2月以来ロッキード事件が明るみに出て，何人かの政治家や会社役員が逮捕され裁判にかけられています。あなたはこの事件について関心をもって見てきましたか」という質問に対して，多くの回答者が関心を持ったと回答している（「大いに（34％）」「かなり（29％）」）。「関心がない」と回答している人は，わずか5％に過ぎない。この値は一般的な政治関心よりも高く[132]，そこからロッキード事件の認知度合いはかなり高かったといえる。

第2に，この事件の発覚が有権者の政治意識に多大な影響を及ぼしたことが既に明らかにされているからである。たとえば三宅（1986：97）は1976年の衆議院議員総選挙を振り返る中で，以下のように述べる。「1976年の衆議院議員選挙は，政党選択と政治シニシズムの関連が最も明瞭な選挙であった。政治シニシズムの重要性が増したのは，石油危機後の物価高騰とロッキード

---

(131) より詳細な内容については，朝日新聞社（1976，1977）などを参照されたい。なお，ロッキード事件には不可解な点が多く，未だに様々な憶測が飛び交っていることをここに付言しておく。

(132) あなたは普段どの程度政治に注意を払っていますか，という質問に対して「いつも」と回答している人は約16％，「だいたい」と回答している人は約34％である。それほど政治に関心をもたない人も，ロッキード事件については関心をもっていたことが，ここからわかる。

汚職の影響であるのは言うまでもない」。さらに公平（1979）は、ロッキード事件について「影響はない」と回答した人は36％であり、半数以上がこの事件の発覚をきっかけに態度を変化させたことを意識調査の結果から明らかにしている。

　第3に、ロッキード事件は単純な政治家のミスを意味する事件ではないためである。公的な競争などを通じてではなく、自己の私的な利益のために旅客機の選定を行うという政治家の姿は、現実の政治は一部の利害関係者のために行われているというイメージを有権者に抱かせるには十分であった[133]。またこの事件は、一部の政治家の問題というよりも、自民党の政治運営にまつわる問題だとみなされる傾向にもあった。田中角栄の後継である三木武夫がロッキード事件の解明を望んだのも、これが政治家個人の問題を超え、自民党の問題へと発展する可能性があったからである[134]。

　以上は、ロッキード事件が、政治的認知と信頼の関係を明らかにする上での「決定的事例」であることを示唆するものである。事例分析は、単一事例の分析を行うものと複数の事例を比較分析するものの2つに大別される。しかし無分散デザインの問題より、単一事例の分析では因果関係を分析することが困難だとされている（King, Keohane and Verba 1994＝2004）。ただしいくつかの方法を用いれば、代替的な形でではあるが因果関係を分析することができることも知られている。その1つが決定的事例の分析である。決定的事例とは、ある事象がもっとも「起こりにくそうな」事例のことである。そのような事例を選択してもなお、独立変数と従属変数の間に共変関係が認められるかどうかをもって、仮説検証を行う方法が決定的事例の分析である（Eckstein 1975; Gerring 2007）。

　ロッキード事件の影響は、既に多くの先行研究が実証している。ゆえにロッキード事件は、政治的事件発覚の効果が「ない」ことを検証するための素材として用いることができる。つまり認知と感情の変動要因の違いを、ロッキード事件の効果の分析を通じて示すことができるのである。

---

(133) とはいえ、もともと田中角栄には「田中金脈問題」があり、クリーンなイメージがもたれているわけではなかった。

(134) 後に椎名自民党副総裁を中心に展開される反三木運動（三木おろし）との対立の中で、この態度はより鮮明なものとなっていく。その帰結として分裂選挙が生じたことはよく知られる通りである。

4. 横断的調査を用いていかに効果を推定するのか

　ロッキード事件については，多くの有権者が認知していたことを前提としなければならない。つまり認知の有無を独立変数とすることができない。この点にくわえて，本章で用いるJABISSでは，信頼に関する設問が選挙後調査にしか存在しないため，実質的には横断的調査である。パネル調査ではない以上，意識変容を直接的に分析の対象とすることができない。本書ではこれらの問題を以下に述べる方法で解決する。

　まずロッキード事件は不信を抱く方向での効果しか与えないと仮定する。ロッキード事件が発覚したことによって「民意が反映されている」と認識された場合，この仮定は妥当だとはいえなくなるが，その可能性はほぼなきに等しいといってよい[135]。ただし，ロッキード事件によって態度を変えた人の多くが政治不信を抱いていることをもって，効果があったとすることはできない。なぜなら，態度を変えた有権者の中には，非常に高い信頼からやや高い信頼へと態度を変えた人もいるからである。

　そのため，ロッキード事件の効果を横断的調査から明らかにするには次のように回答者を分類する必要がある。第1は態度を変えた回答者である（グループ①）。第2はもともと不信を抱いていたから態度を変えなかった回答者である（グループ②）。そして第3に非常に高い信頼を抱いている状態から態度を変えなかった回答者である。このように3つのグループに分割すれば，限定的な形でではあるが，ロッキード事件の効果を推定することができる。

　なぜ限定的かというと，以下の仮定をおかないと効果を推定することができないからである。それは「グループ①がロッキード事件を認知する以前に抱いていた信頼の度合いは，グループ②のそれよりも高い」という仮定である。この仮定は「グループ①が態度を変えた理由は，それほど高い水準の不信を抱いていなかったからであり，グループ②が態度を変えなかった理由は

---

(135) ロッキード事件は，そもそも特定の地域への利益の過剰配分等が問題となったわけではないという事実も，この仮定の妥当性を支えている。仮に特定地域への利益の過剰配分の問題であった場合，信頼する有権者の存在を認めなければならないので，仮定の妥当性は減じられる。

高い水準の不信を抱いていたから」と考えることを意味する。この仮定をおくと「現時点におけるグループ①の不信がグループ②よりも高い」場合，ロッキード事件には効果があったといえることになる。グループ①が抱いていた不信は，グループ②のそれよりも低い，とここでは仮定しているからである。

このように考える理由は，不信の程度が高すぎるとかえって意識変動が生じにくいためである。これは経済学でいうところの「限界効用逓減の法則」に似た考え方であり，不信が高い状態の回答者にあっては，たとえ重大な政治的事件が発覚しても，そもそも不信を抱いているのだからその影響は小さくなる[136]。ここから，グループ②よりもグループ①の方がロッキード事件発覚前の信頼の度合は高かったと考えられるわけである。

さらに本章では，ロッキード事件の効果があったことを示すと同時に，効果がない，あるいはあったとしても限りなく小さいことも実証しなければならない。ロッキード事件の影響は認知的な信頼に限られており，感情的な信頼には影響を与えないと考えているからである。グループ①と②の比較から実証できるのは効果があることなので，ない，あるいはあっても限りなく小さな効果であることを示すには，以上とは異なる分析を行う必要がある。

したがって，さらに以下に示す仮定に基づきつつグループ①と③の比較分析を行う。その仮定とは「グループ①がロッキード事件を認知する以前に抱いていた信頼の度合いは，グループ③のそれよりも低い」である。つまり，「グループ①が態度を変えた理由はそれほど高い水準の信頼を抱いていなかったからであり，グループ③が態度を変えなかった理由は高い水準の信頼を抱いていたから」だとここでは考える。

---

(136) これは別のいい方をすれば，方法論上の問題でもある。本書における政治への信頼の操作的定義は，どのような質問であっても3点もしくは4点順序尺度が用いられている。そこでの「不信度合いの高い状態」とは，必然的に3点尺度であれば中間的な回答より否定的な回答を，4点尺度であれば否定的な回答2つのうちのいずれかということになる。ここで明らかなように，特に3点順序尺度の場合，当初より不信を抱いていた人は，仮にロッキード事件発覚後にさらなる不信を抱いたとしても，操作定義上その気持ちを表現することが不可能なのである。ゆえに「限界効用逓減の法則」に近似する現象が生じることになる。

グループ①の信頼がグループ③のそれよりも低い理由は，信頼が極端に高い状態だと，政治的事件に対する解釈を捻じ曲げ，その情報の信憑性などに疑いをもつ可能性が高まるためである。ドラックマンらの研究に示唆されているように（Druckman, Jacobs and Ostermeier 2004），有権者の先有傾向は，政治情報を解釈するための枠組みでもある。それはステレオタイプとして固定化されたものの見方であり，ゆえにそのような信念を通じて政治的事件を認知した場合その効果は減じられる。ここから，信頼しているために態度を変えなかった人は，そうではない人よりも政府を信頼していた可能性が高いと考えられる。

このようにいくつかの仮定を設けることで，横断的調査であっても，意識変動が生じたのかどうかを推論することができる。もちろん，横断的調査の分析を通じて示されるのは，あくまで誰が信頼しているのかに過ぎない。しかし分析デザインを工夫することで，この問題は部分的には解消することができる。以下では，上述した仮定に基づきつつ，ロッキード事件の発覚が認知と感情のそれぞれの信頼に対してどのような影響を与えていたのかを分析する。

5. 誰が態度を変えないのか

ロッキード事件の効果の分析を行う前に，回答者を3つのグループに分類する。ここで用いる質問は，「ロッキード事件は，政治についてのあなたのこれまでの考え方を多少とも変えさせましたか，それとも別に変えさせませんでしたか」である。回答は「わからない」を除いて，「変えさせた」と「そんなことはない」である。さらに「変えさせた」あるいは「そんなことはない」と回答した人に対しては，それぞれ「どんな風にですか」（「変えさせた」と回答した人），「なぜですか」（「そんなことはない」と回答した人）と，それぞれの理由を自由記述で尋ねている。ただし，本章では意見を変えない理由にのみ注目するので，自由記述データについては前者のみを用いる[137]。

---

(137) 意見を変えた人は総じて不信の方向での変化だと仮定しているためである。なお，自由記述の内容は概ね不信の方向への変化を示すものであったことを付言しておく。

第 8 章　政治的事件の発覚と信頼　181

ここで問題となるのは「そんなことはない」と回答している人をどのように分類するかである。態度を変えなかった理由を確認することにしよう。JABISS ではこの回答は「その他」を除き 9 パターンにまとめられている[138]。その詳細については図 8 − 1 に整理した。この図を見ると、「もともと不信を抱いていたから」変化しない場合と、「政治を信頼しているから」変

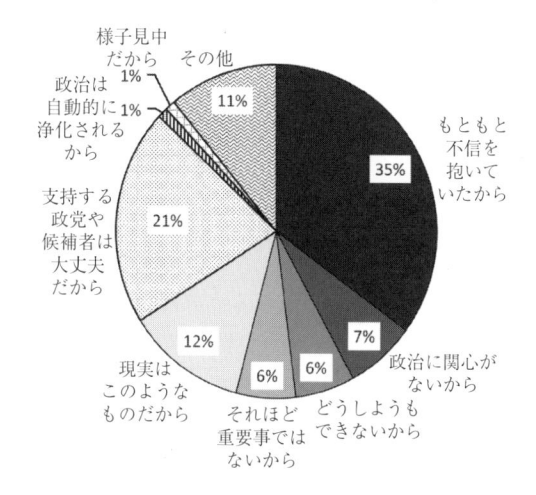

図 8 − 1　態度を変化させない理由

- もともと不信を抱いていたから　35%
- 政治に関心がないから　7%
- どうしようもできないから　6%
- それほど重要事ではないから　6%
- 現実はこのようなものだから　12%
- 支持する政党や候補者は大丈夫だから　21%
- 政治は自動的に浄化されるから　1%
- 様子見中だから　1%
- その他　11%

化しない場合に分類できることがわかる[139]。前者に該当するのは「もともと不信を抱いていたから」「政治に関心がないから」「どうしようもできないから」である[140]。後者は「支持する政党ないし候補者は大丈夫だから」「政治は自動的に浄化されるから」である。

残る「それほど重要事ではないから」「現実はこのようなものだから」「様子見中だから」については判断することが難しい。重要事ではないというのは、政治を楽観視している状態だと考えられる一方で、政治に関心がないという解釈も可能である。また「現実はこのようなものだ」という理由についても、諦めとも解釈できるし現実を享受しようという態度とも解釈できる。様子見に至っては、信頼とも不信とも解釈できない。

これら 3 つについては欠損とするのが妥当なのかもしれないが、既に多数の欠損が存在しており[141]、これ以上欠損を増やすことは避けたい。そこで、

(138)　JABISS は自由記述データがコード化された状態で公開されている。
(139)　DK と NA は欠損値として処理した。また「その他」も、欠損値として処理している。
(140)　政治的無関心は政治不信とは別の概念であるが、ここでは分析の便宜上、政治不信に近似するものとみなした。
(141)　第 1 段階目の時点で DK・NA 比率が 30% 近くあることにくわえて、第

この問題については,以下のように対処することにした。第1に「様子見だから」は,不信ではなく信頼にした。これは,ロッキード事件は客観的に見て重大な事件であり,それでも様子見するということは,その背後には政治への信頼があるからだろうと考えた点に拠る。第2に「それほど重要事ではないから」という回答は,関心が欠如している状態と捉え不信に分類することにした。第3に「現実はこのようなものだから」についても不信に分類した。「どうしようもできない」という意味と同義だと解釈したからである。

ところで,態度を変えない人はどのような特徴をもつ人なのか。この点を確かめるために,上記の3カテゴリを従属変数とする多項ロジット推定を行った。その結果は表8-1に記す通りである。なお,従属変数の基準カテゴリは「態度を変えた(グループ①)」である。

不信を抱いているから態度を変えなかったグループ②に対しては,政治関心と保革イデオロギー,性別が有意な影響を与えている。男性で政治関心が低く,革新的なイデオロギーをもつ人であるほど態度を変えないようである。政治関心が有意な影響を与えているのは,「不信」理由の1つに関心がないからが含まれているからであろう。性別の影響については,後述するようにもう1つの従属変数についても有意な影響を与えているので,信頼か不信かを問わずそもそも男性は態度を変えにくいということを意味している。革新的なイデオロギーをもつ人ほど不信を抱いているから態度を変えないというのは,一般的な理解に通ずる結果だといえる。

また,信頼しているから態度を変えなかったグループ③に対して

表8-1 態度不変理由を従属変数とする多項ロジット推定の結果

	態度変化なし :不信	態度変化なし :信頼
政治関心	−0.293**	−0.034
政治的有効性感覚	−0.069	0.052
自民感情温度	−0.005	0.073*
保革イデオロギー	0.226*	0.240
性別	0.371*	0.815**
年齢	−0.001	0.002
教育程度	0.068	−0.062
定数	−0.139	−3.270**
N	758	
対数尤度	−704.987	
疑似決定係数	0.036	

注)数値は偏回帰係数。*:$p<0.05$,**:$p<0.01$で統計的に有意

―――

2段階目の自由記述についてもNAは5%程度存在する。さらにここではその他についても欠損値としているので,全体の約40%のサンプルを除外している。

は，自民感情温度と性別が有意な影響を与えている。男性で，かつ自民党への感情温度が高くなるほど，態度を変えなくなることをこの結果は示している。自民党に対する感情温度が高いほど信頼を抱いているから態度を変えないという結果は，その感情の高さがある種の解釈枠組みとして機能していると考えられる。

革新的なイデオロギーをもつ人ほど不信を抱いているから態度を変えない傾向にあり，また自民党への感情温度が高い人ほど信頼を抱いているから態度を変えない傾向にあるという結果は，上述の分類法が妥当性を有するものであることを示している。疑似決定係数はそれほど高い値を示していないので，十分に満足できる結果だというわけではないが，著しく妥当性に欠ける結果だというわけでもない。次節ではこの分類に基づきつつ，ロッキード事件の発覚の効果を分析する。

6. ロッキード事件発覚の効果の分析

本節では，先に述べた3つのグループに回答者を分類した上で，ロッキード事件の発覚が信頼に影響を与えたのかどうかを分析する。それに先立ち，予測される結果を作業仮説として示しておこう。ここでの分析はいくつかの仮定をおいた上でなされるものであるため，どのような結果となれば本書の主張が支持されるのかを理解することが，困難だからである。

第1にここでは「グループ①がロッキード事件を認知する以前に抱いていた信頼の度合いは，グループ②のそれよりも高い」ことを仮定している。ここから，仮に態度を変化させたグループ①の信頼度合いが不信を抱いているため態度を変えなかったグループ②よりも低くなっていれば，ロッキード事件の発覚は有意な影響を与えていたと主張できる。また，政治的事件の発覚は，主として認知的な信頼に影響を与え，感情的な信頼には影響を与えないとここでは想定している。以上より作業仮説は次のようになる。

作業仮説1：グループ①の認知的な信頼はグループ②のそれよりも有意に低い

作業仮説2：グループ①の感情的な信頼はグループ②のそれよりも有意に高い。もしくは，両者の間には有意な差がない

くわえて第2に「グループ①がロッキード事件発覚前に抱いていた信頼の度合いは、グループ③のそれよりも低い」ことも、ここでは仮定している。グループ①は態度を変えた層なので、信頼が低いと予測されるが、そのような中で両者の間の差が有意でなければ、ロッキード事件はほとんど影響を与えていないと考えることができる。つまり、感情的な信頼にロッキード事件の発覚が影響を与えていなければ、グループ①の感情的な信頼はグループ③のそれよりも高いか、もしくは両者の間に有意な差はないことになる。

　　作業仮説3：グループ①の感情的な信頼は、グループ③のそれよりも有
　　　　　　　意に高い。もしくは、両者の間には有意な差がない

以上の作業仮説を念頭においた上で、まずはそれぞれのグループごとの信頼度合いを確認することにしよう。図8－2は、認知的な信頼と感情的な信頼のそれぞれのグループ毎の平均値を整理したものである[142]。認知的な信頼については、態度を変えたグループ①の平均値がもっとも低い。不信を抱いていたから変えなかったと回答しているグループ②とは0.05ポイント程度の差があり、さらに信頼を抱いているグループ③とは約0.15ポイントの差が

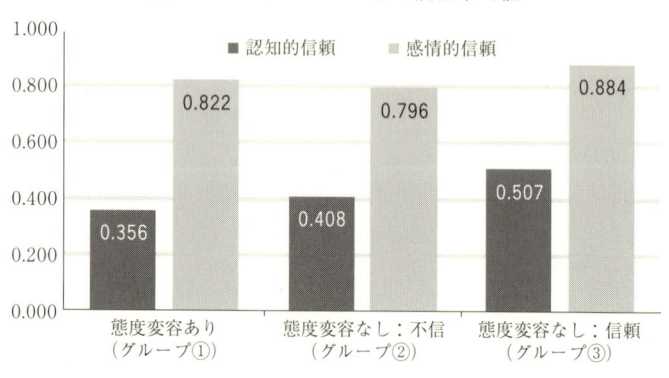

図8－2　グループごとの信頼平均値

グループ	認知的信頼	感情的信頼
態度変容あり（グループ①）	0.356	0.822
態度変容なし：不信（グループ②）	0.408	0.796
態度変容なし：信頼（グループ③）	0.507	0.884

　（142）　認知および感情的な信頼の操作的定義については、既に述べているため省略するが、いずれも最小値が0、最大値が1となる合成変数である。

ある。対して感情的な信頼については，グループ①とグループ②の間にそれほど大きな差はない。同様のことはグループ①とグループ③についてもあてはまる。しかしグループ②とグループ③の間には，平均値の差が存在するように見える。

　上述した平均値の差が統計的に有意なのかを確認するために，一元配置の分散分析を行った。その結果，認知と感情の双方について，グループ間で差があることが明らかとなった。したがって，どのグループ間の差が有意なのかを確認するために，Turkey の事後検定を行った。表8－2はその結果を整理したものである。認知的な信頼についてはどのグループについても平均値の差が統計的に有意である。逆に感情的な信頼については，グループ②とグループ③の間の平均値の差のみが有意であり，それ以外の差は有意ではない。上述した作業仮説はすべて支持されることを，この結果は示している。

　しかしながら，この分析はあくまで2変数間の関係を分析するものである。そのため，第3変数によってもたらされる疑似的な関係が示されているに過ぎない可能性もある。そこで，各分類カテゴリを独立変数に，認知および感情的な信頼を従属変数とする重回帰分析を行った。表8－3はその結果を整理したものである。まずは不信を抱いているために態度を変えなかった人（グループ②）を基準とする Model Ⅰ の結果から確認する。認知的な信頼については，政治関心や自民党への感情温度を制御した状態においてもなお，態度変化ありカテゴリは有意な影響を与えている。係数の符号が負であるとこ

表8－2　一元配置の分散分析の結果

従属変数	独立変数		平均値の差	標準誤差	sig.
認知的信頼	態度変容あり	態度変容なし：不信	−0.052	0.019	*
		態度変容なし：信頼	−0.151	0.028	**
	態度変容なし：不信	態度変容あり	0.052	0.019	*
		態度変容なし：信頼	−0.099	0.029	**
	態度変容なし：信頼	態度変容あり	0.151	0.028	**
		態度変容なし：不信	0.099	0.029	**
感情的信頼	態度変容あり	態度変容なし：不信	0.025	0.024	n.s.
		態度変容なし：信頼	−0.062	0.033	n.s.
	態度変容なし：不信	態度変容あり	−0.025	0.024	n.s.
		態度変容なし：信頼	−0.088	0.035	*
	態度変容なし：信頼	態度変容あり	0.062	0.033	n.s.
		態度変容なし：不信	0.088	0.035	*

注）＊：$p<0.05$，＊＊：$p<0.01$で統計的に有意。なお有意でない場合は n.s. と表記している

表8－3 ロッキード事件の結果の推定

	認知的信頼 Model I	認知的信頼 Model II	感情的信頼 Model I	感情的信頼 Model II
態度変化あり	−0.046*	−0.099**	0.028	−0.074†
態度変化なし：信頼	0.052	—	0.102*	—
態度変化なし：不信	—	−0.052	—	−0.102*
政治関心	−0.008	−0.008	−0.015	−0.015
政治的有効性感覚	0.003	0.003	0.014	0.014
自民感情温度	0.019**	0.019**	0.010**	0.010**
保革イデオロギー	0.018	0.018	−0.012	−0.012
性別	0.041*	0.041*	−0.073**	−0.073**
年齢	0.002*	0.002*	0.003**	0.003**
教育程度	0.043**	0.043**	−0.018	−0.018
定数	−0.005	0.048	0.652**	0.754**
adj. R^2	0.186		0.065	
N	660		540	

注）数値は偏回帰係数。†：$p<0.1$，*：$p<0.05$，**：$p<0.01$で統計的に有意

ろから，これはグループ①の方がグループ③より有意に信頼が低いことを示す結果だと解釈できる。また感情的な信頼については，信頼を抱いているから態度を変えていないグループ②のみが有意であり，グループ①の効果は有意ではない。作業仮説1および2を支持する結果だといえる。

次に信頼を抱いているために態度を変えなかった人（グループ③）を基準とするModel IIの結果を確認する。作業仮説3を検証するには感情的な信頼への影響を見なければならないので，これについて確認すると，10％水準ではあるが，態度を変えた人の効果が統計的に有意だという結果が示されている。表8－2とは異なる結果である。その理由は方法論上の相違，もしくは他の要因を制御すると，両者の間の差がより明瞭になったからだと考えられる。もっとも，有意水準は10％であり，また両者の差が極端に大きいというわけでもない。

ここで注目すべきは，認知的な信頼に対する態度を変化させたグループ①の影響である。認知的な信頼に対して，このカテゴリは1％水準で有意な影響を与えている。また感情的な信頼への効果と比較して，この値は相対的に大きい。これが意味しているのは，ロッキード事件の発覚が与える影響は認知と感情とで異なるということである。ロッキード事件が感情的な信頼に与える影響は上述の通り有意ではあるが，認知的な信頼への効果との比較から，それほど大きいわけではないと主張できる[143]。

したがって，作業仮説3はやや限定的ではあるが支持されるものと考えてよいように思われる。少なくとも表8−3に示されている分析結果は，作業仮説3を全面的に棄却するものではない。

　最後に統制変数の効果についても簡単に検討しておこう。認知的な信頼を規定しているのは，自民感情温度，性別，年齢，教育程度である。対して感情的な信頼を規定しているのは，自民感情温度，性別，年齢である。このように有意な影響を与える変数は大きくは変わらないが，係数値や符号の向きは認知か感情かで異なる。たとえば自民感情温度は，感情的な信頼よりも認知的な信頼をより強く規定するようである。逆に年齢は，感情的な信頼を規定している。性別の効果は，認知か感情かで符号の向きが逆転しており，認知的な信頼については男性の方が，感情的な信頼については女性の方がより抱く傾向にある。これらも認知と感情では変動要因が異なることを示す証左なのかもしれない。

小　括

　本章ではロッキード事件の発覚が政治への信頼に与える効果について分析することで，認知的な信頼と感情的な信頼とでは変動要因が異なることを明らかにした。政治的事件の発覚が影響を与えるのは，現実政治への認知に基づく政治への信頼である。もちろん，政治的事件の発覚が認知的な信頼の低下をもたらすというのは「当たり前」の結果である。概念定義の中に認知が含まれているので，やや厳しい見方をすれば，同義反復的な推論を行っているという批判もあるだろう。とはいえ，本章の貢献はこの点を明らかにしたところにあるわけではなく，信頼低下をもたらすと考えられてきた政治的事件の発覚が，感情的な信頼に対しては大きな影響を与えていなかったことを明らかにしたところにある。

　感情的な信頼は，あくまで抽象的な対象に対して抱かれる，規範的な政治

（143）　無論，これは政治的事件の発覚が感情的な信頼の変動を生じさせないことを意味するわけではない。感情的な信頼といっても，そこには認知的要素は含まれている。認知と感情という区別はあくまで概念的あるいは理念的な区別であるに過ぎない。

意識である。ゆえにこの意識は現実政治への認知の影響をそれほど強く受けない。ロッキード事件という「決定的事例」の分析を通じて，本章ではこの点を実証的に明らかにした。

汚職や不正の発覚といった政治的事件発覚の効果はアメリカの政治学などでは多くの蓄積が見られるが，日本では一部の研究を除き（公平 1979；芹沢 1990；善教 2009b），これまでほとんど実証的に検討されてこなかった。少なくとも政治的事件の発覚が必ずしも信頼の低下をもたらすわけではないことを，既存の研究は見過ごしてきたように思われる。

もちろん，本章の分析はいくつかの仮定をおいた上で行われたものである。その意味で，ここでの議論には多くの問題がある。あくまで本章の分析は暫定的な結果を示しているに過ぎないことについては，ここに再度記しておく。しかしそれでもなお，ここでの分析は意義あるものであることもまた述べておきたい。横断的調査であっても，分析デザインの工夫を施すことで，代替的な形でではあるが意識変動について推論することができる。本章はさらなる二次分析の，そして横断的調査を用いての分析の可能性を示すものでもある。

以上の結果をもって認知的な信頼は現実政治への認識に多分に規定されていることは明らかとなったが，他方の感情的な信頼についてはどうなのだろうか。次章では，より包括的な視点から政治への信頼の変動要因について分析することで，この点を明らかにする。

第9章　変動要因の分解：加齢・世代・時勢

　第9章では，政治への信頼の変動要因を加齢，世代，時勢効果の3つに分解することで，それぞれの信頼が異なるメカニズムのもとで低下していることを示す。認知的な信頼が，現実政治への認知や認識に基づくものであるのなら，その低下は時勢効果として説明されることになる。他方の感情的な信頼の変動については，世代効果として説明されることになるだろう。前章より得られた知見に基づきつつも，より包括的な視点から，信頼の変動要因の違いを本章では明らかにする。

はじめに

　認知的な信頼と感情的な信頼の変動要因がどのように異なるのかを知る方法は様々である。たとえば同じ独立変数から構成されるモデルを用いて，それらが与える効果の違いを明らかにするという方法がある。前章で行ったように，一方にとっては決定的に重要な変数をとりあげ，その効果の違いを見るという方法も考えられる。それらの中でも，もっとも包括的な視点から意識変動の要因を明らかにする手法として先行研究で用いられてきたのが，加齢（age），世代（cohort），時勢（period）効果の3つに変動要因を分解するという方法である。

　人々は，生涯を通じての学習過程で，政治意識を形成し，あるいは変容させていく。一般に政治的学習（political learning）と呼ばれるこの過程は，様々な要素が混在しているということもあり，きわめて複雑である。しかしこの複雑な過程を理解することが，意識変動のメカニズムを理解する上では重

要である。そのための方法として、変動要因を加齢、世代、時勢効果に分解する方法は有益である。

認知的な信頼と感情的な信頼の変動要因は異なることを想定している本書にとって、このアプローチは特に意義ある方法だと考えられる。その時々の政治状況に応じて信頼は変動するのか、それとも加齢や世代の変化に基づいて変動するのかを明らかにすることで、両者の変動要因は何か、さらにそれらはどのように異なっているのかを、より包括的な視点から分析できる。

認知的な信頼は、その時々の政治に対する認知や認識に基づき形成される。ゆえにその変動も、政治的事件の発覚や時の政権に対する業績評価の変化の帰結として生じると考えられる。しかしながら感情的な信頼については、必ずしもそのような認知に基づき形成されるわけでも、また変化するわけでもない。感情的な信頼の起源をどう考えるかは難しい問題だが、その安定性という点を勘案するなら、青年期に至るまでの政治的社会化過程に求められるということになるのではないだろうか（Easton and Dennis 1969）。そのため、感情的な信頼の変動は、古い世代が「退出」し、新しい世代が「入場」する世代交代によって生じている可能性がある。

以上に述べた両者の変動メカニズムの相違は、それを加齢、世代、時勢の3効果に分解することで示すことができる。一方の認知的な信頼の変動は、上述したようにその時々の政治認知の変化によるものと考えられるので、時勢効果から説明できることになるだろう。他方の感情的な信頼の場合は、時勢効果というよりも世代効果から意識変動を説明できるだろう。

ただしこの方法には識別問題（identification problem）という深刻な問題が存在する。端的にいえば、加齢、世代、時勢効果は、理論的には区別することが不可能なのである。したがって、この問題をどのように解決するのか、そして分析結果の信頼性や妥当性をどのように担保するのかが、ここでの具体的な検討課題となる。

1. 加齢・世代・時勢効果への分解

政治意識や政治行動の説明に限定されるわけではないが、従属変数の変動を説明するに際して、その要因を加齢、世代、時勢効果の3つに分解するという方法がある[144]。加齢効果とは、年齢によって意識が変化していく場合を

いう。「若年層は政治的関心が低く高齢者は高い」という主張がこれに該当しよう。世代効果とは，ある特定の世代に対して特徴的な意識がある場合に用いられる。「団塊世代の人々は革新的である」という主張がこれに該当する。時勢効果は，人々の属性やパーソナリティの違いにかかわらず，その時代ごとに共通する傾向が存在する場合に用いられる。

意識変動が加齢によるものか，世代によるものか，時勢によるものかの違いは，その後の変化を予測する上できわめて重要である。政治への信頼の低下が時代の潮流の変化，すなわち時勢効果によってもたらされているのなら，その変動は一時的なものに過ぎず，今後回復する見込みは十分にあるということになる。制度改革は信頼に影響を与えないという主張もあるが（Pollitt and Bouckaert 2004），それはあくまで結果論としてそうなっているだけであり，理論的に影響を与えないことが証明されているわけではない。事実，小泉内閣期においては，わずかではあるが信頼が向上していたこと，またその背景には政府の業績に対する評価があったことが実証されている（善教 2009a）。

しかし，加齢および世代効果の場合は，そのような見込みがあるということには必ずしもならない。加齢効果による意識変動とは，少子高齢化など，社会の年齢構成分布が変動することで政治意識もまた変動することを意味している。年齢構成分布は急激に変化するものではない。そのため，信頼低下が加齢効果に基づくものであるなら，その回復には多くの年月を要することになる。同様の問題は世代効果にもあてはまる。年齢構成分布と同じく，世代構成も容易に変わるものではないからである。信頼の低下が加齢あるいは世代の変化に基づく場合は，信頼の低下に歯止めをかけるどころか，さらなる低下が生じる可能性さえある。

ここで改めて，政治意識変動の分析枠組みについて確認しておくことにしよう。ミシュラーとローズによれば，政治的学習による意識変動は表 9 − 1 のように整理できるという（Mishler and Rose 2007）。ここで重要となるのは，表面的には意識変動が生じていなくても，加齢，世代，時勢効果のそれぞれの存在が認められる場合があるということである。

---

(144) たとえば政党帰属意識の変動要因を分析する際にこの手法を用いる研究がある（Converse 1976; Franklin and Jackson 1983）。

表9−1　政治的学習のタイポロジー

		政治的態度の経年変化	
		なし	あり
世代間の態度の相違	なし	個人のパーソナリティ（政治的態度に世代間の相違がなく経年的な変化もない場合）	制度的学習（世代間の違いはないがライフサイクルや時勢効果は認められる場合）
	あり	文化的社会化（個別の歴史的な事象や社会変動の経験が態度変容を抑制している場合）	生涯的学習（ライフサイクル，世代，時勢のいずれもその効果が認められる場合）

注）Mishler and Rose (2007: 824) 掲載の Figure 1 を基に筆者作成

　表9−1では，意識変動の経年変化がない場合の中に，世代間の態度の相違がない場合とある場合の2つがあることが想定されている。前者については，世代間での相違も経年変化もみられないので，政治意識は完全に個々人の有する人格（personality）に規定されていることになる[145]。しかし後者のように，それぞれの世代の効果があっても，意識変動が表面的には生じないこともある。たとえば，ある従属変数に対して，正の効果を与える世代と負の効果を与える世代があれば，結果として意識変動は生じない。さらに加齢効果や時勢効果による変化の抑制ということも考えられる。このように，表面的には意識変動が生じていなくても，加齢，世代，時勢効果が存在する場合は往々にしてあり得る。

　さらに意識変動が生じている場合でも，そこにはいくつかのパターンを見出すことができる。1つは，世代の効果は認められなくても，意識変動が生じている場合である。ライフサイクルや政治状況の変化などの影響がその原因としては考えられる。意識変動が比較的緩やかに変化している状態は，有権者が政治状況あるいは政治制度に適応する形で学習を繰り返していることを意味する。ただしもう1つ，世代間の相違と態度の経年変化の両者が認められる場合もある。加齢，世代，時勢効果のすべてが存在することをこれは意味しており，様々な側面からの学習を繰り返す中で意識変動が生じているということになる。

　くわえていえば，この分析枠組みには次に述べる2つの含意がある。第1は表面的には意識変動が生じていなくても，世代効果が認められるのであれ

（145）　世代の違いはその集団での社会的パーソナリティの違いを反映していることもある。人格の捉え方がやや不十分である印象を受ける。

ば，世代が交代することで意識変動が顕在化する場合があるということである。たとえば，ある従属変数に対して負の効果を与える世代がさらに「入場」し，その効果を抑制している世代が「退場」すれば，その値は低下していくことになる。第2は緩慢な意識変動が生じている場合であっても，そこには制度的な学習を通じての変化と世代交代の2つの可能性があるということである。前者の場合であれば，制度変化を通じて，信頼低下に歯止めをかけることは可能である[146]。後者の場合は，大規模な，政治・社会・経済的な変革を達成しなければならない。いずれにせよ，政治意識の変動要因を加齢，世代，時勢のそれぞれに分解するというアプローチは，より包括的な視点から政治への信頼の低下がどのようなメカニズムで生じているのかを知る上で有益な方法だといえる。

前章では，現実の政治に対する認知が認知的な政治への信頼の低下をもたらすことを，ロッキード事件の発覚の効果の分析を通じて明らかにした。ここから，この信頼は時勢効果によって変動すると考えることができる。加齢効果や世代効果は，認知的な信頼の変動をほとんど説明しないだろう。重要なのは，あくまでその時の政府が何をし，それについて有権者がどう認知あるいは認識するかだからである。

他方の政治的事象への認知や認識にほとんど左右されることのなかった感情的な信頼については，加齢効果や世代効果によってその変動を説明できると考える。もちろんこれは感情的な信頼に対する時勢効果の存在を否定するものではない。表9-1で示しているように，政治制度への適応あるいは制度的学習の帰結として，意識変動が生じている可能性はある。もっともこれは実証分析の結果から判断すべきことなので，これ以上の言及は避ける。

2. 識別問題

以上に述べたように，意識変動を加齢，世代，時勢効果の3つに分解する

---

(146) すなわち時勢効果による意識変動であっても，それが緩やかな変動を生じさせている場合は，その時々の政治認知に基づく変化というよりも，より広い政治的文脈の中での学習の帰結として理解しなければならないことをこの議論は意味している。

アプローチは，認知的な信頼と感情的な信頼の変動のメカニズムおよびその相違を明らかにする上で意義ある方法だといえる。しかしその一方で，この方法には深刻な問題が存在する。それは識別問題と呼ばれている問題であり，端的にいえば，加齢，世代，時勢効果を分離することは理論上不可能だという問題である。

加齢，世代，時勢効果を識別することが不可能な理由は，世代の操作的定義が「時勢から年齢を減じた変数」であり，また，年齢の操作的定義が「時勢から世代を減じた変数」だからである。つまり，加齢，世代，時勢効果の関係は独立しておらず，ゆえに推定の際には多重共線性（multicollinearity）の問題が発生する[147]。そのため，それぞれの効果を推定することが不可能なのである。これを，識別問題という。

非常に簡単な式を用いてこの問題について説明する。政治への信頼が加齢（年齢），世代（出生年），時勢（調査年度）によって規定されていると考える場合，下記の式のようにそれを表現することができる。なお，この式において β で表現しているのは，それぞれの効果である。たとえば年齢が1歳増加するごとに信頼が1増加する場合，β の値は1となる[148]。

$$政治への信頼 = \beta_1 年齢 + \beta_2 出生年 + \beta_3 調査年度$$

上述したように年齢は調査年度から出生年を減じた変数であり，出生年は調査年度から年齢を減じた変数である。そこで，年齢を（調査年度－出生年）におきかえると，上記の式は以下のようになる。

$$政治への信頼 = \beta_1（調査年度 － 出生年）+ \beta_2 出生年 + \beta_3 調査年度$$
$$= (\beta_2 - \beta_1) 出生年 + (\beta_1 + \beta_3) 調査年度$$

---

(147) 独立変数間の相関関係があまりにも強い場合，本来は正の効果を与えているにもかかわらず負の効果が示されるなど，推定値が非常に不安定となる問題が発生する。これを多重共線問題という。一般的には，独立変数間の相関係数値が0.7を超えるとこの問題が発生するとされているが，それより小さい場合でも発生することはある。

(148) 定数と誤差は説明の簡便化のため省略している。

ここからわかることは，加齢，世代，時勢効果それぞれを分解することは不可能だという単純な事実である。加齢効果である β_1 は世代効果である β_2 にも時勢効果である β_3 にも依存する。つまり，それぞれの効果を分離することはできない。そのため推定の際に加齢，世代，時勢のすべてをモデルに投入すると信頼性に欠ける結果が示される。

数式による説明はわかりづらいので，識別問題について直観的に理解できるように，図を用いて説明することにしよう[149]。ここに2000年に行った調査Aと，2005年に行った調査Bがあるとする。そして「あなたは政治を信頼できますか（回答は「信頼できる」と「信頼できない」）と尋ね，その結果を年齢層ごとに整理したら図9－1上段のグラフの結果が得られたとする。調査A，Bともに年齢が上がるごとに信頼できると回答している人も5ポイントずつ増えているので加齢効果があるといえる。また，調査AとBで，すべて

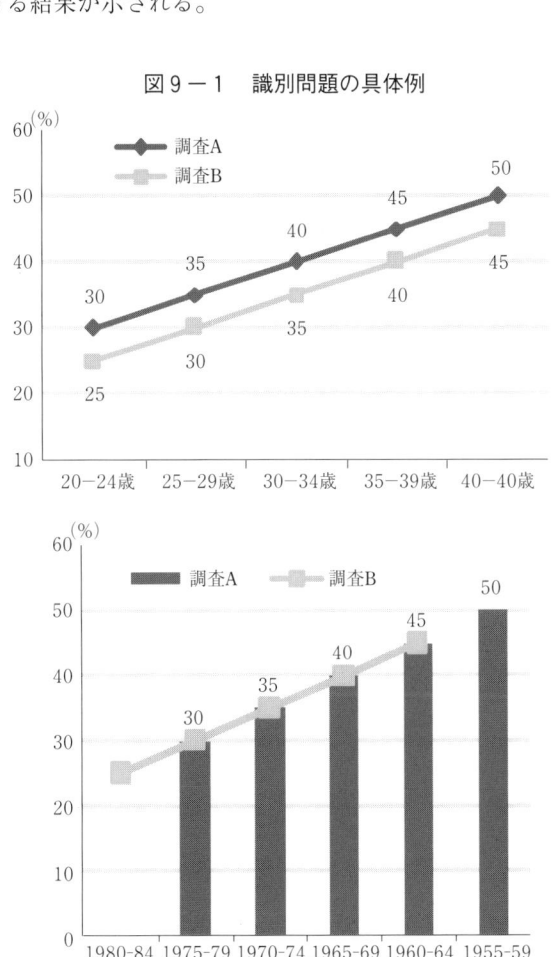

図9－1　識別問題の具体例

（149）　この説明はNHK放送文化研究所（2010：付録34－35頁）に基本的には依拠している。

の年齢層において5ポイントの差があるので時勢効果もある。年齢構成がAとBで同じ場合,調査AからBへの信頼変動は時勢効果によって生じたことになる。

しかし出生年ごとに結果を整理すると図9－1下段のグラフのように,意識変動は時勢ではなく世代交代によって生じていることになる。すなわち信頼度の高い1955－59年生まれの「退出」と,不信を抱いている1980－84年生まれの「入場」によって,意識変動は生じたとも解釈できるのである。いうまでもなくこの結果からは,意識変動は時勢効果によるのか,それとも世代効果によるのかを判断することはできない。

結局のところ加齢,世代,時勢効果に変動要因を分解することはかなりの困難を伴う作業だということになる。少なくとも現時点においては,これらを適切に分離する方法は開発されていない(Glenn 2005)。しかし,いくつかの制約条件や仮定を設けることで,この問題を解決しようとする試みはある。次節ではそれらについて検討する。

3. 識別問題の解決法

加齢,世代,時勢の3効果を識別することは困難だが,いくつかの制約条件を設けることで,限定的な形でではあるが3効果を識別することは可能となる。また,制約条件を課す以外の方法で,これらを明らかにしようとする試みもある。このように解決法として示されているものは多岐に亘るため,どのような方法を用いるのかで結果は異なる。このような問題があることを前提に,以下では解決法について概観していく。

第1は加齢,世代,時勢効果のいずれかを「効果なし(推定値＝0)」と仮定する方法である。たとえばイングルハートは,世代効果を推定する際に,時勢効果をないものと仮定して分析を行っている(Inglehart 1977=1978)。どの効果をないと仮定するかは,その背後にある理論や分析者の目的によって異なる。たとえば時勢効果と世代効果の差を明らかにしたい場合は,加齢効果の値を0と仮定する必要がある。

第2は加齢,世代,時勢効果の線形結合として従属変数の分散を説明するという方法である。具体的にはすべての変数をダミー変数化した上で,重回帰分析を行うことでそれぞれの効果を推定する。メイソンらがこの方法を用

いてそれぞれの効果を推定している（Mason et al. 1973; Kahn and Mason 1987）。回帰分析ではなく，ログリニア分析が用いられる場合もあるが，基本的な発想は同じものだと考えてよい。もちろん上記のようにダミー変数化しても多重共線問題は発生する。そのためこの方法では加齢，世代，時勢の各カテゴリに，1つずつ効果が0となる制約を設けることが通例である[150]。

第3はリッジ回帰分析（ridge regression）を用いて，加齢，世代，時勢効果の間に存在する多重共線問題を解決しようとする方法である。宮野(1983)がこれを用いて3効果の推定を試みている。通常の回帰分析では，上述したように多重共線問題が発生するため，適切な推定値を求めることができない。しかし，リッジ回帰分析を用いることで，それが可能になるとされる。わかりやすくするための「嘘」をつけば，通常の回帰分析から得られる結果を修正するための変数kいうものがあり，この変数kを用いて結果を修正することで，妥当性と信頼性の高い推定値を得るという方法である。

第4はベイズ推定を用いたコーホート分析である（三船・中村 2011）。中村（1982）によれば，加齢，世代，時勢効果のそれぞれは急激に変動するものではなく，緩やかに変化していくものだと仮定することで，それぞれの効果を適切に推定できるという。たとえば，1970年代生まれの効果（β_1），1980年代生まれの効果（β_2），1990年代生まれの効果（β_3）があり，その効果の総和は6であるとする。通常の回帰分析では多重共線問題が発生するためこれらを適切に推定することはできない。つまり，β_1は0にも6にもなり得る。しかし「漸進的変化の条件」を付与することでこの識別問題は解決できるという。もちろん，必ずしもこのモデルが実際のデータと符合するわけではないので，適宜，適合度指標などを確認しながらモデルを判断することになる。

第5はマルチレベル分析を用いる方法である。ヤンとランドは，マルチレベル分析を行うことで，加齢，世代，時勢効果の識別問題を解決することができることを主張する（Yang and Land 2006）。マルチレベル分析は，比較的近年用いられるようになった手法であり，政治学では国際比較分析などで用いられることが多い（Norris and Inglehart 2009; 池田 2012）。時勢効果と世代

---

(150) 独立変数にカテゴリカルな変数を用いる場合の回帰分析と同じ方法である。

効果を集団レベルの効果として，対する加齢効果を個人レベルの効果として分離することで，適切な推定を行うことが可能だとされる。

第6にとりあげるバートルズの方法は，やや特殊な仮定を設けつつ，加齢，世代，時勢効果のそれぞれを推定するものである（Bartels 2001）。彼は，時勢効果を急激な「ショック」を与えるものとして，そして加齢効果を「徐々に」変化を生じさせるものとして仮定する。続いて世代効果は両者の相互作用を通じての学習の帰結であるとする。このようにそれぞれの効果を理論的に特定した上で，ベイズ推定によって彼は3効果を推定している。

以上に見たように，識別問題を解決する方法としては様々なものがあげられる。ただし，それぞれの方法には利点もあれば欠点もある。具体的に問題点を指摘していこう。第1の方法の問題は，加齢，世代，時勢効果のどれかを0値とする仮定は現実的妥当性に欠ける点である。これら3つの効果は，いずれも異なる理論によって支えられており，ゆえに効果がないと仮定することは難しい[151]。第2にとりあげる方法も，制約条件（基準となるカテゴリの設定）如何で結果が変化してしまうという問題がある。その他の様々な情報を勘案しながら，いずれの制約条件が適当かを判断することが望ましいとされているが（Rodgers 1982; Smith, Mason and Fienberg 1982），これは研究者の主観によって判断する以外に方法はないことを意味する。第4のベイズ型コーホートにもこの問題はあてはまる。特に時勢効果が「漸進的に変化する」という仮定は，容易に受け入れがたい。

くわえて，第3に述べたリッジ回帰分析や，第6の演繹的に効果を特定する方法などにも分析者の主観的判断によって結果が異なるという問題がある。前者については，回帰分析の推定値を修正するk値のどの値を用いるかで結果は大きく変わる。研究者の主観によって修正するための値を定めなければならない以上，ここにもある種のバイアスが介在する余地があることになる。一般化リッジ回帰（generalized ridge regression）の場合，ある程度機械的にこの値を定めることは可能だが，それでも完全に正しい推定値が得られるわけではない。後者の方法についても，理論的に特定した効果が誤っている場

---

(151)　加齢効果はライフサイクルの理論，世代効果は初期政治的社会化の理論，時勢効果は認知心理学や後期政治的社会化の理論によって支えられている。ただし世代効果は集合記憶の問題として議論されることもある。

合は，結果の信頼性や妥当性もないことになる[152]。

これらの理由により，第5に述べたマルチレベル分析が，現時点では方法論的には有効な手段だといえるかもしれないが，他方でこの方法にも推定値にバイアスがかかるという問題がある[153]。ただし適切な集団レベルの変数を用いれば，この問題はある程度解決することができる。

4. 本書における3効果の推定法

本書では，上述した第2の方法を用いて加齢，世代，時勢の3効果の推定を試みる。その理由は第1に，意識変動要因を3つに分解する以上，いずれかの効果をないとする仮定を設けることは不適切であるし（第1の方法），またこれら3つ以外の変数を推定の際に用いることも適切ではないと考えられるからである（第5の方法)[154]。くわえて，加齢，世代，時勢効果のそれぞれがどのようなものかをアプリオリに定めることは難しく，ゆえにこれらの効果を事前に特定したり（第6の方法），効果の値に直接的に関わる制約を設けたりすること（第4の方法）は妥当性に欠ける結果を示す恐れがある。

第2の方法は，世代や時勢，あるいは年齢変数をどのように統合するのかに分析者の主観的バイアスが入るという問題があるが，何らかの外的な基準に基づきこれを設定すれば，少なくとも主観に基づく過ちは避けることができる。またその過程で多重共線問題が克服されるのなら，あえてリッジ回帰を行う必要はないという利点もある。

この方法を用いる場合問題となるのは，それぞれの変数をどのようにコーディングするかである。まず加齢効果はあくまで年齢が増えるにしたがって意識変動も生じるというものであるから，これをむやみに統合し，あるいは

---

(152) 特に時勢効果が「ショック」に限定される点は，制度的学習の可能性を無視しているという意味で問題だといえるだろう。

(153) ヤングらの分析では，集合レベルの誤差と個人レベルの誤差が独立していることが仮定されているが，これは世代や時勢と加齢が相関するのは自明である点から考えて誤りであり，結果には何らかのバイアスがかかるものと考えた方がよい。

(154) あくまで加齢，世代，時勢効果の3つに独立変数（群）を限定することに，このアプローチの意義があると考えている。

ダミー変数化することは避けた方がよいかもしれない。さらにいえば，年齢変数の二乗項をモデルにくわえることもあるが（Chen 1992; Yang and Land 2006），線形か非線形かはデータを見ながら判断すべきである。機械的に投入すべきではない。

　実際のデータをもとにこの点について検討しておこう。図9－2は年齢層ごとの信頼の平均値を整理したものである。ここでは便宜的に5歳刻みで年齢を整理し，75歳以上については回答者数の都合上統合している。認知的な信頼，感情的な信頼いずれについても，年齢が上がるごとに信頼が増加する傾向にあることがわかる。ただし，認知的な信頼よりも感情的な信頼の方が，総じて加齢効果は大きいようだ。この傾向は，調査年ごとに若干のばらつきはみられるものの，どのデータにおいても基本的には変わらない。もっとも，ここで確認しなければならないことは，年齢と信頼の間に曲線的な関係が描かれているかどうかである。明らかに年齢と信頼は線形関係にあり，明確な形で二次曲線を描くような関係性は，データからは確認することができない。

　したがって，加齢効果については，実年齢を分析の際は用いた方がよいだろう。仮に信頼と年齢の関係が非線形的であれば，これをダミー変数化することの意味はあるといえるが，図9－2で確認したように両者はほぼ線形関係とみなせるので，あえてダミー変数化する必要はない。

　このように年齢変数を統合しない場合は，時勢あるいは世代効果のいずれかを統合しなければならないことになる。しかし，時勢効果を統合することは現実的妥当性に欠ける結果を示すことに繋がる。たとえば，1993年と1995年を「90年代」として統合するには，1993年と1995年の状況は同じであることを仮定しなければならない。この仮定が妥当性に欠けることは自明であろう。よって，本書では出生年を統合し，新たな世代変数を作成する。

　出生年の統合の仕方は論者によって多様であるが，ここでは先行研究でも用いられており（綿貫1997），かつ世代間の差が実証されているNHK放送文化研究所（2010）による操作的定義を用いる。この著作では，様々な社会意識や政治意識を用いた分析から，世代は次のように分類できることが述べられている。第1は「戦争世代」である。1928年までに生まれた世代であり，第2次大戦を若年あるいは青年期に経験した世代である。第2は「第1戦後世代」である。1929年から1943年までの間に生まれた世代がこれに該当する。戦後の民主化教育を経験した世代である。第3は1944年から1953年の間に生

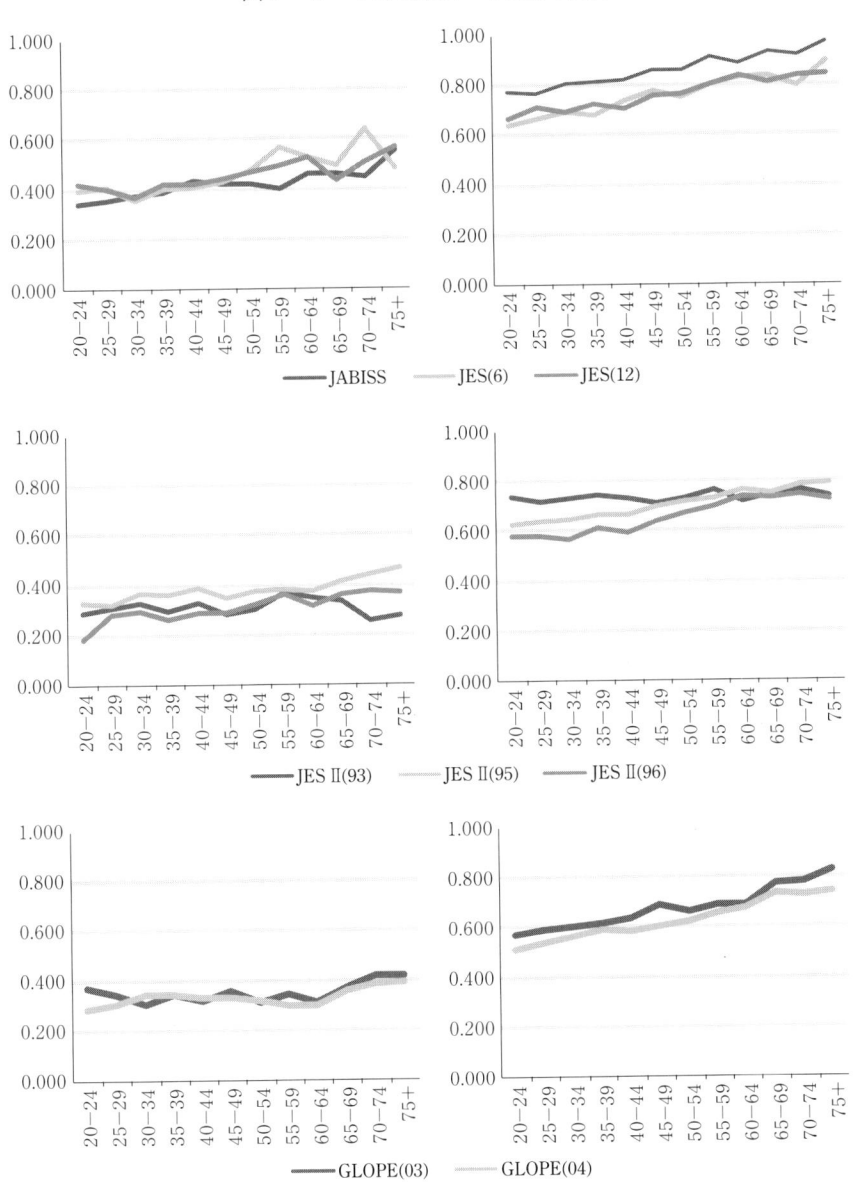

図9－2　年齢と政治への信頼の関係

注）左図：認知的信頼　右図：感情的信頼

まれた「団塊の世代」である。高度経済成長期や様々な社会運動が隆盛を迎える中で青年期を過ごした世代だといえる。第4は「新人類」である。1954年から1968年までに生まれた世代であり，高度経済成長以後の比較的安定した時期に青年期を過ごした世代である。最後は1969年以後に生まれた「団塊ジュニア」である。厳密には1984年以降に生まれた「新人類ジュニア」と区別されるが，本書ではデータの都合上両者を統合して分析する。日本が高成長から低成長期へと移行する中で，青年期を過ごした世代だといえる[155]。

もっとも，以上の措置を講じたとしても，年齢変数と世代変数，そして時勢変数が相関するという事実は避けて通ることができない。そのため本書の分析結果の信頼性や妥当性については，これ以外の方法から別の形で確認する必要がある。ここでは，重回帰分析を行う際に示されるVIF（Variance Inflation Factor：分散拡大要因）値の確認と事後シミュレーションという2つの方法より，分析結果の妥当性を検討することにしたい[156]。

5. 加齢・世代・時勢効果の推定とシミュレーション

前節で述べたように変数をコーディングし，かつJABISS（1976年）からJSS-GLOPE（2004年）までのデータを統合した上で，認知的な信頼と感情的な信頼のそれぞれについて，加齢，世代，時勢効果を推定した。その結果を整理したものが表9－2および表9－3である。加齢効果を考慮しない場合（ModelⅠ）の結果と，加齢効果を考慮した場合（ModelⅡ）の結果の両者を記している。このようにモデルを区別した理由は，すべての変数を投入した

---

(155) 政治への信頼に対する世代効果を議論する場合，この分類法は必ずしも適切ではないかもしれない。しかし，筆者以外の外的な基準や方法によって設けられた世代区分という点で，研究者の主観に基づくバイアスは避けることができる。本書ではこの点を重視する。

(156) なお，時勢効果を推定する際に，自由度を極端に高く見積もるため有意な結果が得られやすいという問題も発生するが，これは推定値にバイアスをかけるものではないため，ここでの分析では考慮しない。そもそも本章の分析は後に示すようにサンプルサイズが10,000以上であるため，ほぼ全ての変数が統計的に有意な結果を示すことになる。逆にいえば，有意かどうかはまったく重要ではない。

表9－2　認知的信頼に対する加齢・世代・時勢効果の推定結果

		Model I	VIF	Model II	VIF
加齢効果	年齢	−		0.001**	3.836
時勢効果	1983年6月	0.047**	1.764	0.040**	1.809
	1983年12月	0.046**	1.746	0.039**	1.788
	1993年	−0.075**	2.127	−0.088**	2.089
	1995年	−0.007	2.017	−0.028*	2.582
	1996年	−0.068**	2.066	−0.090**	2.747
	2003年	−0.029**	2.153	−0.059**	3.335
	2004年	−0.044**	1.798	−0.075**	2.722
世代効果	第一戦後世代	−0.054**	1.962	−0.035**	2.719
	団塊世代	−0.088**	1.831	−0.055**	3.748
	新人類世代	−0.082**	1.791	−0.039**	4.899
	団塊ジュニア以後	−0.092**	1.340	−0.029	3.172
	定数	0.447**		0.374*	
	N	12513		11797	
	adj. R^2	0.037		0.037	

注1）時勢効果の基準は1976年，世代効果の基準は戦争世代
注2）数値は偏回帰係数。　＊：$p<0.05$，＊＊：$p<0.01$で統計的に有意

表9－3　感情的信頼に対する加齢・世代・時勢効果の推定結果

		Model I	VIF	Model II	VIF
加齢効果	年齢	−		0.002**	4.063
時勢効果	1983年6月	−0.077**	1.960	−0.088**	2.006
	1983年12月	−0.075**	1.923	−0.086**	1.964
	1993年	−0.073**	2.293	−0.095**	2.192
	1995年	−0.093**	2.234	−0.126**	2.840
	1996年	−0.136**	2.300	−0.171**	3.028
	2003年	−0.095**	2.337	−0.141**	3.551
	2004年	−0.136**	1.962	−0.185**	2.948
世代効果	第一戦後世代	−0.048**	1.909	−0.017*	2.751
	団塊世代	−0.109**	1.771	−0.057**	3.833
	新人類世代	−0.146**	1.744	−0.076**	5.075
	団塊ジュニア以後	−0.183**	1.335	−0.088**	3.316
	定数	0.887**		0.774**	
	N	11745		11083	
	調整済み決定係数	0.092		0.098	

注1）時勢効果の基準は1976年，世代効果の基準は戦争世代
注2）数値は偏回帰係数。　＊：$p<0.05$，＊＊：$p<0.01$で統計的に有意

場合とそうではない場合とで，結果がどのように異なるのかを示すためである。いずれの信頼を従属変数にする場合も，年齢変数の効果を考慮するかど

うかで結果（偏回帰係数）の値が異なっている。具体的には，年齢変数を考慮しないと世代効果を過大評価するバイアスと，時勢効果を過小評価するバイアスが発生するようである。

深刻な多重共線問題が発生しているかどうかは，VIF値を見ることで判断できる。この値が極端に大きな値を示していれば多重共線問題が発生していることになる[157]。Model Iについては，いずれの結果についてもほとんど多重共線問題は発生していないと考えてよいだろう。他方のModel IIについては，深刻な多重共線問題が発生しているとはいえないが，やや推定値は不安定なものとなっている可能性がある。VIF値はModel Iと比較して全体的に増加しており，中には5を超えるものもある。

VIF値の値を見る限りやや不安定でバイアスのかかった分析結果であることは否定できないが，しかし，その程度は比較的小さいように思われる。少なくともModel IとModel IIの結果は大きく乖離していないし，係数の符号が逆転するといった問題も発生していない。よって，以下ではこのModel IIの結果をもとに，それぞれの効果について考察していきたい。

まず認知的な信頼に対する加齢効果であるが，係数値は0.001と小さいものの，年齢があがるほど信頼も高くなるという結果が示されている。世代効果についても，係数値はそれほど大きくないが，基本的にはあるとみなせる。ただし，団塊ジュニア世代以後の変数については，統計的に有意ではないという結果が示されている。

日本社会は1970年代以降，少子高齢化傾向にあるので，加齢効果という観点から認知的な信頼の変動は説明できない。加齢効果によって変動を説明できるのなら，信頼は上がっていなければならないからである。また，団塊世代をピークに世代効果の値は小さくなっているので，世代交代によって信頼が低下しているともいえない。以上より，認知的な信頼の変動をうまく説明できるのは時勢効果であるということになる。基準カテゴリをどこに設定す

---

(157) 一般的にはVIFが15を超えると多重共線問題が発生しているとみなされる。しかし，この値に理論的根拠があるわけではない。そのため10という値が設定されることもあるし，さらには4や6という値が設定されることもある（Fox 1998; Cohen et al. 2003）。このようにVIF値だけでは結果の頑健性を保証できないため，事後シミュレーションを行うことで，深刻なミスが発生していないことを確認する必要がある。

るかで結果は変わるが，1980年代には正の影響を，また1990年代以降は負の影響を信頼に与えている。これは，実際の認知的な信頼の推移とも一致する。

次に感情的な信頼の変動要因について確認していこう。加齢効果は，認知的な信頼に対するそれと比較すると，相対的には大きな値が示されている。世代効果も認知的な信頼に対するそれと比較すると大きな値を示しているといえる。より特徴的なのは，世代変数と時勢変数の係数値である。ともに認知的な信頼に対する効果とは異なり，時勢が変わるごとに，また世代が変わるごとに感情的な信頼に対してより大きな負の効果を与えるようである。

この世代効果と時勢効果の違いを整理したものが図9－3である。左の図には時勢効果を，右の図には世代効果を整理した。認知的な信頼に対する時勢効果は，1980年代は正の影響を，1990年代以降は負の影響を与えている。他方，感情的な信頼に対しては，一貫して負の影響を与えており，かつその値は1980年代以降徐々に増加している。同様に世代効果についても，認知的な信頼か感情的な信頼かで効果のパターンは大きく異なっている。認知的な信頼に対しては，それほど強い影響を与えてないが，感情的な信頼に対しては比較的強い影響を与えているようである。さらにその値は世代が変わるごとに大きくなっている。

この図は，感情的な信頼と認知的な信頼とでは，時勢効果と世代効果が大きく異なることを示している。初期政治的社会化を通じての学習は，感情的

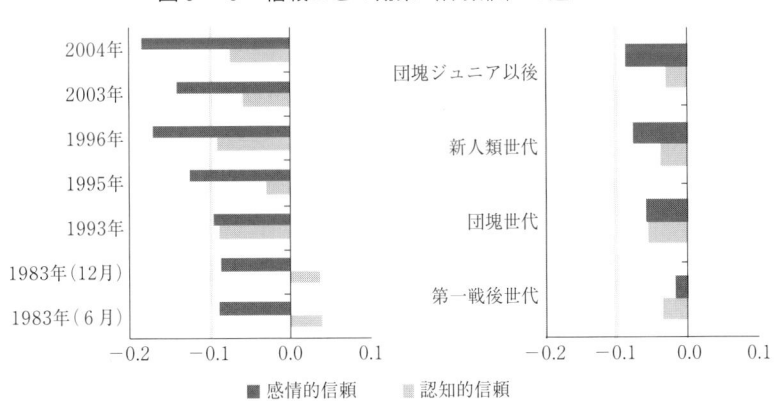

図9－3　信頼ごとの効果（係数値）の違い

注）左図：時勢効果　右図：世代効果

な信頼の変動についてのみあてはまる。認知的な信頼については，そのような効果はほとんどないと考えてよい。また時勢効果についても，認知か感情かで大きく異なっている。認知的な信頼の時勢効果は，その時々の政治状況への認知の変化を反映しているのだろう。対して感情的な信頼に対する時勢効果は，表9－1でいうところの制度的学習を意味するものと考えられる。

しかし回帰分析の結果だけでは何が意識変動要因となっているのかが明らかではない。そこでModel Ⅱの結果をもとに事後シミュレーションを行った[158]。その結果を整理したものが表9－4である。ただし同一調査内の意識変動は，その多くが時勢効果によるものであることから[159]，この表では結果を省略している。

結果について考察する前に，予測の精度について確認しておこう。表9－4から明らかなように，実測値と予測値が大きくかけ離れているわけではなく，この違いはすべて誤差の範囲内である。ゆえに予測は概ね成功しているといえる。

認知的な信頼の事後シミュレーション結果について確認すると，その変動のほとんどが時勢効果によるものであることがわかる。加齢効果はその係数の小ささゆえにか，認知的な信頼の低下や増加とほとんど関係がない。世代効果による変動も同様に，認知的な信頼の低下にほとんど寄与していない。

対して，感情的な信頼については，時勢効果の存在も認められるが，それ

表9－4　Model Ⅱの推定結果を用いた事後シミュレーション

	認知的信頼			感情的信頼		
	76→83(6)	83(12)→93	96→03	76→83(6)	83(12)→93	96→03
加齢変動予測値	0.003	0.004	−0.001	0.005	0.006	−0.002
世代変動予測値	−0.003	−0.005	−0.003	−0.008	−0.011	−0.014
時勢変動予測値	0.040	−0.126	0.031	−0.088	−0.009	0.030
計	0.040	−0.127	0.027	−0.091	−0.014	0.014
実測値	0.038	−0.132	0.027	−0.093	−0.019	0.012

(158)　シミュレーションは，回帰係数に調査年ごとの独立変数の平均値を乗じるという方法で行っている。ただし基準カテゴリ（戦前世代および1976年ダミー）については，0値で固定しているので計算していない。

(159)　パネル調査の場合，年齢分布と世代分布はほぼ固定されており，意識変動要因はほぼ時勢効果に限定される。ゆえに同一調査内の推移について分析する意味はない。

だけではなく世代交代による意識変動もかなりの程度認められる。特に1980年代から1990年代にかけての信頼の低下は，時勢効果というよりも世代交代によるところの方が大きい。認知的な信頼の低下とは異なる結果だといえる。

調査年ダミーを用いて時勢効果を操作化するという都合上，意識変動の多くは必然的に時勢効果によるものとなってしまうが，そのような状況においてもなお，感情的な信頼は世代交代によって低下していた。制度的学習（時勢効果）という側面もあるだろうが，それだけではなく，感情的な信頼の低下は世代交代によってもたらされている。一方の認知的な信頼は時勢の変化によって，他方の感情的な信頼は世代交代によって変動していると見てよいのではないだろうか。

小　括

政治への信頼の変動要因は，それが認知的か感情的かで大きく異なる。前章ではロッキード事件発覚の効果の分析を通じて，現実政治への認知や認識の変化は，感情的な信頼の変動要因とはならないことを示した。では，何が感情的な信頼の変動要因なのか。どのようなメカニズムでこの信頼は低下しているのか。この疑問に，加齢，世代，時勢効果を明らかにすることを通じてこたえることが，本章の課題であった。

本章の分析結果から明らかになったのは，第1に認知的な信頼の変動は時勢効果からその多くを説明することができるということである。その時々の政治状況に応じて，有権者の政治に対する認識は変化する。そして，この変化に即した形で認知的な政治への信頼もまた変化するものだと考えられる[160]。事実，表9－4の事後シミュレーションの結果は，時勢効果が認知的な信頼の変動の多くを説明することを明らかにしている。前章の知見と整合的な分析結果だといえる。

第2に，感情的な信頼については，世代効果によってその変動の多くを説

（160）　内閣支持率が容易に変動する意識であることは広く知られているが，これと政治への信頼が相互に影響を与えあうことは，既にいくつかの分析から実証されている（Hetherington 1998; Chanley et al. 2000）。政治への信頼も内閣支持率と同様に，変動しやすい意識であることをこれは示すものだといえる。

明することが可能であることもここでは明らかにした。もちろん，これは時勢がこの信頼にまったく影響を与えていないことを意味しない。むしろ，時勢効果によって説明できる部分は，認知的な信頼と同じく大きい。特に近年においては，認知と感情の相互連関が密接になりつつあるためか，時勢が感情的な信頼に与える影響はより顕著なものとなっている。しかしそれを考慮してもなお，世代交代による意識変動を確認することができた。

　ここで改めて政治への信頼の低下に基づく代議制の危機論について検討しておきたい。1990年代以降に低下している政治への信頼が認知的な信頼であることは既に述べた。また第Ⅱ部ではこの信頼が政治的正統性を支える政治意識ではないことについても明らかにしたが，この点にくわえて信頼の低下から代議制の危機を主張する議論にはもう1つの「落とし穴」がある。それは，認知的な信頼の低下は，実は回復させることが可能だという点である。

　認知的な信頼は時勢に規定されている。そのため，この信頼の低下という現象は，実際に行われている政治に対して否定的な認識が「一時的」に抱かれていることの帰結に過ぎない。もちろん，有権者に肯定的に評価されるような政策を実施することが難しいという指摘はあるだろうが，それはあくまで政治や制度の問題であって，有権者の側の問題ではない。少なくとも認知的な信頼の低下に歯止めをかけることは十分可能であり，したがってこれを危機と呼ぶかどうかは，慎重に判断する必要がある。

　しかし，感情的な信頼については，その低下に歯止めをかけることは容易ではない。なぜなら上述したように，この信頼の低下は世代交代によって生じている可能性が高いからである。もちろん感情的な信頼は今日においても高い水準にあり，さらに世代交代による信頼の低下は時勢効果によって「相殺」されているため顕在化していない。しかし，この信頼の低下が顕在化する前に，何らかの対策を講じる必要はあるだろう。

　そのためには，本章の分析で明らかにした世代交代の「意味」を，より詳細な分析から明らかにしなければならない。なぜ世代が変わると信頼は低下するのか。どのような社会的，政治的，文化的変動が，感情的な信頼低下の原因となっているのか。第10章では，この世代交代による信頼の低下という問題について，さらに分析する。

第10章　社会変動，価値変動，そして信頼の低下

　第10章で検討するのは，世代交代を通じての意識変動についてである。なぜ世代が変わると信頼は低下するのか。なぜ古い世代の人々は政治への感情的な信頼が高いのに対して，新しい世代の人々のそれは低いのか。何が世代間の信頼の相違をもたらしているのか。本章では，戦後日本の社会的変動が，政治文化の変容というべき「マクロレベル」の意識変動をもたらしたことで，世代間で感情的な信頼の差が生じていることを明らかにする。

はじめに

　前章では，感情的な政治への信頼低下の原因は世代交代であることを，変動要因を加齢・世代・時勢の３効果に分解する方法より明らかにした。信頼の高い古い世代が社会から退場し，代わって信頼の低い新しい世代が入場することで，感情的な信頼は低下する。現時点では加齢効果や時勢効果によってその傾向が顕在化するには至っていないが，今後ともそれが継続する保証はない。さらに問題を複雑化させているのは，世代交代による信頼の低下は，政治・行政改革などを行っても歯止めをかけることが難しいということである。ある世代に特有の政治意識は，初期の政治的社会化過程で形成されたものであり，ゆえに安定的である。だからこそ，この問題は深刻だということもできる。
　感情的な信頼の低下への対処法について検討するには，世代交代の意味するところをより詳細な分析から明らかにしなければならない。なぜ世代が変わると信頼もまた変化するのか。なぜ新しい世代の人々の信頼は低いのに対

して、古い世代の人々の信頼は高いのか。信頼の世代間差は何を原因に生じるものと考えられるのか。これらの疑問にこたえることで、我々はこの問題に対処するにはどのようにすべきかについて明らかにすることができるだろう。

結論を先取りして述べれば、感情的な信頼の世代間差を説明するのは、世代ごとの価値観の違いである。戦後日本の社会的文化的変動は人々の生活様式を一変させた。その過程で、明治以来培われてきた日本の伝統的な価値観は、徐々に衰退していくこととなる。特に戦後の大規模な人口の流出入は、地縁からの離脱を促進させたという点で、伝統的価値観の変容をもたらす主要因となった。

欧米では、社会経済的変動に伴う物質主義から脱物質主義へという価値変動が、1960年代あるいは1970年代より世代交代を通じて生じた。価値観の脱物質主義化ないしは自己実現化は、第7章で論じたように、エリート挑戦的な政治参加の台頭をもたらす要因である。すなわち価値観の脱物質主義化は、公的領域へのさらなる政治参加を促進させるという側面を有する。

しかし日本の価値変動は、欧米のそれとは異なり、「私的な脱物質主義化」とでもいうべきものである（池田 2007）。端的にいえば、それは公（public）から私（private）への変化を意味する価値変動だったのである。その背景には、伝統的価値観が公的領域への関与を担保していたという日本の社会文化的背景がある。つまり、伝統的価値観の衰退は、公への帰属の衰退をその帰結として生じさせた。

世代交代に基づく感情的な信頼の低下は、このような伝統的価値観の衰退から説明することができる。公から私へという価値変動は、先に述べたように政治への帰属の衰退を意味するものであった。感情的な政治への信頼は、倫理的であるがゆえに政治体と自己を結節する紐帯でもある。だからこそ伝統的な価値観の衰退は、感情的な信頼の低下をもたらす。本章で明らかにするのは、そのような戦後日本の価値変動と信頼低下の関連についてである。

1. 価値変動と信頼の低下

政治への信頼の低下を説明する議論は、第8章および第9章で述べたように数多く存在するが、世代交代という点に着目するなら、特に重要なのはイ

ングルハートによる価値変動の議論であるように思われる（Inglehart 1977＝1978, 1990＝1993, 1997; Inglehart and Welzel 2005）。物質主義（materialism）から脱物質主義（post-materialism）への価値観の変動が信頼の低下をもたらしているという彼の主張に対しては様々な観点からの批判が存在するが（日野 2005），世界的な政治への信頼の低下を説明する理論としては説得的である。以下，その内容について簡単に概観していこう。

イングルハートの価値変動論は，次に述べる2つの基本仮説より構成される。第1は欠乏仮説（scarcity hypothesis）である。個人が追求する目標（価値観）は，それをとりまく社会経済的環境に規定されている。換言すれば，人間は相対的に満たされていない目標を追求する性質をもつ。欠乏仮説ならびにその基礎にあるマズロウの欲求階層理論の背景には，そのような人間観がある[161]。

人間はまず生存することを目標とする。ゆえに生存が脅かされている環境で生活している人々は，社会秩序の維持や経済的な発展に価値を置く。しかし衣食住が満たされる方向へと社会が変わると，今度は経済発展に比べてより「人間らしい」目標を重要視するようになる。自己の政治的影響力の拡充（自己実現）や環境の保全などがそれにあたる。イングルハートは，社会経済的変動がこのような価値観の変動をもたらすと考える。

イングルハートは価値変動を時勢効果ではなく世代効果から説明する。その主張の根幹にあるのが第2の社会化仮説（socialization hypothesis）である。幼年期あるいは青年期において培われるのは価値観であり，単なる選好ではない。時勢ではなく世代効果から価値変動を説明するからこそ，物質主義から脱物質主義への変動は中・長期的に生じるものと主張することができる[162]。

イングルハートとウェルゼルによれば（Inglehart and Welzel 2005），この価値観の脱物質主義化をもたらす要因として特に重要なのは次の3点である。

---

(161) マズロウの理論の概略とその意義については，ゴーブルの著書に詳しく解説されているのでそちらを参照のこと（Goble 1970＝1972）。

(162) もっとも，幼年期における社会化の効果を過大視することは誤りである。価値観は青年期以降の政治的学習の中で変化する場合もある。ただしこれは幼年期における社会化過程で基本的な価値観が形成されないことを主張するものではなく，青年期以降の学習過程も重要であることを指摘するものである。

第1は経済が発展することによる資源の充足である。これによって，欠乏欲求は満たされることになる。第2は高等教育の普及に伴う知的能力・水準の向上である。これは，欠乏欲求を満たすと同時に，より高度な欲求を達成するための資源となる。第3は家族形態など社会のあり方が変化することによって生じる個人主義化である。個人主義化は，自身の自己実現（self-expression）をより求めるように作用する。

これら3つの要素はそれぞれが相互に関連し合いながら，脱物質主義的あるいは自己実現的な価値を重視する方向へという変化を生じさせる。本書の議論において重要となるのは，価値変動の帰結としての社会の平等化である。個人の自己実現を重視する社会とは，言い換えれば水平的な関係に基づく社会を意味している。教育水準の向上は，そのような平等化傾向にさらなる拍車をかける。つまり，端的にいえばイングルハートの価値変動論は公的権威の失墜を説明する議論なのである[163]。

以上はイングルハートのいう価値変動が，感情的な信頼低下の原因である可能性が高いことを示唆する。すなわち，物質的な価値を重視する古い世代よりも脱物質主義的な価値観を有する新しい世代の人々の方が平等主義的であるため，感情的な政治への信頼が低くなるということである。新しい政治文化が日本においても台頭しつつあることを実証する研究（中谷 2005）や[164]，日本の価値観の脱物質主義化を実証的に明らかにする研究などがある点に鑑みれば（Taniguchi 2006），日本においてもイングルハートのいう価値変動は生じていると考えた方がよいかもしれない。

---

[163] イングルハートのように価値変動に注目しているわけではないが，同じく社会・経済的な変動を重視する議論としてはマンスブリッジの議論があげられる（Mansbridge 1997=2002）。彼女によれば，近年における政治への信頼の低下の背後には，社会的連帯感の喪失や暴力への慣れ，家族形態の変化および離婚の増加などといった社会的な変化があるという。経済変動というよりも社会変動を重視している点でイングルハートとは異なるが，中・長期的な観点から政治への信頼の低下を捉えようとしている点では共通している。

[164] クラークらの議論はイングルハートの価値変動論をその基礎としている。それゆえにかなりの重複が見られるが，エリートレベルの政治意識の変化や，価値次元の設定など，脱物質主義の議論とは異なる点も多い（Clark et al. 1998）。

たしかにこの価値変動論は説得的な説明であるが，他方で信頼低下のパターンは一様ではないだろう。イングルハートの議論は，全世界的な平均的な傾向を説明するものであり，信頼低下の国ごとのバリエーションについてはうまく説明できないという難点がある。くわえて，日本の政治意識変動を議論する際に，イングルハートの議論は不十分であるという指摘があることもここで触れておきたい（Ike 1973; Watanuki 1967, 1974; Flanagan 1979）。その意味でも，この議論を直接的に日本に適用することはできないように思われる。

　では何が世代間の信頼の差を説明するのか。本書は，イングルハートと同じく社会経済変動に伴う価値観の変化がこれを説明すると考えている。ただし，脱物質主義的価値観とは異なる価値観に注目するという点でイングルハートの議論とは異なる。また，単なる個人内の価値変動だけではなく，よりマクロなレベルの意識変化の側面にもここでは注目する。

2. 日本における私的な脱物質主義化

　「もはや戦後ではない」と謳われたのは第2次世界大戦の終結からおよそ10年後の1956年であるが[165]，戦前と戦後を比較して，人々の生活様式が大きく変化したことは改めて指摘するまでもない。テレビ・洗濯機・冷蔵庫といった家電製品が一般家庭へと普及していった点に象徴されるように，人々の生活はいっそう豊かなものへと変化した。1955年頃より始まる高度経済成長は，公害問題など様々な社会問題を引き起こしたが，一方でそれは多くの人々をさらに豊かにさせていく上での一助ともなった。しかし，それは必ずしも，イングルハートが述べるような価値観の変化をもたらしたわけではなかった。

　先に述べたように，イングルハートの主張する価値変動とは，より高次な欲求としての自己実現を求める方向での価値変動である。そこでの自己実現とは，端的にいえば政治参加である[166]。ただしそれは第7章で述べたように，

---

(165) 具体的には，1956年7月に刊行された『高度経済成長白書（日本経済の成長と近代化）』の結びにおいて「もはや戦後ではない」と述べられた。

(166) しばしば誤解されることではあるが，価値観の脱物質主義化は物質的な欲求から「安定」などへとニーズが変化することを意味するわけではない。脱物質主義の操作的定義をみてもそれは明らかではあるが，ここでいう価値

非慣習的な，既存の政治的エリートに対する挑戦としての色彩を強く帯びた政治参加である。1990年代以降，NPOなど新たな市民社会組織が台頭しつつあることはたしかだが，他方でエリート挑戦的な政治参加は依然として低い水準にある。むしろ，日本人は豊かになるにしたがって，より「私化」していったのではないだろうか。

篠原（1971：40）は，1955年前後の大衆社会を振り返る中で以下のように述べる。「しかるに一九五五年以後は，耐久消費財と余暇にいろどられ，ささやかな家庭の幸せを追求する消費社会現象が大きくクローズアップされるに至った。民衆は決断とはうらはらに，政治をはなれてむしろ私的領域への関心にふけりつつあるかのようにみえる」。たしかに，1950年代以降，様々な市民・社会運動が各地で勃発したが，それはあくまで一時的なものであり，問題が収束していくにつれて運動も沈静化していった。革新自治体のムーヴメントも1980年代初頭には収束を迎え，以降，「保守回帰」の時代が到来することとなる。1960年代から1970年代にかけての日本の「参加の噴出」は，あくまで一時的なものであったこと，そして欧米とは異なる形での価値変動が生じていたことを，これは示唆しているように思われる。

1970年代より，日本人の政治意識が私生活を強調する方向へと変化し始めていることを指摘したのは児島（1980）であるが，その要因として経済的繁栄があげられていることは注目に値する。そのような有権者の中での自己実現は，あくまで私的領域の中での自己実現であり，公的領域の中でのそれではない。公的な参加を求めるのとは異なる「私的な脱物質主義化」とでも呼びうる価値変動が（池田 2007），日本では生じていたのである。

なぜ日本では欧米とは異なる価値変動が生じるに至ったのか。それぞれの国における価値変動のパターンはその国がこれまで歩んできた経路（path）に依存する。したがって，日本という国の社会的文化的特徴を理解することが，この点を理解する上での鍵となる。それは私的な脱物質主義化という価値変動が，結局のところ何を意味する変化なのかを理解することにも繋がる問題でもある。本書は，私的な脱物質主義化の「私的」という点に注目する。

とは端的に政治参加である。「お金ではなく田舎に行ってのんびりと暮らしたい」というような欲求と脱物質主義は関係がないことをここに強調しておきたい。

そしてこの私的の対極にあるのは、公的ではなく、実は「集団」あるいは伝統だと考えている。

高度経済成長は経済的繁栄をもたらした。しかし同時にその副作用として個人主義化という政治・社会意識の根本的な変化をもたらした。そのきっかけとなったのは、人口の都市への集中、あるいは大規模な人口移動である。図10-1は、大都市圏における転入超過の推移を整理したものである。この図には、高度経済成長期に大規模な人口の都市への流入があったことが示されている。

大規模な人口移動は、日本の伝統的な紐帯の弱化をもたらすものであった。いわゆるコミュニティの崩壊が問題視され始めたのは1960年代後半からであるが(国民生活審議会調査部会編 1969)、その背景に人口移動があったことは改めて指摘するまでもない。この頃より、日本の「文化」としてしばしば語られてきた集団主義的性格は急速に衰退していくことになる[167]。いわゆる伝統からの解放の帰結としての個人主義化がここに生じることになる[168]。

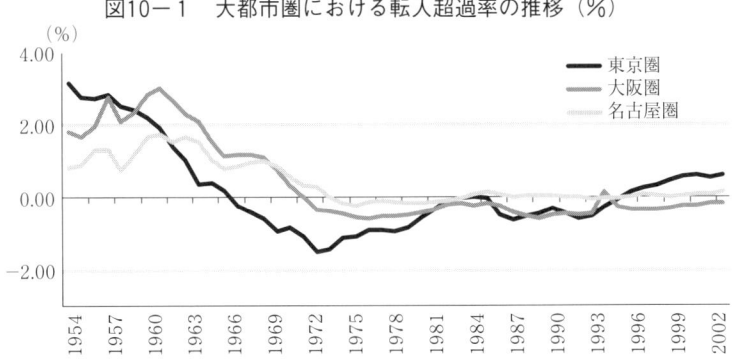

図10-1　大都市圏における転入超過率の推移 (％)

注) 総務省統計局『日本の長期統計系列』より作成

---

(167) 戦前の日本人は地域の共同体に根差した集団主義的価値を有していたことを指摘する議論は多い(丸山 1961)。ただしそのような傾向は、少なくとも今日には見られないとする反論もある(高野 2008)。本書は、今日においてもなお日本人は集団主義的だとする議論には懐疑的であるが、集団主義的傾向が以前は見られたという点については同意するものである。

(168) 核家族の増加から個人主義化は説明されることもあるが厳密にはこれ

もう少し詳しくこの点について説明しておこう。集団主義的性格からの解放の契機となったのは，第1に都市への大規模な人口流入とそれに伴うライフスタイルの変化である。図10-1に示したように1960年から1975年までの15年間に，三大都市圏（東京・大阪・名古屋）の人口はおよそ1500万人以上増加した。都市近郊に居住し近場のスーパーマーケットで買い物をすることが当たり前になっていくことは，私生活中心主義の拡大というよりも，旧態依然とした地縁からの解放を意味していた。一戸建てではなくマンションやアパートでの生活という変化も，その一助となったように思われる[169]。

　第2は，産業構造の変化である。とりわけ，第1次産業就労者人口割合の大幅な低下は，個人主義化にさらなる拍車をかけるに至った。なぜなら，農業を代表とする第1次産業は，個人で営むことが容易ではなく，その地域に住む人々の相互扶助によって成り立つ場合が多いからである[170]。相互扶助の精神を所与の前提とし，また，そのような精神抜きには成立することが困難な第1次産業への従事者が激減したことは，人々の共同志向性を弱化させる契機となったように思われる。

　長らく個人主義的価値観を共有してきた欧米においては，価値変動は，イ

　は誤りである。というのも，核家族は，戦前より一般的な家族形態のあり方として定着していたからである（『国勢調査』によれば，1960年時点において核家族割合は5割以上存在していた）。そうではなく，居住構造の変化に伴う単身世帯の増加が，恐らくは個人主義化をもたらした要因であると考える。なお，付言しておけば，核家族割合は1970年代以降ほとんど変化せず6割前後を推移しているのに対して，単身世帯数は1980年代以降増加傾向にある。

（169）　この点について興味深い実証結果を示しているのが大谷（2001）である。彼は，都市ほど近隣関係が希薄であるとする命題の妥当性について松山市，西宮市，八王子市，武蔵野市を対象に調査した結果，そのような傾向はみられなかったことを指摘する。かわって彼が近隣関係を規定している要因としてあげるのは，都市度ではなく居住形態，具体的には集合住宅に居住しているか否かである。都市度と近隣関係の相関は居住形態によってもたらされた擬似相関の可能性があるとの指摘は注目に値する。

（170）　農業に典型的にみられるように，第1次産業は共同作業を行うことで成立する場合が多い。なお，1953年時点では第1次産業就業者割合は4割程度であったが，1980年には1割程度にまで減少している。

ングルハートが述べるように新たな帰属(「公」)を求める方向への変化として現れた。しかし，集団への帰属が強調されてきた日本では，価値観の変化は，伝統からの解放を主として意味していた (Ike 1973)。ここに日本の脱物質主義化が「私的な脱物質主義化」となる要因がある。ただし本書は，この現象は私的な脱物質主義化というよりも，いわゆる伝統的価値観の衰退と呼ぶべきだと考えている。つまり，それまで公への関心を担保してきた伝統が，人口移動などを契機に衰退したからこそ，かわって私的な方向への変化が現れたと見た方がよい。

　ここで注意しなければならないことは集団主義が公への関心をもたらしたというよりも，集団による「拘束」によって関心が担保されていたと考える方が適当だということである。フラナガンとリチャードソンは，そのような日本人の政治行動(投票行動)を，ネットワークから説明される第3のモデルと呼んでいる (Flanagan and Richardson 1977=1980)。社会関係資本論にこれを位置づけるなら，架橋型ではなく，拘束型ということになろう (Putnam 2000=2006)[171]。

　イングルハート自身も，実は日本における価値変動が欧米におけるそれとは異質なものであることを，既に *Culture Shift in Advansed Society*(邦題『カルチャーシフトと政治変動』)の中で述べている。「日本の脱物質主義者にとって，自己実現は伝統的な社会が許容したよりも広範な，個人の集団の拘束からの解放を必要とし…(中略)…そのような環境においては，経済的，身体的安全への欲求に満足した者が，自己表現や自己実現を強調し，集団の結び付きという側面をより重視しなくなる」(Inglehart 1990=1993: 139-40, 147)。共同体と公への関心が奇妙な形で結合され，そして個人主義が公からの解放を意味していた日本における脱物質主義化は，公への関心に価値をおかない方向での価値変動であった。

　伝統からの解放という名の価値変動は，平等主義的な要素を含むので権威の失墜に伴う信頼の低下をもたらすが，それだけではなく政治体と自身の紐帯の弱化をもたらし，結果として代議制への感情的な信頼を低下させる。価

---

(171) いわゆる「ムラ」の選挙が，狭い範囲での閉鎖的なコミュニティの中での争いであった点を想起すればこの点は容易に理解できるところである (太田 1975)。

値観は，基本的には初期社会化過程で形成されると考えられるので，伝統的価値観の衰退は世代交代に基づくものである。世代間の感情的な信頼の差は，伝統的価値観の衰退から説明することができるだろう。

3. 伝統的価値観の衰退による意識変動

綿貫が文化政治（cultural politics）と称したように，戦後日本の対立軸を形成していたのは，社会的階層というよりも価値観の対立であった（Watanuki 1967, 1974）。いわゆる伝統対近代という価値の対立軸は，日本の政治意識研究では広く実証されているところであり（公平1997），その効力は今日においてもなお失われていないことも指摘されている（平野2007, 2012）。日本の価値変動を議論するには，物質対脱物質という軸と同等に，あるいはそれ以上にこの伝統的価値観にも注目しなければならない。

社会変動およびそれに伴う伝統的価値観の衰退は，具体的には2つの信頼の回答分布の変化をもたらした。その第1は意見の明確化（articulation）である。表3－1で示しているように，政治への信頼の回答分布は，1970年代から2000年代に至るまで大きく変化してきたが，それは信頼の低下だけではなくDK率の低下もあった。いわゆる意見の明確化と呼ばれる現象は，政治への信頼の低下を議論する上で，特に感情的な信頼の低下を議論する上では重要である。その理由は第1に，この意見の明確化傾向がもっとも顕著に見られたのが，認知ではなく感情的な信頼だからである。第2に，意見の明確化は教育水準の向上と価値変動の2つによってもたらされたと考えられるからである。

図10－2は認知的な信頼と感情的な信頼のDK率の推移を整理したものである。この図を見れば明らかなように，感情的な信頼のDK率はかなり高い値を示す。しかし一方で，調査年度を経るごとにDK率は低下していることもわかる。通常，意見の明確化は回答分布の両極への分極をもたらすとされているが（綿貫1997），政治への信頼に関しては，特に極端な意見が増えるわけでも，また信頼と不信の双方の回答率が増えているわけでもない。DK率の低下傾向と同時並行的に，比較的緩やかな形で政治への信頼も低下している点が特徴的だといえる。

複雑な質問や曖昧な質問の場合にDK率が高くなることは社会調査方法論

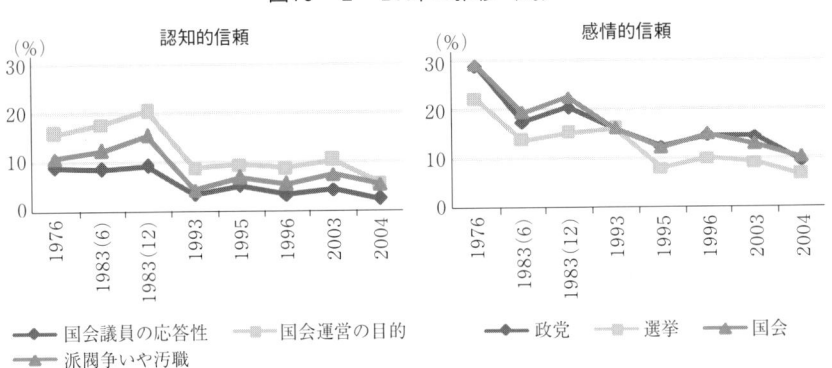

図10−2 DK率の推移（％）

認知的信頼：国会議員の応答性／国会運営の目的／派閥争いや汚職

感情的信頼：政党／選挙／国会

などでよく指摘されるところである。いわゆる認知的負荷（cognitive load）の高い質問は，総じてDK率が高くなる傾向にあるが，これは裏を返せば，人々の情報処理能力が向上するとDK率は下がることを意味している。つまり，意見の明確化の背景の1つには，戦後日本の大衆教育化があると考えられる。

しかし，それだけでこのDK率の推移について説明できるわけではない。本書では，このDK率の低下をもたらした背景には，先に述べた伝統からの離脱に伴う伝統的価値観の衰退があると考えている。

いわゆる日本文化論の中でしばしば指摘されることではあるが，集団主義的な狭いコミュニティの中では，自身の意見を明確に述べることが難しかったように思われる。言い換えれば伝統的価値観が，ある種の「社会的期待迎合バイアス」を発生させる要因となり（西澤・栗山 2010），その結果としてDK率が高くなってしまったように思われる。DK率の低下が回答者の情報処理能力の向上によるものであるなら，綿貫が指摘するように意見分布は両極化していくはずであるが，実際はそうはなっていない。

第2の変化は政治への信頼の低下である。ただしここで注意しなければならないのは，この変化はあくまでマクロレベルの変化だという点である。つまり，個人の意識の変化には還元することのできない，集団あるいは「文化」としての意識変動が生じたとここでは考えている。

イングルハートの議論は，個人の中での意識変動の帰結として，価値観の変動が生じること，あるいは信頼が低下することを説明するものである。ゆ

えに価値変動は，基本的には個人というミクロレベルの意識変動について論じるものだと解釈できる。しかし価値変動論は，実は個人ではなく世代という「集団」をその議論の対象としている。この集団レベルでの意識変動は，個人内の意識変動とは原理的には異なる。だからこそ価値変動論は，世代間の信頼の差について説明することが可能だと考える。

もちろんすべての世代がある価値観を共有しているという仮定は，実はかなり強引で現実的妥当性に欠けるものである。日本という国一つをとっても，地域によって生活のあり方は異なるし，また政治に対するものの見方や考え方も異なる。本書はそのこと自体を否定しているわけではなく，むしろそのような個人間の違いを肯定する立場にある。なぜなら，そのようなミクロレベルの差異を統制してはじめて，マクロレベルの差異についても検討することができるからである。しかし，すべての変動をミクロレベルのそれに還元して理解することは，原子論的誤謬（atomistic fallacy）を犯すことに繋がる。マクロレベルの変動という世代間の差も存在することを，ここでは主張する。

まとめれば，伝統的価値観の衰退は，DK率の低下と感情的な信頼の低下という2つの帰結を生じさせるに至った。それは個人レベルの意識変動というよりも，それとは区別される集団あるいは「文化変動」としての意識変動である。世代交代が価値変動を説明する所以は，まさにこの点に求められるといえよう。

4. どのように個人レベルと集団レベルの効果を推定するのか

ここまでの議論を通じて，個人レベルの意識変動とは異なるマクロレベルの意識変動の規定要因を分析することが本章における課題であることが明らかとなった。そのための方法として，本章ではマルチレベル分析を用いて政治への信頼の世代間差の説明要因を明らかにする。

ここでマルチレベル分析について簡単に説明する（図10-3）。一般に，ある独立変数（要因）の効果を明らかにする場合，回帰分析という手法が用いられる。本書でもこれまで回帰分析を行ってきたので，この点について説明する必要はないだろう。回帰分析は，上述したような従属変数（信頼）の集団ごとの差を考慮せずに独立変数の効果を推定する手法である。しかし従属変数に集団ごとの差が認められる場合[172]，回帰分析ではこの点をうまく分析

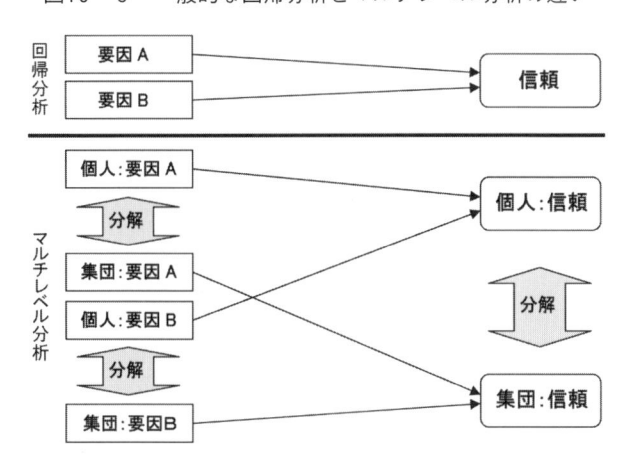

図10－3　一般的な回帰分析とマルチレベル分析の違い

[図：回帰分析では要因A・要因B→信頼。マルチレベル分析では個人：要因A／集団：要因A（分解）、個人：要因B／集団：要因B（分解）→個人：信頼／集団：信頼（分解）]

できない。個人レベルの独立変数が説明するのは，集団ではなくあくまで個人レベルの従属変数の分散だからである。

　マルチレベル分析は，そのような集団間の従属変数の分散を説明するのに有用である。この分析においては，従属変数の分散は，個人レベルの分散と集団レベルの分散とに分解される。そして，個人レベルとは異なる集団ごとの独立変数をうまく作成ないしは操作化すれば，個人レベルだけではなく，そこから分解された集団レベルの分散についても説明することが可能となる。

　前節の議論を通じて明らかにしたように，世代ごとの信頼の差は，世代という集団ごとの差を意味する。つまりこの分散の説明要因について明らかにするには，世代「間」の分散と世代「内」の分散とに従属変数の分散を分解した上で，それぞれの規定因について分析する必要がある。それを可能とするのがマルチレベル分析なのである[173]。

　以上より本章では，世代をグループとするマルチレベル分析により，その規定要因について明らかにすることを試みる。その前に以下の点について予

---

(172)　この集団間の差とは級内相関（intra-class correlation : ICC）のことを指している。

(173)　マルチレベル分析については，多くの解説が存在する（Kreft and Leeuw 1998; 筒井・不破 2008）。この手法についての詳細はこれらを参照されたい。

め述べておく。第1に本章における世代の操作的定義と，前章の世代の操作的定義は異なる。マルチレベル分析を行うには，集団レベルの分散を説明するという都合上，ある程度の集団数を確保しなければならない。もちろん，必要となるグループ数はデータの性質によって異なるが[174]，前章で操作化した5つの世代数（戦前・第一戦後・団塊・新人類・団塊ジュニア）は明らかに少なすぎる。このため本章では世代変数を1900年以前，1901-05年，1906-10年・・・1971-75年，1976年以降生まれという形で操作化した。

第2に，このように世代を細かく分割しているため，年齢については分析に使用することを避ける。世代を細かく分けることで，多重共線問題に近似する推定のミスが発生したためである[175]。つまり，後に示す世代の切片のランダム効果や時勢効果には，加齢効果を制御できていないことによるバイアスがかかっている。ただし前章の分析結果によれば，加齢効果はそれほど大きくないと考えられるので，深刻なバイアスが発生している可能性は低い。

第3に，本書の目的はあくまで世代間の分散について説明することである。つまり世代ごとの独立変数の傾きの違いについては，ここでは分析しない。マルチレベル分析の強みは，グループ間の分散を説明することにくわえて，グループごとの独立変数の効果の違いについても明らかにできるところにある[176]。しかし，本書の目的が世代内の効果の違いにあるわけではない以上，この点の分析は行わないことをここに述べておく。

5．マルチレベル分析による世代間差の実証分析

マルチレベル分析を行う前に，グループレベルの価値観と信頼の関係につ

---

(174) 一般的には50以上のグループ数が望ましいとされているが，データの性質や分析モデルによって，どの程度のグループ数を必要とするかは大きく変わる。

(175) 実際に年齢を投入して分析を行ったところ，年齢の係数の符号が負になるなど，解釈が困難な結果が示された。識別問題に近似する問題が発生してしまったためだと考えられる。

(176) いわゆる集団レベルの変数と個人レベルの変数をかけ合わせたクロスレベル交差項（cross-level interaction）を投入し，個人レベルのランダム係数の変動について分析することで，この点について検討することができる。

いて確認しておく。その理由は，仮にグループレベルの関係性が存在しない場合は，そもそもそれがあることを前提とするマルチレベル分析を行う必要はないからである。そのため，マルチレベル分析を行う前に，信頼の世代間の差と価値観の差がどのような関係にあるのかを確認しておく必要がある。

図10－4は，保守イデオロギー，脱物質主義，伝統的価値観の3つの安定的な政治意識と認知および感情的な信頼の世代ごとの関係について整理したものである[177]。ここでは世代ごとのそれぞれの平均値をプロットしている。この図から明らかなように，保守イデオロギーおよび伝統的価値観と政治への信頼の間には，明確な関係があることがわかる。ただし，脱物質主義については，そもそも世代ごとの明確な差が存在せず，それゆえにグループレベルにおける関係もほとんどない。イングルハートの予測とは異なり，日本の脱物質主義化は世代交代を通じて生じているわけではないのかもしれない[178]。いずれにせよ，一部の価値観については明確なグループレベルの関係を確認することができたので，以下ではマルチレベル分析を行うことにする。

表10－1は，DK数を従属変数とするマルチレベル分析の結果を整理したものである。従属変数は認知，感情ともに3つの質問の合成変数であることから，従属変数は0から3までの値をとる変数である。独立変数には，本章では日本の社会文化的変動を背景に議論を進めてきた点を考慮し，性別や教育程度，さらに住居形態と都市規模もくわえている。また，推定は以下のようにモデルを分けた上で行っている。第1は価値観に関する変数を投入しないモデルである（Model Ⅰ）。第2は価値観変数を投入するモデルである（Model Ⅱ）。ここまでの分析を行った上で，従属変数にグループ間の差が認められる場合，価値観変数のグループ変数を投入した分析を行うことにして

---

(177) 使用するデータについて説明しておく。本章では，JABISS, JES（12月），JES Ⅱ（1993年），JSS-GLOPE（2003年）の4つのデータを用いて分析を行う。ただし伝統的価値観の効果を分析する場合は，JSS-GLOPE は用いていない。その理由は，JSS-GLOPE には伝統的価値観に関する質問がないからである。

(178) つまり，これまで示されてきた価値観の脱物質主義化は，少なくとも日本では世代効果というよりも時勢効果によってもたらされてきた可能性があることをこの結果は示唆している。もちろん，単純な操作化のミスなどそれ以外の可能性がないわけではないが，少なくとも本書の分析からは明確な世代間の差を見出せなかったことをここに記しておく。

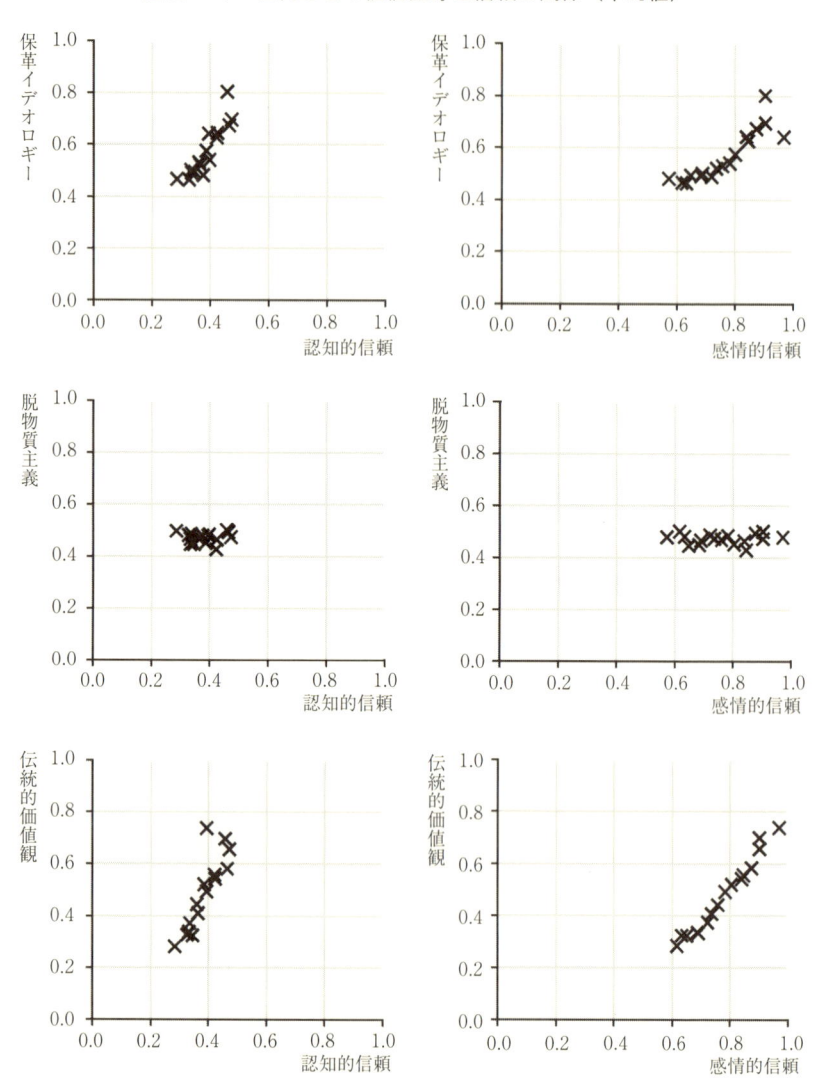

224　第Ⅲ部　信頼の変動要因

図10－4　世代ごとの価値観等と信頼の関係（平均値）

いる（Model Ⅲ）。

　表10－1の推定結果を確認しよう。まず価値観変数を投入しないModel Ⅰ であるが，性別と教育程度が統計的に有意な負の影響を与えている。女性で

表10-1 DK頻度を従属変数とするマルチレベル分析の結果

	認知的信頼		感情的信頼		
	Model Ⅰ	Model Ⅱ	Model Ⅰ	Model Ⅱ	Model Ⅲ
固定効果					
[ミクロレベル]					
性別	−0.181**	−0.105**	−0.258**	−0.010	−0.012
教育程度	−0.220**	−0.095**	−0.228**	−0.009	−0.002
住居形態	0.006	−0.019	0.004	0.007	0.004
都市規模	−0.014*	−0.008	−0.003	−0.003	−0.003
伝統的価値観		0.019*		0.031**	0.031**
脱物質主義		−0.027**		0.005	0.006
1983年	−0.003	0.005**	−0.318**	−0.064**	−0.061**
1993年	−0.126**	−0.082	−0.594**	−0.056**	−0.049**
2003年	−0.044*		−0.371**		
定数	0.598**	0.338**	1.026**	0.831**	0.549**
[マクロレベル]					
伝統的価値世代平均					0.607**
ランダム効果					
世代切片	0.171**	0.022	0.080**	0.064**	0.000
N	7198	3945	6768	3067	3067
グループ数	17	16	17	16	16

注1）数値は偏回帰係数。*：p<0.05，**：p<0.01で統計的に有意
注2）制限付き最尤法にて推定。なおグループユニットは世代（5歳刻みの出生年）である
注3）伝統的価値観と脱物質主義はグループ内センタリングを行っている

あり，また教育程度が低くなるほど，DK数が増えるようである。なお，この時点で従属変数のグループ間の差を示す「世代切片」は，認知，感情いずれも統計的に有意である。次に価値観変数を投入したModel Ⅱについて確認すると，伝統的価値観は正の方向で，脱物質主義は負の方向で統計的に有意という結果を示していた。ただし感情的な信頼に対する脱物質主義の効果は有意ではない。伝統的な価値観をもつ人ほどDK数が増加するというこの結果は，本書の想定通りの結果だといえる。ここで再度ランダム切片について確認すると，認知的な信頼については，有意ではなくなっている[179]。これに対して，感情的な信頼は，なお有意な値を示す。

そこでさらに集団レベルの変数を投入して推定を行った。その結果，マクロレベルの伝統的価値観変数の係数が正の方向で統計的に有意となり，かつ世代切片は統計的に有意ではなくなった。この結果は，従属変数のグループ

---

(179) Model Ⅰの結果から示された集団間の差は擬似的なものであったことをこの結果は意味する。

間の分散を,伝統的価値観のグループ間差がうまく説明できていることを意味する。本書の想定通りの結果が得られたといえる。

以上の結果から,感情的な信頼に関する意見の明確化は,認知的な信頼とは異なり伝統的価値観の世代間差から説明できることが明らかとなった。しかし,感情的な信頼の低下についても伝統的価値観の衰退から説明できるとは限らない。

そこで,認知的な信頼と感情的な信頼のそれぞれを従属変数とするマルチレベル分析を行った。その結果は表10-2に整理した通りである。ここでも,以下に述べるようにモデルを分けた上で,推定を行っている。第1は時勢効果のみを投入するモデルである(Model Ⅰ)。この分析を行うことで,従属変数に世代間の差があるかどうかを検証する。第2は価値観変数などを投入するモデルである(Model Ⅱ)。ここでは従属変数が政治への信頼である点を考慮し,保革イデオロギー,脱物質主義,伝統的価値観,暮らし向き認知の4つをモデルに投入している[180]。

表10-2 政治への信頼を従属変数とするマルチレベル分析の結果(個人レベルのみ)

	認知的信頼		感情的信頼	
	Model Ⅰ	Model Ⅱ	Model Ⅰ	Model Ⅱ
固定効果				
[ミクロレベル]				
性別		0.019†		-0.012
教育程度		0.019		-0.008
住居形態		0.008		0.008
都市規模		-0.004		-0.002
保革イデオロギー		0.014**		0.006
脱物質主義		-0.017**		0.007
伝統的価値観		0.030**		0.031**
暮らし向き認知		0.014**		0.005
1983年12月	0.056**	0.042**	-0.071**	-0.064**
1993年	-0.067**	-0.068**	-0.068**	-0.058**
2003年	-0.029*	—	-0.091**	—
定数	0.389**	0.376**	0.817**	0.827**
ランダム効果				
世代切片	0.030**	0.030**	0.081**	0.065**
N	6138	3217	5411	2919
グループ数	17	16	17	16

注1)数値は偏回帰係数。†:p<0.1, *:p<0.05, **:p<0.01で統計的に有意
注2)制限付き最尤法にて推定。なおグループユニットは世代(5歳刻みの出生年)である

さらにこの分析を行ってもなお従属変数にグループ間の差が認められた場合，グループレベルの変数を投入して，再度推定作業を行う。ただし，その際次の2点に注意しつつ分析を行う。第1は伝統的価値観を投入する場合（Model Ⅲ）と投入しない場合（Model Ⅳ）の区別についてである。これは伝統的価値観の説明力を検証するために行う。第2はフルモデルと倹約的（parsimonious）なモデル（Model Ⅴ）の区別である。ここで分析に使用するデータはグループ数が少ないので，多くのグループ変数を投入して分析を行うことはあまり適切な方法だとはいえない。ゆえに，統計的に有意ではない変数を徐々に減らしていき，もっともデータに適合的で，かつ独立変数の数の少ない結果を示す。以上を整理したものが表10-3である。

まずはミクロレベルの変数のみを投入している表10-2の結果から確認しよう。Model Ⅰについて確認すると，認知，感情いずれについても，世代切片は統計的に有意である。両者に従属変数の世代間差が存在することがわかる。ただし，その値は感情的な信頼の方が大きい[181]。

この従属変数の世代間差は，個人レベルの変数を投入してもなお有意なのか。Model Ⅱの推定結果は，すべての個人レベルの変数を投入しても，従属変数の分散の値は大きくは変わらず，統計的に有意であることを示している。認知と感情のいずれについても，個人レベルには還元できない世代間の信頼の差があることを示す結果だといえる。なお，このModel Ⅱについて詳しく検討しておくと，認知的な信頼に対して有意な影響を与えているのは性別，保革イデオロギー，脱物質主義，伝統的価値観，暮らし向き認知であった。女性であり，保守的で，脱物質主義的で，伝統的で，暮らし向きを良くなったと感じている人ほど，認知的な信頼を抱くようである。対して感情的な信頼については，伝統的価値観のみが有意な影響を与えている[182]。感情的な信

---

(180) 保革イデオロギーは価値観と同じく安定的な政治意識であり，かつ信頼と関係があるからである。暮らし向き認知は経済状況への認知の代替変数である。先行研究の結果にしたがえば（Hetherington 1998, 2005），この変数は認知的な信頼のみを規定すると予測される。

(181) 前章で示した分析結果と整合的な結果が得られたと解釈することができる。

(182) 脱物質主義的な価値観が信頼を有意に下げるというのは，イングルハートの想定と一致する。つまり，イングルハートが見ていた政治への信頼の低

表10-3 政治への信頼を従属変数とするマルチレベル分析の結果(個人+集団)

	認知的信頼			感情的信頼		
	Model III	Model IV	Model V	Model III	Model IV	Model V
固定効果						
[ミクロレベル]						
性別	0.018†	0.015		−0.015*	−0.014	
教育程度	0.034*	0.030†	0.033*	−0.004	−0.002	
住居形態	0.004*	0.002†		0.003	0.004	
都市規模	−0.007	−0.005		−0.008*	−0.003	
保革イデオロギー	0.025**	0.015**	0.015**	0.014**	0.007†	
脱物質主義	−0.015**	−0.017**	−0.017**	0.004	0.007†	
伝統的価値観		0.031**	0.031**		0.031**	0.030**
暮らし向き認知	0.018**	0.015**	0.015**	0.007†	0.005	
1983年12月	0.044**	0.046**	0.047**	−0.066**	−0.061**	−0.070**
1993年	−0.070**	−0.057**	−0.055**	−0.062**	−0.050**	−0.058**
2003年	−0.038**			−0.080**		
[マクロレベル]						
都市規模世代平均	0.056	0.109		−0.191**	−0.048	
イデオロギー世代平均	0.524**	0.064		0.796**	0.142	
脱物質主義世代平均	0.184	0.176		−0.170	0.162	
伝統的価値世代平均		0.356*	0.365**		0.502**	0.591**
暮らし向き認知世代平均	0.063	0.253		−0.350*	0.018	
定数	−0.141	−0.158		0.912**	0.557	0.552
ランダム効果						
世代切片	0.008	0.000	0.008	0.012**	0.000	0.000
N	4648	3217	3222	4240	2919	3348
グループ数	17	16	16	17	16	16

注1)数値は偏回帰係数。†:p<0.1, *:p<0.05, **:p<0.01で統計的に有意
注2)制限付き最尤法にて推定。なおグループユニットは世代(5歳刻みの出生年)である
注3)都市規模,イデオロギー,脱物質主義,伝統的価値観,暮らし向き認知は多重共線問題を避けるためにグループ内センタリングを行っている

頼の個人レベルの分散は,伝統的価値の高低でその多くを説明できるということなのだろう。

　以上に見たように,個人レベルの変数を投入してもなお世代間の差が認められたので,続いてグループレベルの変数も投入した推定結果を確認することにしよう。まず伝統的価値観以外の変数を投入した結果(Model III)を見ると,認知的な信頼については保革イデオロギーが,感情的な信頼について

下とは,本書でいうところの認知的な信頼であったことをこの結果は示唆するものだといえる。もっとも,脱物質主義的価値観は世代間の分散を説明しないことは,既に図10-2で示している。

は都市規模，保革イデオロギー，暮らし向き認知の3つのマクロ変数が統計的に有意な影響を与えていた。しかし伝統的価値観を投入したModel Ⅳの結果を見ると，認知，感情いずれについても，伝統的価値観のマクロ変数のみが統計的に有意な影響を与えており，他の変数は有意ではないという結果が示された。伝統的価値観の説明力の高さを窺い知ることのできる結果だといえる。独立変数の数を減じたModel Ⅴでは，その影響力はより顕著なものとなっている。感情的な信頼の世代間差は，伝統的価値観の違いによって説明できることをここでの分析結果は示すものと考えられる。

小 括

　かつて，日本の伝統的な価値観は，民主主義を阻害するものとして捉えられていた。それは「美徳」として明治以来の国家ないしは家族主義的教育の中で形成されてきたものであるが，戦後は悪しき慣習であるとみなされるようになった。「民主化」「市民教育」「近代」といった概念がこれの対極にあるものとして位置づけられたのは，そのような事情を踏まえれば必然的であったといえる。それゆえに戦後日本の啓蒙民主主義家たちの課題は，伝統的な社会から離脱し，真に平等な民主社会を築いていくことであった。
　しかし，伝統からの離脱の帰結として生じたのは，そのような啓蒙思想家が描いていた社会とは大きくかけ離れたものであった。伝統的な社会からの解放は，イングルハートの述べる脱物質主義化ではなく，公への関与から距離をおこうとする私的な脱物質主義化だった。その意味でやや皮肉な話ではあるが，啓蒙思想家たちが忌避してきた伝統的価値観が，「相対的」には日本の民主主義を支えていたことになってしまった。
　世代の交代に伴う感情的な信頼低下の背景には，そのような伝統的価値観から私的な脱物質主義化という価値観の変化があったことを本章の分析は明らかにした。高度経済成長に伴う大規模な人口移動は，政治的社会化という価値観の伝達プロセスの「断絶」を生じさせることにおそらく貢献したのだろう。地縁に縛られる社会を相対化して観察できる環境を人々が得たことも大きかったのかもしれない。いずれにせよ，日本の社会的文化的変動の帰結は，（代議制）民主主義への信頼の低下だったと考えられる。
　もっとも，本書は伝統的な社会に回帰することが感情的な信頼の低下とい

う問題に対する「処方箋」であるとは考えていない。価値変動は不可逆的な変化であり，むしろこれを元来の状態に戻すことには無理がある。くわえていえば，そのような伝統的な社会があるべき社会だと考えているわけでもない。戻ることではなく，進むことを我々は検討すべきだろう。この点については，終章にて論じることにしたい。

終章　日本の政治文化と代議制民主主義

　終章では，これまでの知見を要約した上で，本書の分析を通じて明らかにした代議制の危機について説明するとともに，その危機にいかにして対処すべきかについて論じる。具体的には，認知的な信頼の低下ではなく代議制を支える感情的な信頼の低下が代議制の危機であること，そしてその低下に対しては，個と共を連結させる新たな仕組みが有効な処方箋となり得る可能性があることを述べる。

1. 本書は何を明らかにしたのか

　本書の目的は，政治への信頼の実証分析を通じて，今日指摘されている代議制の危機とは何かを明らかにすることであった。「政治への信頼の低下が代議制の危機である」という主張への懐疑を出発点に，これがいかなる誤解に基づいているのか，そして本当の意味での代議制の危機とは何かを明らかにすることが，本書の課題であった。

　そのために本書ではまず，第1章で政治への信頼を次に述べる2つに分類することを述べた。1つは，現実政治への認知や認識をその基礎とする信頼である。この個別具体的な政治的対象に対して向けられる戦略的な信頼を，本書では認知的な政治への信頼と呼ぶ。もう1つは，抽象的で曖昧な政治制度や政治システム全体に対して抱かれる感情を基礎とする信頼である。倫理的であり，システムへの中・長期的な支持を調達する「貯蔵庫」としての特徴をもつこの信頼を，本書では感情的な政治への信頼と呼ぶ。そしてこの信頼こそが，代議制の政治的正統性を支える一般支持であることをここでは論

じた。
　これら2つの信頼は，具体的にはどのような質問から操作的に定義されるのか。それを論じたのが第2章であり，具体的には，認知的な政治への信頼は政治家に対する認知や認識に関する3つの質問から，それに対して感情的な信頼については選挙や政党といった政治制度への規範意識を尋ねる質問から操作化することを述べた。さらにここでは，近年の政治への信頼に関する研究で用いられている政治的信頼指標にはいくつかの問題が存在すること，少なくとも本書の目的から見て適当な操作的定義ではないことも述べた。
　第3章では，以上に述べた政治への信頼の分析枠組みの妥当性を，その推移や構造的特徴の分析を通じて検証した。認知的な信頼と感情的な信頼は，相互に関連を有しつつも基本的には独立している政治意識であり，またそれゆえに両者の特徴は大きく異なる。認知的な信頼は，その水準が低く，かつ容易に変動するという特徴をもつ。他方の感情的な信頼は，その水準が高く比較的安定している。そして1970年代から2000年代に至るまで，この信頼の2次元構造は安定していたことも，ここでは明らかにした。
　第Ⅱ部以降は，政治への信頼が低下するとどのような問題が生じるのか，また信頼の変動要因は何かといった，政治への信頼をめぐる因果関係の分析に着手した。第4章で議論したのは，政治への信頼が政党支持にどのような影響を与えるのかであった。一般に政治への信頼低下の帰結として，無党派層の増加が指摘されている。しかしそれは誤りである可能性が高いこと，1990年代以降の信頼低下の帰結として生じているのは自民党への支持の低下であることをここでは示した。
　第5章では，政治行動あるいは投票行動に対する信頼の効果という観点から，信頼低下の帰結について明らかにすることを試みた。そして，棄権と関連するのはそれほど低下していない感情的な信頼であり，認知的な信頼は投票方向の変化，具体的には自民党への投票傾向と関連することを実証的に示した。意識レベルではなく行動レベルにおいても，既に1990年代以降，政権交代の基盤が整っていたことをここでは指摘した。
　第6章では，政治への信頼と政策選好の関係について分析した。これまで有権者の政策選好は政党支持や保革イデオロギーなどから説明されてきたが，政治への信頼もまた政策選好を規定する要因である。ただし認知か感情かで政策選好に与える影響は異なるものとなるため，どの信頼がどの政策選好に

どのような影響を与えるのかを知ることが，信頼低下に伴う選好の変化を知る上では重要である。ここでは特に，1990年代における認知的な信頼の低下が政治・行政改革を支持する傾向を生みだしていることを明らかにした。

　第7章では，政治システムへの入力ではなく，システムからの出力としての政治的決定の受容と信頼がいかなる関係にあるのかを分析した。政治的正統性がこの議論の文脈では重要となるが，それと密接な関連を有するのは認知ではなく感情的な政治への信頼である。ここでは，信頼は政治的な逸脱行動を抑止する機能を有するのかという視点から，それが代議制において果たす役割について検討し，結果として，感情的な政治への信頼には政府に対する消極的な協力を促進させる効果があることを明らかにした。

　続く第III部では，政治への信頼の変動要因について分析した。なぜ政治への信頼は低下しているのか。認知と感情の変動パターンの差はどの点に見出すことができるのか。これらを明らかにすることを通じて，危機の「処方箋」を検討する上での知見を提示することが，ここでの課題であった。

　第8章では，ロッキード事件の効果の分析を通じて，認知的な信頼と感情的な信頼とでは，変動要因が異なる可能性が高いことを明らかにした。有権者に多大な影響を与えた，戦後の汚職事件を代表するロッキード事件は，認知的な信頼に対しては有意な影響を与えていたが，感情的な信頼についてはそれほど大きな影響を与えているとはいえなかった。この結果が示唆するのは，認知と感情とではその変動要因が大きく異なる，という単純ではあるが重要な事実である。

　では，具体的にそれぞれの信頼の変動要因はどのように異なるのか。この点を包括的な分析より明らかにしたのが第9章である。何が信頼低下をもたらすのか，両者の変動要因はどのように異なるのかを知る方法として，それを加齢・世代・時勢の3つに分けるアプローチは有益である。結果として，認知的な信頼は時勢効果によってその変動の多くを説明できること，また感情的な信頼は時勢効果と世代効果の2つによって，とりわけ後者によってその変動を説明できることが明らかとなった。

　第10章では，なぜ世代が交代すると感情的な政治への信頼が低下するのかを，価値変動の議論をてがかりに分析した。戦後日本の社会文化的変動は，その帰結として日本人の価値観の変化を生じさせたが，それはイングルハートが述べるようなものではなく，私的な脱物質主義化とでも呼ぶべきもので

あった。伝統からの離脱を意味するこの価値変動が，感情的な信頼の低下をもたらす原因となっている。このことを，ここでは世代間差の説明要因の分析を通じて実証した。

2. 何が代議制の危機なのか

本書の分析を通じて得られた知見を要約すれば，おおよそ次の2点となろう。第1は，代議制を支える政治への信頼とは，認知ではなく感情的な信頼だということである。第Ⅱ部の実証分析を通じて示したように，政党支持の有無や棄権，政治的逸脱行動などと関連するのは，認知ではなく感情的な信頼である。したがってこの信頼が低下すると，政治への志向性の減退や投票参加率の低下，政治的逸脱行動の増加といった様々な問題が生じる可能性が高くなると考えられる。

換言すればこの知見は，1990年代以降の認知的な政治への信頼の低下は，代議制の危機ではないことを明らかにしている。上述したように，代議制の危機をもたらす可能性が高いのは，認知ではなく感情的な信頼である。しかしこの信頼は，第3章で示したように，急激に低下しているわけではない。また，信頼の水準が低いわけでもない。今日においても，代議制の政治的正統性は担保されているといってよいだろう。多くの論者は，政治への信頼の構造や機能を適切に理解してこなかったために，危機ではない現象を危機であると誤解してしまった。認知的な政治への信頼の低下が代議制の危機をもたらすのであるなら，その水準が危機的状況にある日本の代議制は既に崩壊していてもおかしくはない。そのような状況においてもなお日本の代議制が存続しているという事実は，本書の主張を裏付ける証左である。

もっともこの主張は，日本の代議制が危機的状況に陥っていないことを主張するものでもない。たしかに信頼低下に伴う問題はそれほど顕在化していない。感情的な政治への信頼は，先に述べた通り今日においても高い水準を保っている。しかし，感情的な政治への信頼の低下を背景とする多くの問題が，今後顕在化していく可能性はある。さらにいえば，その傾向に歯止めをかけることはかなり困難でもある。

政治への信頼は政府の信頼性の反映であり，ゆえに政府が良い業績などをあげることで，あるいはさらなる制度改革を進めることで信頼低下に歯止め

をかけることが可能であるという見方がある。この指摘は一方では正しいが，他方では誤りである。なぜなら，それは認知的な信頼に限られるからである。感情的な政治への信頼が基本的には政治状況への認知に基づかないものであることは，第8章と第9章の実証分析を通じて明らかにした。感情的な政治への信頼は，政府の一時的な業績等に左右されない意識であることをこれは意味しており，したがって業績如何にかかわらずこの信頼は変わらない。どれほど政府が信頼性を向上させたとしても，感情的な信頼の低下という問題を解決するには十分ではない。むしろ，今後，感情的な政治への信頼は，世代交代が進んでいくにしたがって一層低下していくだろう。

世代効果は一生を通じてその態度が継続することを含意する。したがって，感情的な政治への信頼の低下が進行し始めると，理論上はその傾向に歯止めをかけることができないことになる。「自動的」に低下していく信頼を，我々は見守るしかないのかもしれない。

もちろん感情的な信頼の低下は，まだ顕在化するには至っていない。おそらくその原因は，少子高齢化社会という日本のいびつな人口（年齢）分布にあると考えられる。社会に参入してくる世代が少なく，後退していく世代もまた少ない日本という事情が，感情的な信頼の低下を潜在的な現象へと押しとどめることに貢献している。その意味で，本書の分析から示した感情的な信頼の低下は，かなり過大評価されたものである可能性は十分にある。

とはいえ，いずれ古い世代は退場し，個人主義化された有権者が多数を占める時代が到来する。その時，代議制に対する信頼の低下がもたらす諸問題は顕在化し始めることとなるだろう。政府に対して協力せず，また，入力も行わない有権者が多数を占める中で，日本の政治システムはさらなる機能不全に陥ることになる。

もちろんそれは「その他すべての条件が一定」の限りにおいて正しい。本書は，感情的な信頼の低下が代議制の危機を生じさせる可能性が高いことを指摘しているだけであり，その程度についてはほとんど論じていない。日本政治の未来を必要以上に悲観視する必要はない。あくまで，政治への信頼という概念に注目した時，代議制の未来はどのように「見える」のかをここでは示しているに過ぎない。しかしそれは，感情的な信頼の低下が代議制の危機をもたらし得る可能性があることを否定するものではない。

3. 危機に我々はどう対処すべきか

　深刻な危機に陥る前に我々がなすべきことは、いかにしてこの危機を未然に防ぐか、である。代議制の危機は、先に述べた通りその解決策をなかなか見出せない状況の下で信頼の低下が進展していくことにある。そのような状況に陥る前に我々はその対策について講じる必要がある。とはいえ、本書の目的はあくまで代議制の危機の実態とは何かという問いに実証分析を通じてこたえることであり、「処方箋」そのものを議論することではない。ゆえに以下で論じられるのは、それを検討するための僅かな材料に過ぎないが、それでもそのような作業には一定の意義があるだろう。
　本書は伝統への回帰を奨励するものではない。そのことは、第10章の小括でも述べた通りである。いわゆる「共同体の復活」や「地縁の再生」は、感情的な信頼の低下に歯止めをかける有効な策にはなり得ない。なぜなら、新しい世代はあくまで「個」に価値を置いているためである。世代効果は生涯を通じて安定的であり、それゆえに新たな世代の人々に共同体の復活を望むことはできないし、またそれを強調すると、かえって反発を招く恐れがある。くわえていえば、そのことが新たな世代間の対立を生じさせる引き金になる可能性もある。
　またこの信頼の低下は、熟議や討議による回復を必ずしも見込めるわけではない点も指摘しておきたい。何度も述べているように、価値観は意見や選好とは異なる政治意識である。世代効果論は、一生涯を通じて安定的であるということを前提としているので、熟議などによる価値観の変容の可能性は理論的にはほとんどないといってよい。くわえて熟議は理性に基づくが、本書が対象とする信頼は感情であることもこの問題を検討する上では重要である。本書が問題視しているのは、認知ではなく感情的な信頼の低下である。
　ではいかに危機に対処すべきか。村山（2009）の述べる公共政策システムへの移行は、その1つの解答かもしれない。村山が述べる議論には不確かで曖昧な点も多いが、この理論の最大の特徴は、原子化された個人を前提に、いかに認識レベルでの「共」を担保するかという点にある。個人主義と共同体主義という相矛盾する両者をいかに理論的に接合するかという問題意識は、東のいう「一般意思2.0」の議論の中でも共有されている（東 2011）。そして、

筆者もめざすべき方向性の1つは，個と共の接合であると見る。

　社会変動に伴う価値変動が不可逆的な変化である以上，我々は原子化された個人をやみくもに問題視するのではなく，それを前提とする新たな秩序形成の仕組みを模索する必要がある。新たな社会では，その社会の特徴ないしは政治文化に適合する新たな制度体系が求められる。それが熟議の民主主義か，活動する市民による統治か，それとも公共政策システムなのかはわからない。もしかしたら，問題は「我々が社会を見る視角」そのものにあるのかもしれない。

4. 日本の政治文化は市民文化か

　かつてアーモンドとヴァーバは，積極性と消極性の矛盾する両者を兼ね備えた諸個人によって織り成される市民文化（civic culture）が，民主主義を機能させる社会文化的基盤であることを述べた（Almond and Verba 1963=1974）。有権者の政治意識や行動のパターンに注目するという政治文化論は，その保守主義的傾向性も相まって，1970年代以降あまり見られなくなったが，アーモンドとヴァーバの理論を引き継ぐイングルハートの脱物質主義的価値観や，パットナムの社会関係資本論などへの注目を契機に，あるいは1990年代における民主化第3の波を契機に，2000年代に入り，再び注目されている。これらはいずれも異なるアプローチから，代議制を機能させる政治文化について実証的に明らかにするものであるが，他方で議論の中核に据えられているのはすべて同一であるようにも思われる。それは，「参加」を軸に政治文化について考える，という視点である。

　イングルハートは，脱物質主義的な価値観への変化が政府への積極的な批判や監視を行うような市民活動への変化に繋がると見ている。それはたしかに一方で政府を不安定性にさせたり，非効率にさせたりするのかもしれないが，他方で政府をより効率化するための活動でもある。換言すればイングルハートが見る市民文化は，そのような思慮深い批判的な市民の参加に支えられている社会なのである。

　パットナムは，社会関係資本，より具体的には地域コミュニティなどへの積極的な参加から政府の機能について議論する。相互の信頼によって支えられた，活発なコミュニティ活動は自発的な社会問題の解決へと繋がるもので

ある。それだけではなく豊かな社会関係資本の存在は，政府内での信頼関係の醸成などにも繋がるだろう。このようにパットナムは，積極的あるいは活発な地域への参加によって支えられている社会を，民主主義を機能させる市民文化だと見ている。

したがって，これまでの政治文化論に基づいていえば，積極的な批判活動や地域活動への参加を行いつつ，他方で政府に対する従順な態度を失っていない人々によって織り成される社会を，代議制を機能させるめざすべき市民文化と呼ぶことができるだろう。この評価軸に照らし合わせていうなら，日本の現状の政治文化を肯定的に評価することは難しい。たしかに1990年代以降，日本ではNPOの台頭など「新しい公共」へ向けての動きが活発に見られ始めている。自治会活動への参加が，再び盛り上がりを見せている地域もある。原発問題に見られるように，デモ活動が盛んに行われたという事例もある。しかし日本における投票以外の政治参加率は，依然として低い水準にある点は変化していない。市民文化の条件としての参加が日本には絶対的に不足している。ゆえに日本の政治文化を，アーモンドとヴァーバのいう市民文化だと主張することはできない。

しかし筆者は，日本の政治文化が欧米のそれと比較して劣っているとは思わない。全世界的に個人主義化が進展し，また投票参加率も低下する中で代議制を支える政治文化を参加という観点からのみ検討すること自体に無理がある。参加とは異なる新たな軸からも政治文化を見なければならない時代が到来しつつある。その軸として筆者が考えるのは，「評価」としての信頼である。

政府と有権者の関係は，その強度と方向性の2つの次元から捉えることができる。強度とは有権者の政府に対する志向性であり，いわば参加の軸であるといえる。他方の方向性が上述した「評価」の軸であり，いわば政府に対して肯定的か否定的かという信頼である。政治文化の現状は両者の軸から判断されなければならない。

有権者の志向性という点では，たしかに日本の政治文化を市民文化だということができないが，評価の軸からいえば，日本のそれはまぎれもなく「市民文化」である。日本人は政治に対する認知的な不信を抱きながらも，その背後では代議制に対する信頼を抱き続けている。言い換えれば日本の有権者は，代議制という政治システムを維持するために必要な信頼という資源を与

えながら，日々の政治を改良する資源としての認知的な不信を表明し続けている。それはたしかに矛盾する行動なのかもしれないが，この矛盾があるからこそ，代議制という政治システムの維持と発展は可能となっているのではないだろうか。

　日本の有権者はたしかに参加しているわけではない。しかし，政治を「評価」するための能力や資質にまったく欠けているわけでもない。前節で村山のいう公共政策システム論が処方箋の1つになり得ると述べた理由はこの点にある。我々は政治に参加できなくても，あるいはしたくなくても評価することはできる。有権者が日々の政治状況を判断しながら認知的な信頼を変動させていることは，既に実証的に明らかにしている。「評価」という点からいえば，日本の政治文化は市民文化である。

　参加と評価のどちらを重視するかは代議制をどう捉えるかという価値，あるいは感情の問題である。しかし不可逆的な個人主義化が進展し，また積極的な参加も見られない今日において，参加に基づく市民文化をユートピアとして描くことにどれほどの説得力があるのか。またそのような視点に基づき，日本の政治文化を「おまかせ民主主義」として描き批判することにどれほどの意味があるのか。日本には参加を軸とする以外の市民文化があることを認識し，それをどのようにいかし，また発展させることができるのかを考えた方がよいのではないだろうか。

　日本には，政治システムを機能させる上での「評価」という次元における市民文化が既に存在する。それはたしかに参加を伴うものではないかもしれないが，しかし代議制の機能を考える上では重要な政治文化である。そのことを我々は認識すべきだと，本書は主張する。

補遺 1　使用データの概要

	【JABISS】	
調査主体		Scott C. Flanagan，公平慎策，三宅一郎，Bradley M. Richardson，綿貫譲治
調査日時		第1波：1976年11月20日～28日
		第2波：1976年12月14日～19日
サンプリング		全国20歳以上の男女を母集団とする層化二段階無作為抽出法
調査方法		訪問面接聴取法
有効回収率		第1波：71.8%（1769/2500）
（有効サンプル／総サンプル）		第2波：74.1%（1564/2112）
データの公開場所		ICPSR，レヴァイアサン・データバンク
	【JES】	
調査主体		綿貫譲治，三宅一郎，猪口孝，蒲島郁夫
調査日時		第1波：1983年6月28日～7月10日
		第2波：1983年12月6日～17日
		第3波：1983年12月20日～1984年1月15日
サンプリング		全国20歳以上の男女を母集団とする層化二段階無作為抽出法
調査方法		訪問面接聴取法
有効回収率		第1波：70.1%（1769/2525）
（有効回収サンプル		第2波：64.1%（1619/2525）
／総サンプル）		第3波：69.3%（1750/2525）
データの公開場所		レヴァイアサン・データバンク
	【JES Ⅱ】	
調査主体		蒲島郁夫，綿貫譲治，三宅一郎，小林良彰，池田謙一
調査日時		第1波：1993年7月8日～15日
		第2波：1994年7月21日～28日
		第3波：1994年2月23日～3月15日
		第4波：1995年2月20日～3月14日
		第5波：1995年7月24日～8月6日
		第6波：1996年10月9日～18日
		第7波：1996年10月21日～11月4日
サンプリング		全国20歳以上の男女を母集団とする層化二段階無作為抽出法
調査方法		第1～2波：訪問面接聴取法
		第3～4波：郵送法
		第5～7波：訪問面接聴取法
有効回収率		第1波：75.2%（2255/3000）
（有効回収サンプル		第2波：77.3%（2320/3000）
／総サンプル）		第3波：68.4%（1834/2682）
		第4波：59.3%（1529/2577）
		第5波：69.2%（2076/3000）
		第6波：71.6%（2149/3000）
		第7波：76.6%（2299/3000）
データの公開場所		レヴァイアサン・データバンク，KH's Web Site（小林秀高先生のHP）

【JSS-GLOPE】	
調査主体	早稲田大学21世紀COE「開かれた政治経済制度の構築」グループ
調査日時	第1波：2003年10月23日～11月8日
	第2波：2003年11月13日～11月30日
	第3波：2004年6月24日～7月10日
	第4波：2004年7月12日～30日
サンプリング	全国20歳以上の男女を母集団とする層化二段階無作為抽出法
調査方法	第1～3波：訪問面接聴取法
	第4波：郵送法
有効回収率	第1波：68.8%（2064/3000）
（有効回収サンプル	第2波：57.5%（1726/3000）
／総サンプル）	第3波：45.0%（1350/3000）
	第4波：28.3%（849/3000）
データの公開場所	SSJデータ・アーカイブ

補遺2　各変数の操作的定義

1　政治への信頼（認知・感情）の操作的定義とコーディング一覧

　認知的な政治への信頼は「国会議員の応答性，国会運営の目的，派閥争いや汚職の平均値」であり，感情的な信頼は「政党の応答性，選挙の応答性，国会の応答性の平均値」である。それぞれの質問の詳細は下記表にて記す通りである。すべて DK・NA は欠損として処理している。

表：政治への信頼に関する6つの質問文の操作的定義とコーディング

	調査	質問文	選択肢とコーディング
国会議員の応答性	JABISS	国会議員についてはどうお考えですか。大ざっぱにいって当選したら国民のことを考えなくなると思いますか，それともそうは思いませんか	1 考えなくなる＝0 2 そうは思わない＝1 3 場合による＝0.5
	JES	国会議員についてはどうお考えですか。大ざっぱにいって当選したらすぐ国民のことを考えなくなると思いますか，それともそうは思いませんか	1 考えなくなる＝0 2 そうは思わない＝1 3 場合による＝0.5
	JES Ⅱ	国会議員についてはどうお考えですか。大ざっぱにいって当選したらすぐ国民のことを考えなくなると思いますか，それともそうは思いませんか	1 考えなくなる＝0 2 そうは思わない＝1 3 場合による＝0.5
	JSS-GLOPE	国会議員についておたずねします。大ざっぱにいって，国会議員は当選したらすぐ国民のことを考えなくなると思いますか。それともそうは思いませんか	1 考えなくなる＝0 2 そうは思わない＝1 3 場合による＝0.5
国会運営の目的	JABISS	あなたは国の政治は大企業や大組合など大組織の利益に奉仕していると思いますか，それとも国民全体のために運営されていると思いますか	1 国民全体のために運営されている＝1 2 大組織の利益に奉仕している＝0 3 場合による＝0.5
	JES	あなたは国の政治は大企業や大組合などの大組織の利益に奉仕していると思いますか，それとも国民全体のために運営されていると思いますか	1 国民全体のために運営されている＝1 2 大組織の利益に奉仕している＝0 3 場合による＝0.5
	JES Ⅱ	あなたは国の政治は大企業や大組合などの大組織の利益に奉仕していると思いますか，それとも国民全体のために運営されていると思いますか	1 大組織の利益に奉仕している＝0 2 国民全体のために運営されている＝1 3 場合による＝0.5
	JSS-GLOPE	あなたは日本の政治は大企業や労働組合などの大きな組織の利益のために運営されていると思いますか。それとも国民全体のために運営されていると思いますか	1 大きな組織の利益のために運営されている＝0 2 国民全体のために運営されている＝1 3 場合による＝0.5

補遺2　各変数の操作的定義　243

派閥争いや汚職	JABISS	日本の政党や政治家は派閥の争いや汚職問題に明け暮れして、国民生活をなおざりにしていると思いますか。全くそのとおり、大体その通り、そうは思わないの3つのうちではどれでしょうか	1 全くそのとおりだ＝0 2 大体そのとおりだ＝0.5 3 そうは思わない＝1
	JES	日本の政党や政治家は派閥の争いや汚職問題に明け暮れして，国民生活をなおざりにしていると思いますか。全くそのとおり，大体そのとおり，そうは思わないの3つのうちではどれでしょうか	1 全くそのとおりだ＝0 2 大体そのとおりだ＝0.5 3 そうは思わない＝1
	JES Ⅱ	日本の政党や政治家は派閥の争いや汚職問題に明け暮れて，国民生活をなおざりにしていると思いますか。全くそのとおり，大体そのとおり，そうは思わないの3つのうちではどれでしょうか	1 全くそのとおりだ＝0 2 大体そのとおりだ＝0.5 3 そうは思わない＝1
	JSS-GLOPE	日本の政党や政治家は派閥の争いや資金集めに明け暮れして，国民生活をなおざりにしていると思いますか。「そのとおり」「だいたいそのとおり」「あまりそうは思わない」「そうは思わない」の4つのうちどれでしょうか	1 そのとおり＝0 2 だいたいそのとおり＝0.33 3 あまりそうは思わない＝0.66 4 そうは思わない＝1
政党の応答性	JABISS	政党があるからこそ，庶民の声が政治に反映するようになる	1 賛成＝1 2 反対＝0
	JES	政党があるからこそ，庶民の声が政治に反映するようになる	1 賛成＝1 2 どちらかといえば賛成＝0.66 3 どちらかといえば反対＝0.33 4 反対＝0
	JES Ⅱ	政党があるからこそ，庶民の声が政治に反映するようになる	1 賛成＝1 2 どちらかといえば賛成＝0.66 3 どちらかといえば反対＝0.33 4 反対＝0
	JSS-GLOPE	政党があるからこそ，庶民の声が政治に反映されるようになる	1 賛成＝1 2 どちらかといえば賛成＝0.66 3 どちらかといえば反対＝0.33 4 反対＝0
選挙の応答性	JABISS	選挙があるからこそ，庶民の声が政治に反映するようになる	1 賛成＝1 2 反対＝0
	JES	選挙があるからこそ，庶民の声が政治に反映するようになる	1 賛成＝1 2 どちらかといえば賛成＝0.66 3 どちらかといえば反対＝0.33 4 反対＝0
	JES Ⅱ	選挙があるからこそ，庶民の声が政治に反映するようになる	1 賛成＝1 2 どちらかといえば賛成＝0.66 3 どちらかといえば反対＝0.33 4 反対＝0
	JSS-GLOPE	選挙があるからこそ，庶民の声が政治に反映するようになる	1 賛成＝1 2 どちらかといえば賛成＝0.66 3 どちらかといえば反対＝0.33 4 反対＝0

244　補遺2　各変数の操作的定義

国会の応答性	JABISS	国会があるからこそ，庶民の声が政治に反映するようになる	1 賛成＝1 2 反対＝0
	JES	国会があるからこそ，庶民の声が政治に反映するようになる	1 賛成＝1 2 どちらかといえば賛成＝0.66 3 どちらかといえば反対＝0.33 4 反対＝0
	JES Ⅱ	国会があるからこそ，庶民の声が政治に反映するようになる	1 賛成＝1 2 どちらかといえば賛成＝0.66 3 どちらかといえば反対＝0.33 4 反対＝0
	JSS-GLOPE	国会があるからこそ，庶民の声が政治に反映するようになる	1 賛成＝1 2 どちらかといえば賛成＝0.66 3 どちらかといえば反対＝0.33 4 反対＝0

2　その他独立変数の操作的定義とコーディング一覧（第4章〜第10章）

1）　性別と年齢

性別は男性を1，女性を0とするダミー変数。年齢は実年齢を用いている。

2）　教育程度

「あなたが最後に卒業された学校はどちらですか」という質問への回答。ただし，JABISSおよびJESとそれ以外の調査では選択肢が異なっているので，最小値を0，最大値を1とするようにすべてリコードした。具体的にはJABISSとJESは1 義務教育（旧小・高小・新中）＝0，2 中等教育（旧中・新高）＝0.5，3 高等教育（旧高専・大学・新短大・大学）＝1とし，JES Ⅱは1 新中学・旧小・旧高＝0，2 新高校・旧中＝0.33，3 高専・短大・専修学校＝0.66，4 大学・大学院＝1とし，JSS-GLOPEでは1 小学校＝0，2 中学校＝0，3 高校＝0.33，4 専門学校・職業訓練校＝0.66，5 短大・高専（高等専門学校）＝0.66，6 大学＝1，7 大学院＝1，8 小学校・尋常小学校＝0，9 高等学校＝0，10 旧制中学・女学校＝0.33，11 旧制高専＝0.66，12 旧制高校＝1，13 旧制専門学校・予科＝1，14 旧制大学＝1とした。

3）　政治関心

「選挙のある，なしにかかわらず，いつも政治に関心をもっている人もいますし，そんなに関心をもたない人もいます。あなたは政治上のできごとに，どれくらい注意を払っていますか」という質問への回答。ただしJSS-GLOPEとそれ以外では回答が異なるので，以下のようにリコードした。具体的にはJABISS，JES，JES Ⅱでは1 いつも注意を払っている＝1，2 時々払っている＝0.66，3 たまに払っている＝0.33，4 まったく注意していない＝0とし，JSS-GLOPEでは1 関心がある＝1，ある程度関心がある＝0.66，3 あまり関心がない＝0.33，4 関心がない＝0としている。なお，JSS-GLOPEの質問文は「あなたは，政治に関心がありますか，それともありませんか」であり，この点でもその他とやや異なる。

4）　有効性感覚

「自分には政府のすることに対して，それを左右する力はない」という意見への回答。JABISSのみ1 賛成＝1，2 どちらかといえば賛成＝0.75，3 どちらともいえない＝0.5，4 どちらかといえば反対＝0.25，5 反対＝0である。その他のデータは1 そう思う＝1，2 ど

補遺 2　各変数の操作的定義　245

ちらかといえばそう思う＝0.75, 3 どちらともいえない＝0.5, 4 どちらかといえばそうは思わない＝0.25, 5 そうは思わない＝0である．

5）　保革イデオロギー

　JABISS では「国の政治に関して，あなたご自身を保守系支持者と思われますか，革新系支持者と思われますか，それともどちらというほどのことはありませんか」という質問への回答を用いている．回答とコーディングは 1 保守系＝1, 2 革新系＝0, 3 どちらともいえない＝0.5である．JES 以降では質問文と回答が変わっている．具体的には「ところで，よく保守的とか革新的とかいう言葉が使われていますが，あなたの政治的な立場は，この中の番号のどこにあたりますか．1が革新的で，10が保守的です．2〜9の数字は，5, 6の間を中間に，左によるほど革新的，右によるほど保守的，という意味です」という質問文である．しかし JES および JES Ⅱ と JSS-GLOPE では回答が異なっているため，コーディングは JES と JES Ⅱ が 1 革新的＝0, 2＝0.11, 3＝0.22, 4＝0.33, 5＝0.44, 6＝0.55, 7＝0.66, 8＝0.77, 9＝0.88, 10 保守的＝1, JSS-GLOEP が 0 革新的＝0, 1＝0.1, 2＝0.2, 3＝0.3, 4＝0.4, 5 中間＝0.5, 6＝0.6, 7＝0.7, 8＝0.8, 9＝0.9, 10 保守的＝1とした．

6）　都市規模

　調査によって操作化の方法が異なる．そのため，コーディングは以下のようにした．JABISS は 1 10大都市＝1, 2 人口10万人以上の市＝0.66, 3 その他の市＝0.33, 4 町村＝0, JES は 1 東京＝1, 2 10大都市＝1, 3 人口10万人以上の市＝0.66, 4 その他の市＝0.33, 5 町村＝0, JES Ⅱ は 1 東京・大阪＝1, 2 4 大都市＝1, 3 6 大都市＝1, 4 千葉市＝0.66, 5 人口20万人以上の市＝0.66, 6 その他の市＝0.33, 7 町村＝0, JSS-GLOPE は 1 1 4 大市＝1, 2 人口20万人以上の市＝0.66, 3 人口10万人以上の市＝0.66, 4 その他の市＝0.33, 5 町村＝0である．

7）　住居形態

　持ち家を1, それ以外を0とするダミー変数．

8）　暮らし向き認知

　「お宅の暮し向きは現在，1年前とくらべて良くなっていますか，それとも悪くなっていますか」もしくは「現在のおたくのくらしむきを1年前と比べてみると，どうでしょうか」という質問への回答．JABISS と JES 以降では選択肢が異なるため，JABISS は 1 良くなっている＝1, 2 変わらない＝0.5, 3 悪くなっている＝0とし，JES 以降は 1 かなりよくなっている＝1, 2 少しよくなっている＝0.75, 3 かわらない＝0.5, 4 少し悪くなっている＝0.25, 5 かなり悪くなっている＝0とした．なお JSS-GLOPE は 1 よくなった＝1, 2 少しよくなった＝0.75, 3 変わらない＝0.5, 4 少し悪くなった＝0.25, 5 悪くなった＝0である．

9）　伝統的価値観

　「日本の国をよくするためには，すぐれた政治家が出てきたら，国民が議論をたたかわせるよりは，その人に任せる方がよい」「国会議員や知事は，国民の代表として，尊敬を受けるのは当然だ」という意見への賛否（1 賛成＝1, 2 どちらかといえば賛成＝0.75, 3 どちらともいえない＝0.5, 4 どちらかといえば反対＝0.25, 5 反対＝0）を0から1までの数値にリコードした上で，平均値をとった変数．なお，この質問は JES Ⅱ（1993年）までしか尋ねられておらず，JSS-GLOPE にはこれに該当する質問が存在しない．

10）　脱脱物質主義

246　補遺2　各変数の操作的定義

「この先10年, 15年くらいを考えた場合のわが国の国家目標としては, 次のどれを重くみるべきだと思いますか。……では, 二番目はどれですか」という質問に対して, 1番目, 2番目ともに脱物質主義的回答 (2 重要な政策の決定にもっと国民の意見を反映させる, 4 国民の言論の自由を守る) をした回答者を1, 1番目は脱物質主義的回答, 2番目は物質主義的回答 (1 国内の秩序を維持する, 3 物価上昇をおさえる強い対策) をした回答者を0.66, 1番目に物質主義的回答, 2番目の脱物質主義的回答をした回答者を0.33, 1番目, 2番目ともに物質主義的回答をした回答者を0とする変数。各調査間で質問文や回答は若干異なる。

JABISSでは上記とは異なる形式で脱物質主義が尋ねられている。具体的には「ここに国民的課題といわれているいくつかのテーマがあります。このうち, あなた個人にとって最も重要思われるものを3つあげてください」。2つではなく3つ項目を挙げる質問となっているため, 次のようにコーディングした。まず3つとも脱物質主義的項目 (4 職場や地域での物事の決定に人々をもっと参加させる, 5 われわれの街や村の環境保全の努力する, 7 なごやかな人間関係の社会にする, 8 物質より精神が重視される社会にする) を選んだ回答者を1, 3つのうち2つ脱物質主義的項目を選んだ回答者を0.66, 3つのうち1つ脱物質主義的項目を選んだ回答者を0.33, すべて物質主義的項目 (1 経済の高度成長を維持する, 2 経済の安定を維持する, 3 国の防衛力を増強する, 6 犯罪の防止に努める) を選んだ回答者を0としている。

3　従属変数の操作的定義およびコーディング一覧 (第4～7章)

3.1　政党支持態度 (第4章)
1)　無党派感情温度および各政党への感情温度

感情温度は「あなたは次の政党や政治家に対し, 好意的に気持ちを持っていますか。それとも反感を持っていますか。好意も反感も持たないときには, この中の「感情温度計」で50度としてください。好意的な気持ちがあれば, その強さに応じて50度から100度の間の数字を答えて下さい。また, 反感を感じていれば, やはりその強さに応じて0度から50度のどこかの数字を答えて下さい」という質問に対する回答をそのまま用いている。無党派層への感情温度についても同様である。

ただし, JSS-GLOPEの無党派感情温度のみ, 他の感情温度とはやや異なる。具体的には「世の中には, 「支持する政党を持たない」有権者がいますが, こういう人達を「無党派」と呼ぶとすると, あなたはこういう「無党派」に対しては温かい感情を持ちますか, それとも冷たい感情を持ちますか。政党の場合と同じく, 温度にたとえて数字でお答えください」という質問への回答を用いている。

2)　政党支持態度の有無

政党支持態度の有無は「選挙のことは別にして, ふだんあなたは何党を支持していますか」という質問に対して, 何らかの政党を回答した回答者を0, 支持政党を回答しなかった回答者を1とするダミー変数。調査によって質問文や選択肢は異なるが, 操作化の方法は同一である。

3.2　投票参加・投票方向 (第5章)
1)　1976年 (JABISS)

「さて先日の衆議院総選挙では, あなたは何党の候補者に投票しましたか」に対して, 自民党を1, 社会党を2, 共産党／公明党／民社党／新自由クラブ／無所属を3, 棄権を4とした。投票参加を従属変数とする場合は1から3を1とし, 棄権を0とした。

2） 1983年6月（JES）
　「あなたは6月26日（日）の参議院選挙の投票に行きましたか」（投票したと回答した人に対して）「今回から参議院選挙のやり方がかわり，都道府県ごとに個人の候補者に投票する「選挙区」の選挙と，全国一本で政党に投票する「比例代表」の選挙とが同時に行われました。まず，「選挙区」の選挙についてお伺いします。あなたは「選挙区」の選挙で投票しましたか」（投票したと回答した人に対して）「あなたの投票したのは何党の人でしたか」。この質問に対して自民党を1，社会党を2，公明党／民社党／共産党／新自由クラブ民主連合／自由超党派クラブ／勝手連／二院クラブ／サラリーマン党／日本／平和／雑民／教育／無党派連合／浄霊会／福祉党／日本世直し党／その他を3，棄権を4とした。投票参加を従属変数とする場合は1から3を1とし，棄権を0とした。なお，白票や比例区のみの投票は欠損とした。

3） 1993年・1995年・1996年（JES II）
　1993年は，「ところで，先日の衆議院選挙では，あなたは何党の候補者に投票しましたか」という質問文に対して，自民党を1，社会党の場合を2，公明／民社／共産／社民連／その他／無所属（既成野党など）を3，新生党／新党さきがけ／日本新党（新生野党）を4，棄権を5とした。投票参加を従属変数とする場合は，1から4をまとめて1とし，棄権を0とした。
　1995年は「あなたは，7月23日（日）の参議院選挙に行きましたか，行きませんでしたか」（投票したと回答した人に対して）「個人の候補者に投票する「選挙区」の選挙ではどの党の候補者に投票しましたか」。この質問に対して自民党を1，社会党を2，新進党を3，共産／平和・市民／さきがけ／二院クラブ／スポーツ平和党／その他を4，棄権を5とした。投票参加を従属変数とする場合は，1から4をまとめて1とし，棄権を0とした。
　1996年は「ところで，先日の衆議院選挙の小選挙区では，あなたは何党の候補者に投票しましたか」という質問文に対して自民党を1，新進党を2，民主党を3，社会／共産／新党さきがけ／その他／無所属を4，棄権を5とした。投票参加を従属変数とする場合は，1から4を1とし，棄権を0とした。なお，白票や比例区のみの投票は欠損とした。

4） 2003年（JSS-GLOPE）
　「あなたは，11月9日（日）の衆議院選挙には，投票に行きましたか，行きませんでしたか。この中からあげてください。」（行ったと回答した人に対して）「あなたは，候補者名を書く小選挙区選挙では，何党の候補者に投票しましたか」。この質問に対して自民党を1，民主党を2，公明党／共産党／保守新党／社民党／その他の政党／無所属の候補者を3，棄権を4とした。投票参加を従属変数とする場合は，1から3をまとめて1とし，棄権を0とした。なお，白票や比例区のみの投票は欠損とした。

3.3　政策選好（第6章）
1） 1980年代（JES）
　防衛力の強化は「日本の防衛力はもっと強化するべきだ」，貿易摩擦の解消は「日本が譲歩しても外国との貿易まさつをすみやかに解消するべきだ」，社会福祉の充実は「年金や老人医療などの社会福祉は財政が苦しくても極力充実するべきだ」，小さな政府化は「政府のサービスが悪くなっても金のかからない小さな政府のほうがよい」，政治改革は「ロッキード事件にあらわれたような金権政治や政治腐敗はこの際，徹底的に正すべきだ」，天皇発言権強化は「天皇は政治に対して，現在よりもっと強い発言権をもつべきだ」核兵器の廃絶は「日本は絶対に核兵器をもってはいけない」，対ソ連協調は「日本は北方領土問題をゆずっても，ソ連ともっと親しくするべきだ」，日米安保体制の強化は「日米安保体制は現在よ

りもっと強化するべきだ」労働者の発言権強化は「労働者は重要な決定に対して，もっと発言権をもつべきだ」，公務員のスト権は「公務員や公営企業の労働者のストライキを認めるべきだ」，女性の参画は「より高い地位やよい職業につく女性をふやすため，政府は特別な制度を設けるべきだ」という意見への賛否。選択肢はすべて1 賛成，2 どちらかといえば賛成，3 どちらともいえない，4 どちらかといえば反対，5 反対である。

2） 1990年代（JES）
対口協調は「日本は北方領土を譲っても，ロシアともっと親しくするべきだ」という意見への賛否。その他はすべて1980年代と同一であるため省略する。なお，選択肢も1980年代（JES）と同一であるため省略する。

3） 2000年代（JSS-GLOPE）
「ここにあげる政策に関する事柄について，あなたの立場や，主な政党の立場について伺います。それぞれの事柄について，左側の立場に近ければ1を，右側の立場に近ければ5，どちらでもなく中立の立場の場合は3として，1から5までの間の数字でお答えください」というリードのもとで，イラク問題（1 アメリカに協力する，3 中立，5 アメリカから距離をおく），郵政事業の民営化（1 積極的，3 中立，5 消極的），夫婦別姓（1 積極的，3 中立，5 消極的）が尋ねられている。

残る福祉のあり方と福祉増税は，対立する2つの意見のどちらに近いかという形式で尋ねられている。具体的には，前者は「A お年寄りは，国の年金で面倒をみてあげるべきだ，B お年寄りは，自分で生活するか家族に養ってもらうべきで，国の年金で面倒を見る必要はない」という2つの意見が，後者は「A 福祉など国のサービスに使う予算を減らしてでも，税金を減らすべきである，B 税金を増やしてでも，福祉など国のサービスに使う予算を増やすべきである」という意見が提示されている。回答はともに，1 Aに近い，2 どちらかと言えばAに近い，3 どちらかと言えばBに近い，4 Bに近いである。

3.4 直接的な政治参加（第7章）

1） 1976年（JABISS）
「あなたはこの5年間に次のようなことを経験したことがありますか」。市民運動は「市民運動，住民運動の人達と一緒に活動した」，地域の問題解決は「住民運動以外の方法で，たとえば自治会，部落会等で地域問題を解決するために，この地区の人達と活動した」，請願や陳情は「議会や当局に請願や陳情に行った」，デモ参加は「デモに参加した」への回答である。選択肢はいずれも 1 何回かある，2 1～2回，3 全然ないであるが，解釈を容易にするため，1を1，2を0.5，3を0とリコードした。

2） 2003年（JSS-GLOPE）
「この中にあるようなことをこれまでに1度でも，したことがありますか，それぞれについて，「何度かある」「1～2回ある」「1度もない」でお答えください」。請願書への署名は「請願書に署名」，デモや集会への参加は「デモや集会に参加」，住民運動は「地域のボランティア活動や住民運動に参加する」，自治会活動は「自治会活動に積極的に関わる」への回答である。選択肢は 1 何度かある，2 1～2回ある，3 1度もないであるが，解釈を容易にするため，1を1，2を0.5，3を0とリコードした。

参考文献

Aberbach, Joel D. (1969) "Alienation and Political Behavior." *American Political Science Review*, Vol. 63, No. 1.

Abramowitz, Alan I. and Jeffrey A. Segal (1992) *Senate Election*. Ann Arbor: University of Michigan Press.

Abramson, Paul R. (1983) *Political Attitudes in America: Formation and Change*. San Francisco: W. H. Freeman.

—— and Ada W. Finifter (1981) "On the Meaning of Political Trust: New Evidence from Items Introduced in 1978." *American Journal of Political Science*, Vol. 25, No. 2.

—— and John H. Aldrich (1982) "The Decline of Electoral Participation in America." *American Political Science Review*, Vol. 76, No. 3.

Allport, Gordon Willard (1935) "Attitudes," in C. M. Murchison ed. *Handbook of social psychology Vol. 2*. Winchester, MA: Clark University Press.

Almond, Gabriel A. and Sidney Verba (1963) *The Civic Culture: Political Attitudes and Democracy in Five Nations*. Boston: Little, Brown and Company (=石川一雄 他訳[1974]『現代市民の政治文化:五ヵ国における政治的態度と民主主義』勁草書房).

Avery, James M. (2009) "Political Mistrust among African Americans and Support for the Political System." *Political Research Quarterly*, Vol. 62, No. 1.

Barnes, Samuel H. and Max Kaase et al. (1979) *Political Action: Mass Participation in Five Western Democracies*. California: Sage Publications.

Bartels, Larry M. (2001) "A Generational Model of Political Learning." Prepared for presentation at the annual meeting of the American Political Science Association, San Francisco.

Bell, Daniel (1960) *The End of Ideology: On the Exhaustion of Political Ideas in the Fifties*. Glencoe, Ill.: Free Press of Glencoe (=岡田直之 [1969]『イデオロギーの終焉:1950年代における政治思想の涸渇について』東京創元新社).

Blind, Peri K. (2007) "Building Trust in Government in the Twenty-first Century: Review of Literature and Emerging Issues." Paper presented at the 7th Global Forum on Reinventing Government, Vienna.

Campbell, Angus, Philip Converse, Warren Miller and Donald Stokes (1960) *The American Voter*. New York & Co.: J. Wiley & Sons.

Cappella, Joseph N. and Kathleen Hall Jamieson (1997) *Spiral of Cynicism: The Press*

and the Public Good. Oxford: Oxford University Press（= 平林紀子・山田一成訳 [2005]『政治報道とシニシズム戦略型フレーミングの影響過程』ミネルヴァ書房).
Cassel, Carol A. and David B. Hill (1981) "Explanations of Turnout Decline: A Multivariate Test." *American Politics Quarterly*, Vol. 9, No. 2.
Chang, Eric C. C. and Yun-han Chu (2006) "Corruption and Trust: Exceptionalism in Asian Democracies?" *Journal of Politics*, Vol. 68, No. 2.
Chang, Linchiat and Jon A. Krosnick (2010) "Comparing Oral Interviewing with Self-Administered Computerized Questionnaires: An Experiment." *Public Opinion Quarterly*, Vol. 74, No. 1.
Chanley, Virginia A. (2002) "Trust in Government in the Aftermath of 9/11: Determinants and Consequences." *Political Psychology*, Vol. 23, No. 3.
——, Thomas J. Rudolph and Wendy M. Rahn (2000) "The Origins and Consequences of Public Trust in Government: A Time Series Analysis." *Public Opinion Quarterly*, Vol. 64, No. 3.
Cheema, G. Shabbir and Vesselin Popovski eds. (2010) *Building Trust in Government: Innovations in Governance Reform in Asia*. Tokyo: United Nations University Press.
Chen, Kevin (1992) *Political Alienation and Voting Turnout in the United States 1960-1988*. San Francisco: Mellen Research University Press.
Citrin, Jack (1974) "Comment: The Political Relevance of Trust in Government." *American Political Science Review*, Vol. 68, No. 3.
—— (1977) "Political Alienation as a Social Indicator: Attitudes and Action." *Social Indicators Research*, Vol. 4, No. 1.
——, Herbert McClosky, J. Merrill Shanks and Paul M. Sniderman (1975) "Personal and Political Sources of Political Alienation." *British Journal of Political Science*, Vol. 5, No. 1.
—— and Donald P. Green (1983) "Presidential Leadership and the Resurgence of Trust in Government." *British Journal of Political Science*, Vol. 16, No. 4.
—— and Christopher Muste (1999) "Trust in Government," in John P. Robinson, Phillip R. Shaver and Lawrence S. Wrightsman eds. *Measures of Political Attitudes*. San Diego: Academic Press.
—— and Samantha Luks (2001) "Political Trust Revisited: Déjà Vu All Over Again?" in John R. Hibbing and Elizabeth Theiss-Morse eds. *What is it About Government that American Dislike?* Cambridge: Cambridge University Press.
——, Eric Schickler and John Sides (2003) "What if Everyone Voted?: Simulating the Impact of Increased Turnout in Senate Elections." *American Journal of Political Science*, Vol. 47, No. 1.
Clark, Terry and Vincent Hoffmann-Martinot eds. (1998) *The New Political Culture*.

Boulder: Westview Press.
Cohen, Jacob et al. (2003) *Applied Multiple Regression/Correlation Analysis for the Behavioral Sciences (3rd ed.)*. Mahwah, N.J.: Lawrence Erlbaum Associates.
Converse, Philip E. (1964) "The Nature of Belief Systems in Mass Publics," in David Apter ed. *Ideology and Discontent*. New York: Free Press.
―― (1972) "Change in the American Electorate," in Angus Campbell and Philip E. Converse eds. *The Human Meaning of Social Change*. New York: Russell Sage Foundation.
―― (1976) *The Dynamics of Party Support: Cohort-Analyzing Party Identification*. Beverly Hills: Sage Publications.
Conway, M. Margaret (1981) "Political Participation in Midterm Congressional Elections Attitudinal and Social Characteristics during the 1970s." *American Politics Research*, Vol. 9, No. 2.
Craig, Stephen C. (1979) "Efficacy, Trust, and Political Behavior: An Attempt to Resolve a Lingering Conceptual Dilemma." *American Politics Quarterly*, Vol. 7, No. 2.
―― and Michael Maggiotto (1982) "Political Discontent and Political Action." *Journal of Politics*, Vol. 43, No. 2.
――, Richard G. Niemi and Glenn E. Silver (1990) "Political Efficacy and Trust: A Report on the NES Pilot Study Items." *Political Behavior*, Vol. 12, No. 3.
Crozier, Michel, Samuel P. Huntington and Joji Watanuki (1975) *The Crisis of Democracy: Report on the Governability of Democracies to the Trilateral Commission*. New York: New York University Press (＝日米欧委員会編；綿貫譲治監訳 [1976]『民主主義の統治能力：その危機の検討』サイマル出版会).
Dalton, Russell J. and Martin P. Wattenberg eds. (2001) *Parties without Partisans: Political Change in Advanced Industrial Democracies*. Oxford: Oxford University Press.
Druckman, James N., Lawrence R. Jacobs and Eric Ostermeier (2004) "Candidate Strategies to Prime Issues and Image." *Journal of Politics*, Vol. 64, No. 4.
Easton, David (1965) *A System Analysis of Political Life*. New York: Wiley.
―― (1975) "A Re-Assessment of the Concept of Political Support." *British Journal of Political Science*, Vol. 5, No. 4.
―― and Jack Dennis (1969) *Children in the Political System: Origins of Political Legitimacy*. New York: McGraw-Hill.
Eckstein, Harry (1975) "Case Study and Theory in Political Science." in Fred I. Greenstein and Nelson W. Polsby eds. *Handbook of Political Science*. Reading Mass.: Addison-Wesley.
Erber, Ralph and Richard R. Lau (1990) "Political Cynicism Revisited: An Information-Processing Reconciliation of Policy-Based and Incumbency-Based Interpretations of

Changes in Trust in Government." *American Journal of Political Science*, Vol. 34, No. 1.

Erikson, Robert S., Michael B. Mackuen and James A. Stimson (2002) *The Macro Polity.* New York: Cambridge University Press.

Espinal, Rosario, Jonathan Hartlyn and Jana M. Kelly (2006) "Performance Still Matters Explaining Trust in Government in the Dominican Republic." *Comparative Political Studies*, Vol. 39, No. 2.

Eulau, Heinz and Peter Schneider (1956) "Dimensions of Political Involvement." *Public Opinion Quarterly*, Vol. 20, No. 1.

Eysenck, Hans J. and G. D. Wilson eds. (1978) *The Psychological Basis of Ideology*. Baltimore: University Parl Press.

Finifter, Ada W. (1970) "Dimensions of Political Alienation." *American Political Science Review*, Vol. 64, No. 2.

Finkel, Steven E. (1987) "The Effects of Participation on Political Efficacy and Political Support: Evidence from a West German Panel." *Journal of Politics*. Vol. 49, No. 2.

Fiorina, Morris (1981) *Retrospective Voting in American National Elections*. New Heaven: Yale University Press.

Flanagan, Scott C. (1979) "Value Change and Partisan Change in Japan: The Silent Revolution Revisited." *Comparative Politics*, Vol. 11, No. 3.

―― and Bradley M. Richardson (1977) *Japanese Electoral Behavior: Social Cleavages, Social Networks, and Partisanship*. Beverly Hills: Sage Publications (=高橋正則 他訳［1980］『現代日本の政治』敬文堂).

Fox, John (1997) *Applied Regression Analysis, Linear Models, and Related Methods*. Thousand Oask, California: Sage Publications.

Franklin, Charles H. and John E. Jackson (1983) "The Dynamics of Party Identification." *American Political Science Review*, Vol. 77, No. 4.

Fukuyama, F. (1995) *Trust: Social Virtues and the Creation of Prosperity.* New York: Free Press.

Gamson, William A. (1968) *Power and Discontent*. Homewood, IL: The Dorsey Press.

Gerber, Alan S. and Donald P. Green (2000) "The Effects of Canvassing, Telephone Calls, and Direct Mail on Voter Turnout: A Field Experiment." *American Political Science Review*, Vol. 94, No. 3.

Gerring, John (2007) *Case Study Research: Principles and Practices*. Cambridge: Cambridge University Press.

Gibson, James, Raymond Duch and Kent Tedin (1992) "Democratic Value and the Transformation of the Soviet Union." *Journal of Politics*, Vol. 54, No. 2.

――, Gregory A. Caldeira and Lester Kenyatta Spence (2005) "Why Do People Accept

Public Policies They Oppose?: Testing Legitimacy Theory with a Survey-Based Experiment." *Political Research Quarterly*, Vol. 58, No. 2.
Glenn, Norval D. (2005) *Cohort Analysis (2nd ed.)*. Thousand Oaks, California: Sage Publications.
Goble, Frank G. (1970) *The Third Force: the Psychology of Abraham Maslow*. Richmond, CA: Maurice Bassett Publishing（＝小口忠彦監訳［1972］『マズローの心理学』産能大出版部）.
Green, Donald P. and Alan S. Gerber (2004) *Get Out the Vote!: How to Increase Voter Turnout*. Washington, D.C.: Brookings Institution Press.
Hardin, Russell (1993) "The Street-level Epistemology of Trust." *Politics and Society*, Vol. 21, No. 4.
—— (2002) *Trust and Trustworthiness*. New York: Russell Sage Foundation.
Hetherington, Marc J. (1998) "The Political Relevance of Political Trust." *American Political Science Review*, Vol. 92, No. 4.
—— (1999) "The Effect of Political Trust on the Presidential Vote, 1968-96." *American Political Science Review*, Vol. 93, No. 2.
—— (2005) *Why Trust Matters: Declining Political Trust and the Demise of American Liberalism*. Princeton, N.J.: Princeton University Press.
—— and Suzanne Globetti (2002) "Political Trust and Racial Policy Preferences." *American Journal of Political Science*, Vol. 46, No. 2.
—— and Thomas J. Rudolph (2008) "Priming, Performance, and the Dynamics of Political Trust." *Journal of Politics*, Vol. 70, No. 2.
Hill, David B. and Norman R. Luttbeg eds. (1983) *Trends in American Electoral Behavior (2nd ed.)*. Itasca. IL: F. E. Peacock Publisher, Inc.
Holnrook, Allyson L. and John A. Krosnick (2010) "Social Desirability Bias in Voter Turnout Report: Tests Using The Item Count Technique." *Public Opinion Quarterly*, Vol. 74, No. 1.
Huntington, Samuel P. and Joan M. Nelson (1976) *No Easy Choice: Political Participation in Developing Countries*. Cambridge, Mass.: Harvard University Press.
Ike, Nobutaka (1973) "Economic Growth and Intergenerational Change in Japan." *American Political Science Review*, Vol. 67, No. 4.
Inglehart, Ronald (1977) *The Silent Revolution: Changing Values and Political Styles among Western Publics*. Princeton, N.J.: Princeton University Press（＝三宅一郎　他訳［1978］『静かなる革命：政治意識と行動様式の変化』東洋経済新報社）.
—— (1990) *Culture Shift in Advanced Industrial Society*. Princeton, N.J.: Princeton University Press（＝村山皓　他訳［1993］『カルチャーシフトと政治変動』東洋経済新報社）.

—— (1997) *Modernization and Postmodernization: Cultural, Economic, and Political Change in 43 Societies*. Princeton, N.J.: Princeton University Press.

—— and Christian Welzel (2005) *Modernization, Cultural Change and Democracy: The Human Development Sequence*. Cambridge: Cambridge University Press.

Jackson, Robert A. (2002) "Gubernatorial and Senatorial Campaign Mobilization of Voters." *Political Research Quarterly*, Vol. 55, No. 4.

Jacobson, Gary C. and Michael A. Dimock (1994) "Checking Out: The Effects of Bank Overdrafts on the 1992 House Elections." *American Journal of Political Science*, Vol. 38, No. 3.

Kabasima, Ikuo et al. (2000) "Casual Cynics, or Disillusioned Democrats?: Political Alienation in Japan." *Political Psychology*, Vol. 21, No. 4.

Kahn, Joan R. and William M. Mason (1987) "Political Alienation, Cohort Size, and the Easterlin Hypothesis." *American Sociological Review*, Vol. 52, No. 2.

Katz, Daniel (1960) "The Functional Approach to the Study of Attitudes." *Public Opinion Quarterly*, Vol. 24, No. 2.

Keele, Luke (2007) "Social Capital and the Dynamics of Trust in Government." *American Journal of Political Science*, Vol. 51, No. 2.

King, Gary, Robert O. Keohane, and Sidney Verba (1994) *Designing Social Inquiry: Scientific Inference in Qualitative Research*. Princeton: Princeton University Press（＝真渕勝監訳［2004］『社会科学のリサーチ・デザイン：定性的研究における科学的推論』勁草書房）．

Kornhauser, William A. with Irving Horowitz (2008) *The Politics of Mass Society*. New Jersey: Transaction Publishers.

Kreft, Ita and Jan de Leeuw (1998) *Introducing Multilevel Modeling*. London: Sage Publications（＝小野寺孝義監訳［2006］『基礎から学ぶマルチレベルモデル』ナカニシヤ出版）．

Lane, Robert E. (1955) "Political Personality and Electoral Choice." *American Political Science Review*, Vol. 49, No. 1.

Le Bon, Gustave (1895) *La Psychologie des Foules*. Paris: F. Alcan（＝櫻井成夫訳［1993］『群集心理』講談社）．

Levi, Margaret and Laura Stoker (2000) "Political Trust and Trustworthines." *Annual Review of Political Science*, Vol. 3, No. 1.

Lewis-Beck, Michael S. et al. (2008) *The American Voter Revisited*. Ann Arbor, MI: University of Michigan Press.

Lijphart, Arend (1999) *Patterns of Democracy: Government Forms and Performance in Thirty-six Countries*. New Haven: Yale University Press（＝粕谷祐子訳［2005］『民主主義対民主主義：多数決型とコンセンサス型の36ヶ国比較研究』勁草書房）．

Lipset, Seymour M. (1959) "Some Social Requisites of Democracy: Economic Development and Political Legitimacy." *American Political Science Review*, Vol. 53, No. 1.
―― and Stein Rokkan (1967) *Party Systems and Voter Alignments: Cross-national Perspectives*. Toronto: The Free Press.
Lupia, Arther and Matthew D. McCubbins (1998) *The Democratic Dilemma: Can Citizens Learn What They Need to Know?* New York: Cambridge University Press (＝山田真裕訳［2005］『民主制のディレンマ：市民は知る必要のあることを学習できるか？』木鐸社)
Luskin, Robert L. (1987) "Measuring Political Sophistication." *American Journal of Political Science*, Vol. 31, No. 4.
Lutz, Richard J. (1991) "The Role of Attitude Theory in Marketing," in Harold H. Kassarjian and Thomas S. Robertson eds. *Perspectives in Consumer Behavior (4th ed.)*. Englewood Cliffs, N.J.: Prentice-Hall.
Mansbridge, J. (1997) "Social and Cultural Causes of Dissatisfaction with U. S. Government," in J. S. Nye Jr., P. D. Zelikow and D. C. King eds. *Why People Don't Trust Government*. Cambridge: Harvard University Press (＝嶋本恵美訳［2002］「不満の社会的・文化的要因」『なぜ政府は信頼されないのか』英治出版).
Mason, Karen Oppenheim et al. (1973) "Some Methodological Issues in Cohort Analysis of Archival Data." *American Sociological Review*, Vol. 38, No. 2.
Mason, William. M., James S. House and Steven S. Martin (1985) "On the Dimensions of Political Alienation in America." *Sociological Methodology*, Vol. 15.
McFarland, Andrew S. (1984) *Common cause: Lobbying in the Public Interest*. Chatham, N.J.: Seven Bridges Press, LLC.
Milbrath, Lester W. and M. L. Goel (1977) *Political Participation: How and Why Do People Get Involved in Politics (2nd ed.)?* Chicago: Rand McNally College Publishing Company.
Miller, Arther H. (1974a) "Political Issues and Trust in Government: 1964-1970." *American Political Science Review*, Vol. 68, No. 3.
―― (1974b) "Rejoinder to Comment by Jack Citrin: Political Discontent or Ritualism?" *American Political Science Review*, Vol. 68, No. 3.
――, Edie N. Goldenberg and Lutz Erbring (1979) "Type-Set Politics: Impact of Newspapers on Public Confidence." *American Political Science Review*, Vol. 73, No. 1.
―― and Stephen Borrelli (1991) "Confidence in Government During the 1980s." *American Politics Research*, Vol. 19, No. 2.
―― and Ola Listhaug (1990) "Political Parties and Confidence in Government: A Comparison of Norway, Sweden and the United States." *British Journal of Political Science*, Vol. 20, No. 3.

Miller, Warren E., Arthur H. Miller and Edward J. Schneider (1980) *American National Election Studies Data Sourcebook, 1952-1978*. Cambridge, MA: Harvard University Press.

Mishler, William and Richard Rose (2007) "Generation, Age, and Time: The Dynamics of Political Learning during Russia's Transformation." *American Journal of Political Science*, Vol. 51, No. 4.

Muller, Edward N. (1970a) "Correlates and Consequences of Beliefs in the Legitimacy of Regime Structures." *Midwest Journal of Political Science*, Vol. 14, No. 3.

—— (1970b) "The Representation of Citizens by Political Authorities: Consequences for Regime Support." *American Political Science Review*, Vol. 64, No. 4.

—— (1977) "Behavioral Correlates of Political Support." *American Political Science Review*, Vol. 71, No. 2.

—— and Thomas O. Jukam (1977) "On the Meaning of Political Support." *American Political Science Review*, Vol. 71, No. 4.

——, Thomas O. Jukam, and Mitchell A. Seligson (1982) "Diffuse Political Support and Antisystem Political Behavior: A Comparative Analysis." *American Journal of Political Science*, Vol. 26, No. 2.

—— and Thomas O. Jukam (1983) "Discontent and Aggressive Political Participation." *British Journal of Political Science*, Vol. 13, No. 2.

—— and R. Kenneth Godwin (1984) "Democratic and Aggressive Political Participation: Estimation of a Nonrecursive Model." *Political Behavior*, Vol. 6, No. 2.

——, Mitchell A. Seligson and Ilter Turan (1987) "Education, Participation, and Support for Democratic Norms." *Comparative Politics*, Vol. 20, No. 1.

Neal, Arthur G. and Salomon Rettig (1967) "On the Multidimensionality of Alienation." *American Sociological Review*, Vol. 32, No. 1.

Niemi, Richard G., Stephen C. Craig and Franco Mattei (1991) "Measuring Internal Political Efficacy in the 1988 National Election Study." *American Political Science Review*, Vol. 85, No. 4.

Norris, Pippa (2011) *Democratic Deficit: Critical Citizens Revisited*. New York: Cambridge University Press.

—— and Ronald Inglehart (2009) *Cosmopolitan Communications: Cultural Diversity in a Globalized World*. New York: Cambridge University Press.

Nye Jr., J. S. (1997) "Introduction: the Decline of Confidence in Government," in J. S. Nye Jr., P. D. Zelikow and D. C. King eds. *Why People Don't Trust Government*. Cambridge: Harvard University Press（＝嶋本恵美訳［2002］「はじめに：政府に対する信頼の低下」『なぜ政府は信頼されないのか』英治出版）.

Orren, Gary (1997) "Fall from Grace: The Public's Loss of Faith in Government," in J.

S. Nye Jr., P. D. Zelikow and D. C. King eds. (1997) *Why People Don't Trust Government*. Cambridge: Harvard University Press（＝嶋本恵美訳［2002］「失墜：政府への信頼を失った国民」『なぜ政府は信頼されないのか』英治出版）.

Oskamp, Stuart and P. Wesley Schultz (2005) *Attitudes and Opinions (3rd ed.)*. New York: L. Erlbaum Associates.

Park, C. Whan and S. Mark Young (1986) "Consumer Response to Television Commercials: The Impact of Involvement and Background Music on Brand Attitude Formation." *Journal of Marketing Research*, Vol. 23, No. 1.

Peters, John G. and Susan Welch (1980) "The Effects of Charges of Corruption on Voting Behavior in Congressional Elections." *American Political Science Review*, Vol. 74, No. 3.

Pharr, Susan J. (1997) "Public Trust and Democracy in Japan," in J. S. Nye Jr., P. D. Zelikow and D. C. King eds. *Why People Don't Trust Government*. Cambridge: Harvard University Press（＝嶋本恵美訳［2002］「日本における信頼とデモクラシー」『なぜ政府は信頼されないのか』英治出版）.

—— (2000) "Official's Misconduct and Public Distrust: Japan and the Trilateral Democracies," in Susan Pharr and Robert D. Putnam eds. *Disaffected Democracy: What's Troubling the Trilateral Countries?* Princeton, N.J.: Princeton University Press.

—— and Robert D. Putnam eds. (2000) *Disaffected Democracies: What's Troubling the Trilateral Countries?* Princeton, N.J.: Princeton University Press.

Pollitt, Christopher and Geert Bouckaert (2004) *Public Management Reform: A Comparative Analysis (2nd ed.)*. New York: Oxford University Press.

Putnam, Robert D. (1993) *Making Democracy Work: Civic Traditions in Modern Italy*. Princeton, N.J.: Princeton University Press（＝河田潤一訳［2001］『哲学する民主主義：伝統と改革の市民的構造』NTT出版）.

—— (2000) *Bowling Alone: The Collapse and Revival of American Community*. New York: Simon & Schuster（＝柴内康文訳［2006］『孤独なボウリング：米国コミュニティの崩壊と再生』柏書房）.

Redlawsk, David P. and James A. McCann (2005) "Popular Interpretation of 'Corruption' and their Partisan Consequences." *Political Behavior*, Vol. 27, No. 3.

Riesman, David (1961) *The Lonely Crowd: A Study of the Changing American Character*. New Haven: Yale University Press（＝加藤秀俊訳［1964］『孤独な群衆』みすず書房）.

Rodgers, Willard L. (1982) "Estimable Functions of Age, Period, and Cohort Effects." *American Sociological Review*, Vol. 47, No. 6.

Rosenstone, Steven J. and John Mark Hansen (1993) *Mobilization, Participation and Democracy in America*. New York: Macmillan.

Ross, Jeffrey Ian (2012) *An Introduction to Political Crime*. North American Office: The Policy Press.

Ross, Marc Howard (1975) "Political Alienation, Participation, and Ethnicity: An African Case." *American Journal of Political Science*, Vol. 19, No. 2.

Rothstein, Bo (2011) *The Quality of Government: Corruption, Social Trust, and Inequality in International Perspective*. Chicago: University of Chicago Press.

Rudolph, Thomas J. (2009) "Political Trust, Ideology, and Public Support for Tax Cuts." *Public Opinion Quarterly*, Vol. 73, No. 1.

—— and Jillian Evans (2005) "Political Trust, Ideology, and Public Support for Government Spending." *American Journal of Political Science*, Vol. 49, No. 3.

—— and Elizabeth Popp (2009) "Bridging the Ideological Divide: Trust and Support for Social Security Privatization." *Political Behavior*, Vol. 31, No. 3.

Schwartz, David C. (1973) *Political Alienation and Political Behavior*. Chicago: Aldine Publishing Company.

Seligson, Mitchell A. (1983) "On the Measurement of Diffuse Support: Some Evidence from Mexico." *Social Indicators Research*, Vo. 12, No. 1.

Smith, Herbert L., William M. Mason and Stephen E. Fienberg (1982) "Estimable Functions of Age, Period, and Cohort Effects: More Chimeras of the Age-Period-Cohort Accounting Framework: Comment on Rodgers." *American Sociological Review*, Vol. 47, No. 6.

Stokes, Donald E. (1962) "Popular Evaluations of Government: An Empirical Assessment," in Harlan Cleveland and Harold D. Laswell eds. *Ethics and Business: Scientific, Academic, Religious, Political and Military*. New York: Harper and Brothers.

—— (1963) "Spatial Models of Party Competition." *American Political Science Review*, Vol. 57, No. 2.

Streb, Matthew J. et al. (2008) "Social Desirability Effects and Support for a Female American President." *Public Opinion Quarterly*, Vol. 72, No. 1.

Taniguchi, Masaki (2006) "A Time Machine: New Evidence of Post-Materialist Value Change." *International Political Science Review*, Vol. 27, No. 4.

Travis, Robert (1986) "On Powerlessness and Meaninglessness." *British Journal of Sociology*, Vol. 37, No. 1.

Turk, Auston T. (1984) "Political Crime," in Robert F. Meier ed. *Major Forms of Crime*. California: Sage Publications.

Uslaner, Eric M. (2002) *The Moral Foundation of Trust*. Cambridge: Cambridge University Press.

—— (2008) *Corruption, Inequality, and the Rule of Law: The Bulging Pocket Makes the Easy Life*. New York: Cambridge University Press.

Verba, Sidney, Norman H. Nie and Jae-on Kim (1978) *Participation and Political Equality: A Seven-Nation Comparison*. Cambridge: Cambridge University Press（＝三宅一郎　他訳［1981］『政治参加と平等：比較政治学的分析』東京大学出版会）.
──, Kay Lehman Schlozman and Henry E. Brady (1995) *Voice and Equality: Civic Voluntarism in American Politics*. Cambridge, Mass.: Harvard University Press.
Warren, Mark E. ed. (1999) *Democracy and Trust*. Cambridge: Cambridge University Press.
Watanuki, Joji (1967) "Patterns of Politics in Present-day Japan," in Seymour M. Lipset and S. Rokkan eds. *Party Systems and Voter Alignments: A Cross-National Perspective*. New York: Free Press.
── (1974) "Japanese Politics in Flux," in J. Morley ed. *Prologue to the Future: The United States and Japan in the Postindustrial Age*. New York: Japan Society.
Weatherford, M. Stephen (1992) "Measuring Political Legitimacy." *American Political Science Review*, Vol. 86, No. 1.
Welch, Susan and John R. Hibbing (1997) "The Effects of Charges of Corruption on Voting Behavior in Congressional Elections, 1982-1990." *Journal of Politics*, Vol. 59, No. 1.
Yang, Yang and Kenneth C. Land (2006) "A Mixed Models Approach to the Age-Period-Cohort Analysis of Repeated Cross-Section Surveys, with an Application to Data on Trends in Verbal Test Scores." *Sociological Methodology*, Vol. 36.

東浩紀（2011）『一般意志2.0：ルソー，フロイト，グーグル』講談社.
朝日新聞社（1976）『ロッキード事件：疑獄と人間』朝日新聞社.
── (1977)『構造汚職：ロッキード疑獄の人間模様』国際商業出版.
飯田健（2009a）「投票率の変化をもたらす要因：投票参加の時系列分析」『選挙研究』第25巻2号.
── (2009b)「『失望』と『期待』が生む政権交代：有権者の感情と投票行動」田中愛治　他・読売新聞世論調査部『2009年，なぜ政権交代だったのか：読売・早稲田の共同調査で読みとく日本政治の転換』勁草書房.
池田謙一（2004）「2001年参議院選挙と『小泉効果』」『選挙研究』第19号.
── (2007)「私生活志向のゆくえ：狭められる政治のアリーナ」『政治のリアリティと社会心理：平成小泉政治のダイナミックス』木鐸社.
── (2010)「行政に対する制度信頼の構造」『年報政治学』2010－Ⅰ号.
── (2012)「アジア的価値を考慮した制度信頼と政治参加の国際比較研究：アジアンバロメータ第2波調査データをもとに」『選挙研究』第28巻1号.
石上泰州（2006）「知事選挙の投票率：『選挙の舞台装置』を中心に」『選挙研究』第21号.

井田正道（2002）「1990年代における有権者の変質」『明治大学社会科学研究所紀要』第40巻第2号．
伊藤誠（2011）「都道府県知事選挙における投票率の長期低落傾向の分析」『政策科学』18巻2号．
内田健三（1981）『保守回帰：ダブル選挙と民主主義の将来』新評論．
NHK放送文化研究所（2010）『現代日本人の意識構造［第7版］』日本放送出版協会．
太田忠久（1975）『むらの選挙』三一書房．
大谷信介（2001）「都市ほど近隣関係は希薄なのか？」金子勇他編『都市化とコミュニティの社会学』ミネルヴァ書房．
大村華子（2012）『日本のマクロ政体：現代日本における政治代表の動態分析』木鐸社．
大山耕輔（2010）「行政信頼の政府側と市民側の要因：世界価値観調査2005年のデータを中心に」『年報政治学』2010－Ⅰ号．
岡沢憲芙（1988）『政党』東京大学出版会．
蒲島郁夫（1986）「有権者のイデオロギー」綿貫譲治　他『日本人の選挙行動』東京大学出版会．
――（1988）『政治参加』東京大学出版会．
――（1998）『政権交代と有権者の態度変容』木鐸社．
――・竹中佳彦（1996）『現代日本人のイデオロギー』東京大学出版会．
――・シェリー・L・マーティン（2004）「政党システムと政治的疎外：日米比較」『日本政治研究』第1巻1号．
川村一義（2012）「擬似連立政権下の国会運営：自民党派閥と委員会制度」『GEMC journal』第7号．
木村高宏（2000）「『退出』としての棄権の分析」『政策科学』7巻2号．
河野勝・田中愛治（2008）「特集：21COE-GLOPE世論調査」『早稲田政治經濟學誌』No. 370．
公平慎策（1979）『転換期の政治意識：変わる日本人の投票行動』慶應通信．
――（1997）『日本人の政治意識』慶應義塾大学出版会．
国民生活審議会調査部会編（1969）『コミュニティ：生活の場における人間性の回復』．
児島和人（1980）「1970年代における政治意識の変動」『年報社会心理学』第21巻．
五野井郁夫（2012）『「デモ」とは何か：変貌する直接民主主義』NHKブックス．
小林良彰（1987）「投票行動と政治意識に関する計量分析」『選挙研究』第2号．
――（1990）「欧米における政治不信研究の源流」日本選挙学会編『選挙研究シリーズNo. 2　世論と政治不信』北樹出版．
――（1997）『日本人の投票行動と政治意識』木鐸社．
――（2008）『制度改革以降の日本型民主主義：選挙行動における連続と変化』木

鐸社.
坂本治也（2010）『ソーシャル・キャピタルと活動する市民：新時代日本の市民政治』有斐閣.
篠原一（1971）『現代日本の文化変容：その政治学的考察』れんが書房.
社会運動研究会編（1990）『社会運動論の統合をめざして：理論と分析』成文堂.
――編（1997）『社会運動研究の新動向』成文堂.
――編（2001）『社会運動の現代的位相』成文堂.
季武嘉也（2007）『選挙違反の歴史：ウラからみた日本の一〇〇年』吉川弘文堂.
菅原琢（2009）『世論の曲解：なぜ自民党は大敗したのか』光文社.
芹沢功（1990）「世論動向の中の政治不信：『ロッキード』と『リクルート』の両事件の場合」日本選挙学会編『世論と政治不信』北樹出版.
善教将大（2009a）「政治不信・制度改革・行政サービス：制度改革は政治不信を払拭させたのか」『政策科学』16巻2号.
――（2009b）「日本における政治的信頼の変動とその要因1982－2008：定量・定性的アプローチによる『政治』と政治的信頼の因果関係の分析」『政策科学』17巻1号.
――（2010）「政府への信頼と投票参加：信頼の継続効果と投影効果」『年報政治学』2010－Ⅰ号.
――（2012）「民主性と公共性」『政策科学』19巻3号.
総務省大臣官房企画課編（2010）『行政の信頼性確保，向上方策に関する調査研究報告書』総務省.
曽我謙悟・待鳥聡史（2007）『日本の地方政治：二元代表制政府の政策選択』名古屋大学出版会.
曽良中清司他（2004）『社会運動という公共空間：理論と方法のフロンティア』成文堂.
高野陽太郎（2008）『「集団主義」という錯覚：日本人論の思い違いとその由来』新曜社.
武重雅文（1982a）「アメリカにおける政治的疎外研究の諸問題（1）」『六甲台論集』第29巻1号.
――（1982b）「アメリカにおける政治的疎外研究の諸問題（2）」『六甲台論集』第29巻2号.
――（1982c）「アメリカにおける政治的疎外の研究：概念化と測定における諸問題」『同志社アメリカ研究』第18号.
建林正彦（2004）『議員行動の政治経済学：自民党支配の制度分析』有斐閣.
田中愛治（1986）「政治システム支持再考：D．イーストンの概念の実証的有用性をめぐって」『道都大学紀要・社会福祉学部』 第9巻.
――（1990）「アメリカにおける政治不信と政治システム支持に関する研究の動向」

日本選挙学会編『選挙研究シリーズ No. 2　世論と政治不信』北樹出版.
―― (1992)「『政党支持なし』層の意識構造と政治不信」『選挙研究』第7号.
―― (1995)「『55年体制』の崩壊とシステム・サポートの継続：有権者と国会議員の意識構造の乖離」『レヴァイアサン』第17号.
―― (1996)「国民意識における『55年体制』の変容と崩壊：政党編成崩壊とシステム・サポートの継続と変化―」『年報政治学1966　55年体制の崩壊』岩波書店.
―― (1997)「政党支持なし層の意識構造：政党支持概念の再検討の試論」『レヴァイアサン』第20号.
―― (2003)「第19章　投票行動」久米郁男他『政治学』有斐閣.
谷口将紀 (2010)「政党支持概念に関する一考察」『選挙』第63巻.
千葉隆之 (1997)「市場と信頼：企業間取引を中心に」『社会学評論』第48巻3号.
調査方式比較プロジェクト (2010)「世論調査における調査方式の比較研究：個人面接法，配付回収法，郵送法の2008年比較実験調査から」『NHK放送文化研究所年報』54号.
筒井淳也・不破麻紀子 (2008)「マルチレベルモデルの考え方と実践」『理論と方法』Vol. 23, No. 2.
堤英敬 (2001)「無党派層の認知的類型：異なるタイプの無党派層の政治意識と投票行動」『香川法学』20巻3・4号.
中谷美穂 (2005)『日本における新しい市民意識：ニュー・ポリティカル・カルチャーの台頭』慶應義塾大学出版会.
中村隆 (1982)「ベイズ型コウホート・モデル：標準コウホート表への適用」『統計数理研究所彙報』第29巻2号.
西澤由隆 (1998)「選挙研究における『政党支持』の現状と課題」『選挙研究』第13号.
―― (2004)「政治参加の二重構造と『関わりたくない』意識：Who said I wanted to participate?」『同志社法学』第296号.
―― (2008)「政治的信頼の測定に関する一考察」『早稲田政治經濟學雜誌』第370号.
―― (2012)「Computer Assisted Personal Interview におけるランダマイゼーションの是非」『政策科学』19巻3号.
――・三宅一郎 (1997)「日本の投票参加モデル」三宅一郎・綿貫譲治『環境変動と態度変容』木鐸社.
――・栗山浩一 (2010)「面接調査における Social Desirability Bias：その軽減への full-scale CASI の試み」『レヴァイアサン』第46巻.
林英夫 (2004)『郵送調査法』関西大学出版部.
日野愛郎 (2005)「ニュー・ポリティクス理論の展開と現代的意義：イングルハートの議論を中心に」賀来健輔・丸山仁編『政治変容のパースペクティブ：ニュー・ポリティクスの政治学Ⅱ』ミネルヴァ書房.
―― (2009)「階級投票衰退後のヨーロッパにおける投票行動研究：イギリス選挙

研究（BES）を中心にして」山田真裕・飯田健編『投票行動研究のフロンティア』おうふう．
平野浩（2007）『変容する日本の社会と投票行動』木鐸社．
―― （2012）「日本における政治文化と市民参加：選挙調査データに見るその変遷」『政策科学』19巻3号．
福元健太郎・堀内勇作（2012）「『政治不信が高まると投票率が低くなる』は本当か」『日経ビジネスONLINE』2012年6月6日（URL: http://business.nikkeibp.co.jp/article/report/20120508/231768/ 2012年6月10日アクセス）．
藤田哲司（2011）『権威の社会現象学：人はなぜ，権威を求めるのか』東信堂．
宝月誠（2004）『逸脱とコントロールの社会学：社会病理学を超えて』有斐閣．
堀啓造（1991）「消費者行動研究における関与尺度の問題」『香川大学経済論叢』第63巻第4号．
堀内勇作（2001）「非序列化離散変数を従属変数とする統計モデルの比較：政治学への応用上の留意点」『選挙研究』第16号．
増山幹高（2002）「政権安定性と経済変動：生存分析における時間変量的要因」『年報政治学』第53巻．
松本正生（2006）「無党派時代の終焉：政党支持の変容過程」『選挙研究』第21号．
丸山真男（1961）『日本の思想』岩波書店．
丸山真央（2007）「投票行動研究における社会学モデルの現代的再生に向けて：社会的ミリュー論による日本政治研究のための方法論的整理」『一橋研究』32巻1号．
水崎節文・森裕城（2007）『総選挙の得票分析 1958－2005』木鐸社．
三船毅（2005）「投票参加の低下：90年代の投票率低下の説明」『年報政治学』2005－Ⅰ号．
―― （2008）『現代日本における政治参加意識の構造と変動』慶應義塾大学出版会．
――・中村隆（2011）「歴史的経験の重層化による政治不信の蓄積：ベイズ型コウホートモデルによる分析」日本選挙学会報告論文．
宮野勝（1983）「年齢・時代・世代の効果の識別についての一考察：リッジ回帰適用の試み」『北海道大學文學部紀要』第32巻1号．
三宅一郎（1985）『政党支持の分析』創文社．
―― （1986）「政党支持とシニシズム」綿貫譲治 他『日本人の選挙行動』東京大学出版会．
―― （1995）『日本の政治と選挙』東京大学出版会．
―― （1998）『政党支持の構造』木鐸社．
――・木下冨雄・間場寿一（1965）「政治意識構造論の試み」『年報政治学』第16巻．
――・木下冨雄・間場寿一（1967）『異なるレベルの選挙における投票行動の研究』創文社．
――・山口定・村松岐夫・新藤榮一（1985）『日本政治の座標：戦後四〇年のあゆ

み』有斐閣.
村山皓（1994）「日本人の政治不信の構造的特質」『選挙研究』第9号.
――（1996）「棄権や無党派層の文化的背景とメディアの選挙報道」『政策科学』4巻1号.
――（2009）『政策システムの公共性と政策文化：公民関係における民主性パラダイムから公共性パラダイムへの転換』有斐閣.
森幸雄（1987）「生態学的データ利用における誤謬の問題：ロビンソンの生態学的誤謬問題を中心として」『SOCIOLOGICA』12巻1号.
山岸俊男（1998）『信頼の構造：こころと社会の進化ゲーム』東京大学出版会.
――（1999）『安心社会から信頼社会へ：日本型システムの行方』中央公論新社.
山崎新・荒井紀一郎（2011）「政治的洗練性が規定する態度の安定性」『選挙研究』第27巻1号.
山田一成（1994a）「現代社会における政治的疎外意識」栗田宜義編『政治心理学リニューアル：ポストモダンな政治心理を分析する』学文社.
――（1994b）「政治的疎外意識と政治行動」飽戸弘編『政治行動の社会心理学』福村出版.
山田真裕（2002a）「2000年選挙における棄権と政治不信」『選挙研究』第17号.
――（2002b）「政党動員：政治的領域からの退出？」樋渡展洋・三浦まり編『流動期の日本政治：「失われた十年」の政治学的検証』東京大学出版会.
――（2004）「投票外参加の論理：資源，指向，動員，党派性，参加経験」『選挙研究』第19号.
――（2008）「日本人の政治参加と市民社会：1976年から2005年」『法と政治』第58巻3・4号.
――（2009）「第4章　党派性と投票行動」山田真裕・飯田健編『投票行動研究のフロンティア』おうふう.
――（2012）「2009年衆院選におけるスウィング・ヴォーターの政治的認知と政治的情報環境」『政策科学』19巻3号.
山本耕資（2006）「投票政党選択と投票－棄権選択を説明する：計量と数理の接点」『レヴァイアサン』第39号.
米田幸弘（2011）「政権交代：二大政党間を揺れ動く層の特徴とは何か？」田辺俊介編『外国人へのまなざしと政治意識：社会調査で読み解く日本のナショナリズム』勁草書房.
渡邊芳之（2010）『性格とはなんだったのか：心理学と日常概念』新曜社.
綿貫譲治（1986）「社会構造と価値対立」綿貫譲治他『日本人の選挙行動』東京大学出版会.
――（1997）「制度信頼と政治家不信」綿貫譲治・三宅一郎『環境変動と態度変容』木鐸社.

あとがき

　本書は，筆者が2011年3月に立命館大学大学院政策科学研究科に提出した博士論文「日本における政治への信頼と不信」に加筆・修正をくわえたものである。タイトルこそ本書と同一であるが，構成を含め，内容は博士論文から大幅な変更をくわえている。その意味で本書は，博士論文執筆後の研究動向などを踏まえつつ，博士論文の内容をさらに発展させたものである。

　実は，筆者は自身が研究対象とする政治への信頼についてそれほど思い入れがあるわけではない。学部生時代，そして博士課程後期課程在籍時の指導教員である村山皓先生が，かつて政治不信の実証研究を行っていたから筆者もこれを研究しようと決めたのであり，それ以外の理由が特にあるわけではない。いわば「師匠を超えることが弟子の義務である」という村山先生の教えにしたがっただけで，政治への信頼は代議制にとって重要であるという問題意識からこの研究を始めたわけではなかった。

　筆者は博士課程後期課程進学時までは，政治学ではなく行政学を専攻していた。学部生時代は，都道府県が分権型社会において果たすべき役割について研究しており，博士課程前期課程進学後も，基本的には行政学の研究を行おうと考えていた。そもそも政治への信頼はおろか，政治学にすらそれほど関心を寄せていなかった。

　ところがある一冊の書籍を手に取った後，筆者の関心は大きく変化する。それは，山田真裕先生と増山幹高先生が執筆した『計量政治学入門』（東京大学出版会，2004年）である。この本を偶然手に取り計量分析とはどのような方法なのかを学ぶ過程で，関心は徐々に政治学へとシフトしていった。もともと学部生の時に，京都府広報課へインターンシップに行っていたということもあり，公民関係に関心がないわけではなかったが，以降，政治行動論や意識論の論文や著作に目を通すようになる。行政学を専攻するために進学し

た筆者の修士論文の主題が「政治参加としての自治・町内会参加の実証分析」であるのはこのためである。そのような政治意識研究歴の浅さも，政治への信頼に深い思い入れがあるわけではない理由の１つである。

　以上に述べた研究歴と問題意識の浅さが相まって，政治への信頼をとりあえずの研究対象として定めたが，本書の執筆を振り返って，この選択はそれほど間違っていなかったように思う。もちろん，政治への信頼は論者によって捉え方が大きく異なり，ゆえにこれを体系的な形で議論することは容易ではない。研究を進めていく中で，筆者の考えも二転三転してしまっている。政治への信頼について研究することなど不可能ではないかと何度も挫折しかけ，そのたびにこの意識を研究対象としたことを後悔した。しかし執筆を終えた今は，政治への信頼について議論することには少なからぬ意義とやりがいがあると確信している。

　しかし，その一方で一般の人々に対する興味は常に脳裏の片隅にあったように思う。いわゆるエリートではない「大衆」に対する関心は，筆者自身がまさに「大衆」の１人であることに起因する。筆者は，実は高校１年時に高校を中退している。大学には大学入学資格検定（大検）に合格し，入学のための資格を2001年９月に得たことを受け進学した。言い換えれば「エリート街道」から大きく逸れた人生をこれまで歩んできた。大学進学を決めた2001年４月から受験勉強を開始したということもあって，当初の成績は悲惨なものだった（2001年５月に受験したセンター模試の総合偏差値が35だったのは今でも鮮明に記憶している）。

　大検合格後，立命館大学政策科学部の一般入学試験に合格し，晴れて「再び」学生となる資格を筆者は得た。そのお祝いとして高校時代の恩師である湯川久先生が，筆者を食事に連れて行って下さった。その場で「そもそもなぜ大学に入学しようと思ったのか」と尋ねられた筆者は，将来設計など特に考えていなかったということもあり，「大学の先生になるため」と思い付きで回答した。案の定，「お前みたいなやつが大学の先生になれるわけがない」と一笑に付されたが，この恩師の反応も，筆者が自身を「大衆」の１人であると自覚する理由の１つである。

　高校時代の恩師の反応は適切なものであったと思うが，師の教えに従順な一方で反骨精神が強い「AB型」の筆者は，であるなら研究者の道を志そうとその時決めた。その目的は未だ適っているわけではないが，本書の執筆が

そのきっかけの1つになればと願ってやまない。

ともあれ，筆者がここまでに辿りつくには，数多くの人々の助力が不可欠であった。そのすべてを記すことは不可能だが，紙幅が許す限り感謝の意をここに記しておきたい。

本書は，学部生，および博士課程後期課程時の指導教員であった村山先生の指導なしに執筆することは不可能であった。博士課程前期課程に進学する際，「善教は有権者の研究がしたくなる。その時は戻ってこい」と予言し，それは見事に的中することになった。そして，村山先生は他校の大学院に進学した筆者を快く迎え入れて下さった。恩師である村山先生に対して，ことあるごとに噛みつくという無礼を働く筆者を村山先生は常に対等な研究者とみなし，対応して下さった。村山先生と筆者の「喧嘩」はある種の風物詩ともなっていたが，そのような研究環境があったからこそ，筆者は自身の研究に邁進することができたように思う。感謝してもしきれない恩が，村山先生にはある。

同志社大学政策学部の真山達志先生は，博士課程前期課程在籍時の指導教員である。真山先生は，行政学から政治学へと研究関心がシフトした筆者を「自身のやりたいことをやるべきだ」と支援して下さった。くわえて真山先生は，しばしば空虚な理論を振り回す筆者に対して，現実社会を見ることの重要性を教えて下さった先生でもある。本書が時代ごとの背景に記述を割いているのは，真山先生の教えに拠るところが大きい。

筆者にはもう1人の「指導教員」がいる。それは関西大学法学部の坂本治也先生である。2008年度の政治学会でお会いして以降，筆者は坂本先生に常にお世話になっている。筆者の拙い研究に対して，誰よりも先に深い理解を示して下さったのは坂本先生である。また博士課程修了後，どのポストにも就職が決まらず，研究者の道を諦めかけていた筆者を公私に渡り支え続けて下さったのも坂本先生であった。坂本先生の指摘は，常に的確かつ厳しいものであったが同時にそれは筆者への励ましであり，また研究を進めていく際のモチベーションでもあった。坂本先生に対する恩も計り知れないものがある。

そのような筆者に対して救済の手を差し伸べて下さったのは，神戸大学法学研究科の大西裕先生と曽我謙悟先生である。大西先生は，政治意識研究を専攻しているにもかかわらず，筆者をひょうご震災記念21世紀研究機構の主

任研究員として抜擢して下さった。また曽我先生は，教育歴がまったくない筆者を，神戸大学の講義の担当者として任命して下さった。筆者の博士論文を木鐸社に紹介して下さったのも曽我先生である。研究を行うには，ある程度の安定した生活環境を得ることが不可欠であるが，そのような環境を提供することに尽力して下さった大西先生と曽我先生にも感謝申し上げたい。

また，良き先輩，そして良き同輩がいたからこそ筆者はこれまで研究を進めることができた。高知県立大学社会科学科の清水直樹先生，立命館大学公務研究科の森道哉先生，立命館大学政策科学部の孫京美先生，奈良県立大学地域創造学部の城戸秀樹先生，立命館大学文学部の村山徹先生は，学部生そして博士課程前期課程時より今日に至るまで，常に筆者の研究に対して的確なアドバイスをして下さっている。特に筆者の博士論文の副査でもある森道哉先生は，口頭試問終了後，博士論文の問題点などを細部に亙ってご指摘下さった。

立命館大学非常勤講師の苅谷千尋先生と鶴谷将彦先生は，先輩であると同時に良き研究仲間として，筆者と接して下さった。苅谷先生の専門は政治思想史であり，鶴谷先生の専門は政治過程論（議員行動）なので，有権者の意識や行動を分析する筆者とは関心が異なるが，他方で同じ政治学を専攻する仲間でもあることから，筆者はお二方に頻繁に悩み等を相談させて頂いた。それは筆者のストレス発散の場でもあったが，異分野での考え方などを知るよい勉強の場でもあった。

関西政治経済学研究会，実証政治学研究会，神戸政治学研究会での議論も有益であった。特に神戸大学法学研究科の飯田健先生，京都大学法学部の大村華子先生，中京大学法学部の京俊介先生の研究は，筆者に多大な示唆と刺激を与えるものであった。

本書の執筆にあたっては，神戸大学法学研究科博士課程後期課程の秦正樹氏の助力を得ている。日々の雑務に追われる中で，本書の執筆と校正に時間を割くことができなかった筆者に対して，秦氏は貴重な時間を割いて協力して下さった。また，木鐸社の坂口節子氏は，遅筆な筆者に対して粘り強い応援と励ましの声をかけ続けて下さった。お二人にもここに記して感謝申し上げる次第である。

最後に，筆者をここまで支え続けてくれた家族に謝意を表したい。筆者は，父実と母純子の支えなしに今日までの人生を歩むことはできなかった。素行

不良で高校を中退したにもかかわらず，大学に行きたいという筆者の我儘を快諾し，また研究者になりたいという筆者の思いに共感してくれたのは，誰でもない両親であった。両親には，これまであまりにも多くの心配と迷惑をかけてしまった。論文を執筆するたびに，また調査結果が新聞などで取り上げられるたびに喜んでくれる両親を見ることは，筆者の生きがいである。

　筆者は博士課程後期課程進学後間もなく結婚し，息子を授かった。子育てを行いながらの研究活動は，非才な筆者にとってはあまりにも酷であったが，しかし妻晴香の支えがあったからそれは可能であったように思う。研究資金と生活資金を得るために複数のティーチングアシスタントやアルバイトを院生時代から行っており，そのストレスもあってか，妻とはことあるごとに衝突してきた。なので面と向かって気持ちを伝えることは難しい。ここに「ありがとう」と記しておく。

　本書を私の大切な家族である父母と妻子に捧げる。

［付記］　本書は立命館大学政策科学会研究成果出版助成制度（博士論文出版助成）による助成を得ている。

Political Trust and Distrust in Japan

Masahiro ZENKYO

Does the declining political trust indicate the crisis of representative democracy in Japan? This is the main research question in this book, *Political Trust and Distrust in Japan*. To answer this question, this book establishes a new analytical framework for the structure and function of political trust and makes empirical analyses of four large-scale sample surveys. Through these analyses, this book reveals that there is particular variant of a "civic culture" in contemporary Japan.

Introduction

This book starts with challenging a theory which links political distrust to the crisis of representative democracy. In recent years, many scholars have pointed out that the decline in political trust is an increasingly common problem in developed democracies. Previous works on political trust argue that the declining political trust causes the collapse of representative democracy. If it is correct, Japan should have a difficulty of maintaining her representative democracy because political trust in Japan is much lower than other countries. Nevertheless, Japan has been successful in maintaining a representative democratic system since the end of World War II.

Why is Japan able to maintain a democratic system despite the low level of political trust? What are the problems that result from a decline in political trust? In spite of its importance, little is known about the dynamics, structure and functions of political trust in Japan.

This book introduces a new analytical framework to deal with these questions, whereby a new approach that divides political trust into "cognitive" and "affective" aspects is proposed. Cognitive trust is defined as an evaluation based on the perception of actual politics, and the latter is defined as an attachment to (or identification with) representative democracy as a political system. Previous research has only considered political trust as a one-dimensional concept. Otherwise, they have classified political trust not by "quality" of trust but by the objects of trust. This book, setting a new analytical framework which distinguishes a qualitative difference of political trust, tries to elucidate the relationship between political trust and the maintenance of representative democracy.

Part 1 The Dynamics and Structure of Political Trust in Japan

Chapter 1 reviews previous studies and theories about political alienation and political trust, and proposes a framework for empirical analysis of political trust. Political trust is defined as a positive orientation towards public political figures such as politicians, political institutions, or political organizations. Furthermore, political trust has two different aspects: cognition and affection. Cognitive political trust is an instrumental political attitude toward a specific political phenomenon, so sometimes this is called "strategic trust". On the other hand, affective political trust is a vague political attitude toward the representative democracy as a whole. Previous works have called this trust as "regime-based political trust" or "moralistic trust." This distinction of political trust is a consistently applied throughout the empirical analysis in this book.

Chapter 2 discusses how to operationalize the concept of cognitive and affective political trust. There are many controversies on operational definition about political trust, not only conceptual definition. By reviewing the operational definitions used in previous works, this chapter discusses how to conceptualize cognitive and affective political trust operationally. As a conclusion, on one hand, it shows that cognitive political trust is conceptualized operationally by a respondent's answers to the three questions about the political actors: the responsibility of politicians, the purpose of congress management and the subjective perception of corruption. On the other hand, it is showed that affective political trust is conceptualized operationally by a respondent's answers to the three questions about the responsibility of institutions: party, election and congress.

Chapter 3 empirically tests the validity of the distinction of political trust as an analytical framework. More specifically, first, this chapter demonstrates the features of each political trust by analyzing the distributions of two kinds of trust, and the changes of them at the micro and macro level trends. From these analyses, it will be revealed that each cognitive and affective political trust have different characteristics. Second, this chapter examines the validity of the structural feature of political trust by using the principal component analysis for categorical data and the cross lagged model. Moreover, when the above findings are compared with the "hierarchy model" or "step-up model" of political trust, the significance of the finding of "two dimensional model" is explained.

Part 2 Consequences: Is the Declining Trust Problem?

Chapter 4 evaluates the impact of each political trust on the attitudes of party support. Many scholars suggest that the declining political trust causes a rise of the number of "independents" in recent years. However, the validity of this argument has not been tested empirically. This study analyzes the relationship between each political trust and party support and reveals that the cognitive political trust is related to the "direction of party support," especially support for the Liberal Democratic Party. On the other hand, affective political trust is related to the "presence or absence of support for any parties."

Chapter 5 explores the impact of each political trust on voting behavior. It is showed in previous empirical research that the relationship between political trust and voting behavior is weak, while declining political trust is said to decrease voting turnout. This study solves this puzzle by distinguishing political trust into cognitive and affective ones. Empirical analyses based on this framework demonstrate that cognitive political trust is related to the "direction of vote," especially vote for the Liberal Democratic Party and affective political trust is related to the "voting turnout".

Chapter 6 evaluates the impact of each political trust on policy preferences. Previous research has pointed out that ideologies, political or social values, social classes and socio-cultural characteristics can account for the variance observed in policy preferences. Especially with regards to Japan, empirical studies have not dealt with the impact of political trust on policy preferences. This study analyzes the impact of cognitive and affective political trust on policy preferences, and tables the suggestion that these effects are different.

Chapter 7 examines the impact of each variant of political trust on political attitudes or behavior towards the 'output' of political decisions. Previous research explains that the declining political trust raises an unconventional participation in order for people's voices to be input to the political system. However, affective political trust impacts on not only the political attitudes for input but also the political attitudes toward output. In addition, this trust facilitates not "active" but "passive" cooperation, which means nonresistance against the government. The result of quantitative analysis using JABISS and JSS-GLOPE data reveals that these hypotheses are partially supported.

Part 3 Variation Factors: Why Does Political Trust Decline?

Chapter 8 demonstrates that the determining factors of each political trust are different through the analysis of the effects of political scandals on political trust. Previous studies have pointed out that political trust declines when a scandal of politicians or political parties is reported by the media. However, such scandals do not always decrease all kinds of political trust. Especially with affective political trust seen as broad support for the overall political system, might not decrease even if a very serious scandal comes to light. To verify this hypothesis, this chapter analyzes the impact of the Lockheed bribery scandals as a crucial case. As result of empirical analysis based on cross-sectional survey data, this study reveals that the Lockheed bribery scandals do not have a significant impact on affective political trust. This finding is an evidence of differences between factors affecting both cognitive and affective political trust.

Chapter 9 demonstrates that the causes of declining trust are different between cognitive and affective political trust. In expanding the scope of the framework to a more comprehensive analysis, the age-cohort-period approach is adopted to demonstrate the different factors that contribute to changes within each variant of political trust over time. One supposition is that declining cognitive political trust may have been caused by 'period effects' based on changes in perceptions of actual politics. A decline in affective political trust might be explainable through generation effects, because diffuse support for the political system is theoretically formed through the political socialization of children. The results of empirical analyses show the declining affective political trust has been caused by "generation change," while the decline of cognitive political trust is caused by changes of the perception of actual politics as a period effect.

Chapter 10 examines the causes of the declining affective political trust in detail. Why do the changes from older generations to newer generations reduce affective political trust? This study points out that the value change in Japanese society after the World War II has caused the decline of affective political trust. However, this value change is not accurately captured by the explanation offered by Ronald F. Inglehart, that describes a shift from materialism to post-materialism. As Kenichi Ikeda suggests, that might mean "a release from tradition" as a cultural change in Japanese politics. This study examines this hypothesis through multilevel analysis, and reveals that the variance of affective political trust between generations can be explained by the difference in traditional values between generations.

Conclusion

Through comprehensive analyses, this book has revealed the following points. First, we cannot rebuild affective political trust easily, because the declining affective political trust results from the change of generations. Affective political trust is the political attitude formed through political learning in childhood, and it is not based on the perceptions of actual politics or trustworthiness of the government. Therefore, affective political trust will decrease automatically with generational changes. This book concludes that it is the crisis of representative democracy in Japan.

Secondly, although the level of cognitive political trust is much lower in Japan than that in other countries as suggested by a lot of scholars, the declining cognitive trust does not mean the crisis of representative democracy, at least in Japan. It is because the declining of cognitive political trust had meant mainly the decline of "support for the Liberal Democratic Party" as shown in part II. That is, the decline of cognitive political trust was the preparations for the change of a governing party in the attitudes of the public. This is not the crises for democracy. In fact, we may be able to regard the declining cognitive political trust as one of the "necessary condition" for making democracy work.

Therefore, the major task for the future is to put an end to the degradation of affective political trust and to rebuild that. This book does not suggest that returning to the traditional Japanese society is desirable. Such a prescription does not make Japanese democracy work. Generational change is irreversible. This book argues that a political system which can connect "I" with "we", such as a public policy system suggested by Hiroshi Murayama, is suitable for the "civic culture" of Japan, in which political trust and distrust coexist.

索　引

あ行

アーモンド，ゲイブリエル（Almond, Gabriel A.）　40, 237
アイシイピイエスアール（the interuniversity consortium for political and social research）　18, 19
アイゼンク，ハンス（Eysenck, Hans J.）　128
アスレイナー，エリック（Uslaner, Eric M.）　37
新しい公共　238
アネス（American National Election Study: ANES）　35, 48, 49, 53, 54
アメリカ政治学　35, 47, 106, 127
イーストン，デイヴィッド（Easton, David）　35, 51, 58, 59, 152
飯田健　101, 104
池田謙一　55, 101, 210
意見の明確化　67, 218, 226
一元配置の分散分析　185
逸脱（deviation）　147, 148, 152, 163
逸脱行動　20, 147, 149, 150, 157
一般化順序ロジット　158
一般支持　24, 35, 42, 51, 52, 152
一般社会調査（General Social Survey: GSS）　55
イデオロギー　20, 114, 115, 122, 126, 128, 129
イングルハート，ロナルド（Inglehart, Ronald F.）　21, 129, 211, 229, 237
エスエスジェイ（SSJ）データアーカイヴ　19, 29
エヌエッチケイ（NHK）放送文化研究所　195, 200
横断的調査（cross-sectional research）　71, 170, 178, 188
大村華子　127, 128

か行

回帰分析　→　重回帰分析
階級　126, 129

外的政治的有効性感覚（external political efficacy）　34, 54, 79
解放　215, 217
架橋型（社会関係資本）　37, 38
家族主義　229
価値観　20, 52, 126
活動する市民　237
カテゴリカル主成分分析　74-78
蒲島郁夫　26, 129
カプセル化された自己利益（encapsulated interest）　37, 154
加齢（効果）　21, 190, 194, 207
感情（affection）　16, 17, 19, 25, 41, 43, 46, 52, 82
感情温度　89, 95
感情的な（政治への）信頼　16, 19, 59, 68, 71, 74, 152
関与（involvement）　41
帰結　124, 162, 208, 210, 220, 229
棄権　20, 103, 104, 123
帰属　43, 210
木村高宏　107
グローブ（GLOPE）2007　60
啓蒙民主主義　229
結束型（社会関係資本）　37, 38
決定的事例（crucial-case）　169, 177, 188
欠乏仮説（scarcity hypothesis）　211
権威　31, 42
原子論的誤謬（atomic fallacy）　220
合意争点（valence issue）　131, 132, 135, 136, 143
公共政策システム　44, 236, 237, 239
交差遅れモデル（cross-lagged model）　75-79
構造　19, 20, 65
行動論　17, 43
公平慎策　126, 128, 129
合理的選択　17, 37
個人主義　212, 215, 235
コンヴァース，フィリップ（Converse, Philip E.）　34, 54, 129

278　索　引

さ行

坂本治也　30, 38
ジイエスエス（GSS）　54
ジェイエスエス・グローブ（JSS-GLOPE）　19, 57, 62, 72, 89, 139, 154, 156
ジェス（JES）　19, 57, 58, 72, 109, 131
ジェスⅡ（JESⅡ）　19, 57, 72, 80, 89
ジェスⅢ（JESⅢ）　55
識別問題（identification problem）　190, 194
次元論　33
自己実現（self-expression）　210
事後シミュレーション　92, 112, 115, 117, 119, 120, 143, 161, 202, 206
支持の貯蔵庫　39, 152, 169, 174
支持方向　95
システム支持（system support）　56
時勢（効果）　21, 190, 194, 207
質問文集　47
私的な脱物質主義　210, 214, 217, 229
シトリン，ジャック（Citrin, Jack）　35, 51, 56
自民党一党優位体制　95, 99, 109, 114, 122, 131
自民党への支持　20, 95, 99, 108
市民文化（civic culture）　237-239
社会化仮説（socialization hypothesis）　211
社会関係資本（social capital）　29, 30
社会的期待迎合バイアス（social desirability bias）　60, 63, 219
社会的属性　20, 126-128
ジャビス（JABISS）　19, 50, 57, 67, 109, 112, 154, 159, 170, 178, 181
重回帰分析（Ordinary Least Squares: OLS）　185, 202, 220
従属変数　92, 112, 131, 133, 136, 141, 155, 157, 159, 162, 223
熟議　236, 237
出力（output）　146, 147, 150, 152, 163
順序ロジット　131, 141, 155, 158
消極的な協力　147, 154, 158, 159
消極的無党派　87, 94
少子高齢化　235
信念体系　129
信頼　26, 29, 30
信頼性（Trustworthiness）　30

信頼の構造　65, 79
信頼の質的相違　127, 130, 162
信頼の世代間差　210, 218
信頼の低下　14, 15, 234
信頼の2次元構造　65, 76
政界再編　138, 171
政権交代　98, 101, 122, 124, 145
政権担当政党　95, 97, 98, 100, 108
政策選好（policy preference）　20, 31, 126, 127, 145
政治意識　17, 43, 47, 50
政治意識の基底の構造　24, 43
政治改革　127, 130, 141, 143, 145
政治関心　34, 106, 155
政治参加　31, 35, 36, 108, 151, 155
政治的学習（political learning）　189, 191
政治的決定の受容　146, 147, 149, 152
政治的事件　21, 108, 168, 170, 187
政治的社会化（political socialization）　190, 205, 209, 229
政治的信頼（指標）　54, 56, 57, 164
政治的正統性（political legitimacy）　30, 31, 148, 152, 163
政治的洗練（political sophistication）　41
政治的疎外（political alienation）　29, 33, 43, 48
政治的有効性感覚（political efficacy）　34, 48, 49, 56, 62, 106, 155
政治離れ　85, 87, 101, 163
政治不信　14, 15, 20, 25, 27-29
政治文化（political culture）　17, 40, 43, 237
政治への信頼　15, 19, 29, 49, 82
生態学的誤謬（ecological fallacy）　88
政党帰属意識（party identification）　87, 172, 191
政党支持　20, 84, 85, 99
政府への信頼（trust in government）　27, 35, 49, 51, 52, 80, 173
世界価値観調査（World Values Survey：WVS）　27, 54, 148
世代（効果）　21, 190, 194, 207
世代交代　21, 190, 207, 209, 235
積極的な協力　154, 158
積極的無党派　87
選挙　14, 26

選挙制度　70, 82, 95, 119, 163, 170
選挙の実態に関する世論調査　29
全米選挙調査　→　ANES
戦略的信頼（strategic trust）　37, 38
相関分析　90, 95
操作的定義（operational conceptualization）　20, 45-47, 56, 57, 63, 194, 200, 222

た行

代議制　14, 15, 17, 26, 41, 44, 147
代議制の危機　14, 15, 31, 35, 85, 101, 147, 234
態度理論（attitude theory）　17, 40
武重雅文　33
多項ロジット　112, 115, 159, 182
多重共線（性）（multicollinearity）　194, 199, 204, 222
脱物質主義（post-materialism）　129, 211, 229
田中愛治　31, 33, 59, 87, 109
谷口将紀　87
チェン，ケビン（Chen, Kevin）　34, 54
伝統的価値（観）　21, 126, 129, 210, 218
動員（mobilization）　107, 108, 125
道具的（instrumental）　39, 43, 152
動態　19
党派性　→　政党帰属意識
投票外参加　151, 157
投票行動　20, 103, 104, 124
投票参加　14, 26, 103, 104, 114, 121-124
投票方向　20
投票（参加）率　104, 106
特定支持（specific support）　24, 35, 36, 39, 51, 52
独立変数　174, 178, 185, 189, 220, 223, 227
取引費用（transaction costs）　31

な行

ナイ，ジュニア，ジョセフ（Nye, Jr. Joseph Samuel）　30, 152
内的政治的有効性感覚（internal political efficacy）　34
西澤由隆　47, 54, 55, 63, 148, 151
二次分析（secondary analysis）　18, 19, 46
日本　27, 47, 54, 59, 63, 81, 107, 129, 164, 238
日本人の社会意識に関する世論調査　27, 28

日本人の社会的期待と選挙に関する世論調査　55
入力（input）　146, 147, 152, 163
認知（cognition）　16, 17, 19, 25, 43, 46, 82
認知的な（政治への）信頼　16, 17, 19, 59, 68, 71, 74
認知的負荷（cognitive load）　219
ノリス，ピッパ（Norris, Pippa）　56, 58, 79

は行

ハーディン，ラッセル（Hardin, Russell）　37, 38
ヴァーバ，シドニー（Verba, Sidney）　40, 106, 108, 237
バイアス　46, 60, 61, 64, 75, 77, 108, 131, 134, 159, 198, 204, 222
パットナム，ロバート（Putnam, Robert D.）　30, 31, 38, 237
パネル調査　66, 71, 170, 178
ハンソン，マーク（Hansen, John Mark）　107
非慣習的参加（unconventional participation）　148, 150, 157
非合理（的）　17, 43
ヒューリスティクス（heuristics）　131, 173, 175
評価　238, 239
ファー，スーザン（Pharr, Susan）　27, 29, 31, 151
フィニフター，エイダ（Finifter, Ada W.）　33, 35, 48, 51, 56
不信の段階的発展論　79
物質主義（materialism）　129, 211
不服従（disobedience）　150, 152
分散拡大要因（Variance Inflation Factor: VIF）　202, 204
ヘザリントン，マーク（Hetherington, Marc J.）　31, 75, 108, 127, 130, 145
変動要因　21, 169, 187, 189, 207
保革イデオロギー　→　イデオロギー

ま行

マラー，エドワード（Muller, Edward N.）　52, 56, 151
マルチレベル分析（Multilevel analysis）　197,

220, 222, 226
ミラー，アーサー（Miller, Arthur H.）　35, 51, 56, 79
三宅一郎　40, 50, 84, 87, 97
無意味感（meaninglessness）　34
無関係な選択肢の独立性（Independence of Irrelevant Alternative: IIA）　112, 159
無関心（apathy）　85-87, 99, 101
無規範性（normlessness）　34, 35
矛盾　14
無党派層　14, 20, 85-87
無分散デザイン　174, 177
村山皓　44, 59, 236, 239
無力感（powerlessness）　34

や行

山岸俊男　37

山田一成　33, 35
山田真裕　107, 108, 148, 151

ら行

リプセット，セイモア（Lipset, Seymour M.）　31, 80, 148
倫理的信頼（Moralistic trust）　37, 38
ルドルフ，トーマス（Rudolph, Thomas J.）　31, 127, 130
ローゼンストーン，スティーヴン（Rosenstone, Steven J.）　107
ロジット　91, 115
ロッキード事件　21, 110, 169, 176, 183, 187

わ行

綿貫譲治　59, 107, 128, 218

著者略歴

善教将大（ぜんきょう　まさひろ）

1982年　広島県生まれ
2006年　立命館大学政策科学部卒業
2008年　同志社大学大学院総合政策科学研究科博士課程前期課程修了
2011年　立命館大学大学院政策科学研究科博士課程後期課程修了。博士（政策科学）
現　在　ひょうご震災記念21世紀研究機構主任研究員
主要論文　「日本における政治的信頼の変動とその要因1982－2008：定量・定性的アプローチによる『政治』と政治的信頼の因果関係の分析」『政策科学』17巻1号，55－73頁（2009年）。
　　　　　「政府への信頼と投票参加：信頼の継続効果と投影効果」『年報政治学』2010－Ⅰ号，127－148頁（2010年）。
　　　　　「回答拒否者の論理：JGSSを用いた一般的信頼感と『協力の程度』の分析」『JGSS研究論文集』11巻，259－271頁（2011年）。
　　　　　「民主性と公共性」『政策科学』19巻3号，367－382頁（2012年）。
　　　　　「政治的決定の受容と信頼：JABISS調査とJSS-GLOPE調査の再分析」『選挙研究』28巻1号，135－149頁（2012年）。

日本における政治への信頼と不信

2013年3月25日第1版第1刷　印刷発行　Ⓒ

	著　　者	善　教　将　大
著者との了解により検印省略	発　行　者	坂　口　節　子
	発　行　所	(有)　木　鐸　社（ぼくたくしゃ）
	印　刷　アテネ社	製　本　高地製本所

〒112－0002 東京都文京区小石川5－11－15－302
電話（03）3814－4195番　FAX（03）3814－4196番
振替 00100-5-126746　http://www.bokutakusha.com

（乱丁・落丁本はお取替致します）

ISBN978-4-8332-2461-1　C3031

[シリーズ　21世紀初頭・日本人の選挙行動]（全3巻）
政治のリアリティと社会心理
池田謙一（東京大学文学部）
A5判・330頁・4000円　（2007年）　ISBN978-4-8332-2384-3 C3031
■平成小泉政治のダイナミックス
　パネル調査JES3は21世紀初頭の小泉政権期をほぼカバーし，継続性と国際比較の標準調査項目とも一致するよう工夫してある。これらの普遍性・歴史性をふまえて，小泉政権の固有性を明確にし，更に投票行動の背景を検証する。

[シリーズ　21世紀初頭・日本人の選挙行動]
変容する日本の社会と投票行動
平野　浩（学習院大学法学部）
A5判・204頁・3000円　（2007年）　ISBN978-4-8332-2392-8 C3031
　選挙とは，誰が議席につくのかをめぐって政党・候補者・有権者・利益団体・マスメディアなどが繰り広げるゲームである。それは資源の配分をめぐる「政治」というより大きなゲームの一部でもある。投票行動研究をどのようにその文脈のなかに位置づけることができるかを考えたもの。

[シリーズ　21世紀初頭・日本人の選挙行動]
制度改革以降の日本型民主主義
小林良彰（慶應義塾大学法学部）
A5判・336頁・3000円　（2008年）　ISBN978-4-8332-2402-4 C3031
　55年体制における民主主義の機能不全は，選挙制度改革以降も解消されていない。本書はその原因を解明するもので，公約提示及び政策争点と有権者の投票行動の間の関連などを，制度改革の前後で具体的に比較し，期待される変化が生じたか否かを検証する。その精緻な分析手法は追随を許さない。

総選挙の得票分析：1958－2005
水崎節文・森　裕城著
A5判・230頁・3500円　（2007年）　ISBN978-4-8332-2394-2 C3031
　本書は，55年体制成立以降の衆議院総選挙に焦点を当て，各政党およびその候補者の集票構造の特性を，全国の市区町村レベルにまで細分化された得票集計データを用いて分析したものである。本書の特色は，現在選挙研究の主流となっているサーベイ・データの分析ではなく，徹底したアグリゲート・データの分析によって，日本の選挙政治の把握を志向している点にある。

選挙制度変革と投票行動
三宅一郎著 （神戸大学名誉教授）
A5判・240頁・3500円（2001年）ISBN4-8332-2309-0
　選挙制度改革後，2回にわたって行われた総選挙に示された有権者の投票行動の分析から，55年体制崩壊後の政治変化を読み取る三宅政治学の現在。有権者による小選挙区・比例区の2票の使い分け，一部で言われている戦略投票との関係など，著者の一貫したアプローチを新しいそれとの整合を図ることを試みる。

選挙制度と政党システム
川人貞史著 （東京大学大学院法学政治学研究科）
A5判・290頁・4000円（2004年）ISBN4-8332-2347-3 C3031
　著者がこの十数年の間に，さまざまな分析モデルを活用して進めてきた研究の中から，「選挙制度と政党システム」に関するものを集めた論集。一貫して追求してきたテーマと分析のアプローチは発表の都度，夫々注目を集めるとともに高い評価を得てきたもの。

ソーシャル・ネットワークと投票行動
飽戸　弘編著
A5判・192頁・2500円（2000年）ISBN4-8332-2290-6
■ソーシャル・ネットワークの社会心理学
　90年夏，投票行動の国際比較のための共同研究事業が先進5ヵ国の研究者によって始められた。本書は，それに参加した日本チームが共通基準に基づいて十年余に及ぶ調査研究と分析を行った成果。伝統的な「組織のネットワーク」から現代的な「都市型ネットワーク」への変化に着目。

理論とテクノロジーに裏付けられた
新しい選挙制度
松本保美著 （早稲田大学政経学部）
46判・200頁・2000円（2003年）ISBN4-8332-2344-9
　投票に関して，既に明らかになった理論的な結論を紹介することによって，現在の投票制度の非合理性を指摘・分析するとともに，それに取って代わる投票制度を提言する。同時に，その実現可能性をコンピュータ・ネットワーク技術の面から検討する。最後に大胆なアイディアを提示して，議論の叩き台とする。

日本政治学会編　年報政治学

日本政治学会編　年報政治学2005－Ⅰ　2005年より版元変更。年2回刊
市民社会における参加と代表
A5判・360頁・2300円（2005年11月）ISBN4-8332-2370-8 C3331
政治改革の効果測定＝小林良彰
2003年衆議院選挙・2004年参議院選挙の分析＝池田謙一
2004年参院選における業績評価投票＝平野　浩

日本政治学会編　年報政治学2005－Ⅱ
市民社会における政策過程と政策情報
A5判・260頁・1700円（2006年3月）ISBN4-8332-2375-9 C3331
衆議院総選挙候補者の政策位置＝谷口将紀
無党派知事下の地方政府における政策選択＝曽我謙悟・待鳥聡史
政策形成過程における官僚の民主的統制としての組織規範＝金宗郁

日本政治学会編　年報政治学2006－Ⅰ
平等と政治
A5判・320頁・2200円（2006年11月）ISBN4-8332-2382-1 C3331
運命と平等――現代規範的平等論＝飯田文雄
世界秩序の変動と平等＝遠藤誠治
不平等と政治的動員戦略＝新川敏光

日本政治学会編　年報政治学2006－Ⅱ
政治学の新潮流――21世紀の政治学へ向けて
A5判・270頁・1800円（2007年3月）ISBN978-4-8332-2391-1 C3331
規範理論と経験的研究との対話可能性＝田村哲樹
比較政治学における「アイディアの政治」＝近藤康史
「制度改革」の政治学＝森　正
日本官僚論の再定義＝宮本　融

日本政治学会編　年報政治学2007－Ⅰ
戦争と政治学　戦争の変容と政治学の模索
A5判・200頁・1400円（2007年9月）ISBN978-4-8332-2396-6 C3331
ウエーバーにおける戦争と政治＝亀嶋庸一
書かれざる「戦争の政治学」＝川原　彰
民主主義と武力行使＝押村　高

日本政治学会編　年報政治学2007－Ⅱ
排除と包摂の政治学
越境，アイデンティティ，そして希望
A5判・262頁・1700円（2007年12月）ISBN978-4-8332-2398-0 C3331
帝国の時代におけるリージョンとマイノリティ＝竹中　浩
無国籍者をめぐる越境とアイデンティティ＝陳　天璽
文化的多様性と社会統合＝辻　康夫
越境社会と政治文化＝小川有美

日本政治学会編　年報政治学2008－Ⅰ
国家と社会　統合と連帯の政治学
A5判・368頁・2300円（2008年6月）ISBN978-4-8332-2404-8 C3331
労働の再定義——現代フランス福祉国家——＝田中拓道
ハイエクの民主政治論——トクヴィルとの比較＝山中　優
結社と民主政治＝早川　誠
ポスト植民地主義期の社会と国家＝大中一弥

日本政治学会編　年報政治学2008－Ⅱ
政府間ガバナンスの変容
A5判・380頁・2500円（2008年12月）ISBN978-4-8332-2412-3 C3331
中央地方関係から見た日本の財政赤字＝北村　亘
行政組織の必置緩和と地方政府の制度選択＝村上祐介
中央地方間ガバナンスの政治分析＝南　京兌・李　敏揆
分権改革はなぜ実現したか＝市川喜崇

日本政治学会編　年報政治学2009－Ⅰ
民主政治と政治制度
A5判・408頁・3000円（2009年6月）ISBN978-4-8332-2417-8 C3331
近代日本における多数主義と「憲政常道」ルール＝村井良太
1925年中選挙区制導入の背景＝奈良岡聰智
衆議院選挙制度改革の評価と有権者＝山田真裕
内閣不信任の政治学＝増山幹高

日本政治学会編　年報政治学2009－Ⅱ
政治における暴力
A5判・330頁・2400円（2009年12月）ISBN978-4-8332-2425-3 C3331
政治と暴力について＝千葉　眞
民族浄化（ethnic cleansing）について＝月村太郎
国際革命としてのパレスチナ革命＝木村正俊
インドネシアにおける「犯罪との戦い」＝本名　純

日本政治学会編　年報政治学2010－Ⅰ
政治行政への信頼と不信
A5判・256頁・2000円（2010年6月）ISBN978-4-8332-2431-4 C3331
行政に対する制度信頼の構造＝池田謙一
行政信頼の政府側と市民側の要因＝大山耕輔
アジアにおける政府の信頼と行政改革＝小池　治
地方政府における信頼＝秋月謙吾

日本政治学会編　年報政治学2010－Ⅱ
ジェンダーと政治過程
A5判・350頁・3000円（2010年12月）ISBN978-4-8332-2438-3 C3331
アメリカ政治過程のジェンダーの意味＝大津留智恵子
イギリス議会における女性議員と代表論＝梅川正美
ドイツの女性議員のクオータ制＝中谷　毅
フランスの政治過程への女性参加＝久邇良子

日本政治学会編　年報政治学2011－Ⅰ
政治における忠誠と倫理の理念化
A5判・336頁・2800円（2011年6月）ISBN978-4-8332-2445-1 C3331
「国民」を疑う＝岡本仁宏
トランスナショナル・デモクラシーはデモクラフィックか＝押村高
リベラルの夢から醒めて＝岡野八代
強制される忠誠＝越智敏夫

日本政治学会編　年報政治学2011－Ⅱ
政権交代期の「選挙区政治」
A5判・280頁・2400円（2011年12月）ISBN978-4-8332-2451-2 C3331
選挙運動支出の有効性＝今井亮佑
利益団体内の動態と政権交代＝河村和徳
知事選挙における敗北と県連体制の刷新＝山田真裕
個人中心の再選戦略とその有効性＝濱本真輔・根元邦朗

（以下続刊）

政治学 (政治学・政治思想)

議会制度と日本政治 ■議事運営の計量政治学
増山幹高著(政策研究大学院大学)
A5判・300頁・4000円(2003年) ISBN4-8332-2339-2

既存研究のように,理念的な議会観に基づく国会無能論やマイク・モチヅキに端を発する行動論的アプローチの限界を突破し,日本の民主主義の根幹が議院内閣制に構造化されていることを再認識する。この議会制度という観点から戦後日本の政治・立法過程の分析を体系的・計量的に展開する画期的試み。

立法の制度と過程
福元健太郎著(学習院大学法学部)
A5判・250頁・3500円(2007年) ISBN978-4-8332-2389-8 C3031

本書は,国会をテーマに立法の理想と現実を実証的に研究したもの。著者は「制度は過程に影響を与えるが,制度設計者が意図したとおりとは限らない」とする。すなわち[理想のどこに無理があるのか][現実的対応のどこに問題があるのか]を的確に示すことは難しい。計量的手法も取り入れながら,立法の理想と現実に挑む。

民主制のディレンマ ■市民は知る必要のあることを学習できるか?
Arthur Lupia, Mathew D. McCubbins, The democratic dilemma : can citizens learn what they need to know? 1998.
アーサー・ルピア=マシュー・D.マカビンズ著　山田真裕訳
A5判・300頁・3000円(2005年) ISBN4-8332-2364-3 C3031

複雑な争点について市民がどのように意思決定するかを経済学,政治学,および認知科学に基づくモデルを構築し,それらを実験で検証する。民主制が依拠している委任を成り立たせる理性的選択の条件を明示し,併せて制度設計が市民による統治能力にどう影響するかも洞察。

日本型教育システムの誕生
徳久恭子著（立命館大学）
A5判・352頁・4500円（2008年）ISBN978-4-8332-2403-1 C3031

　敗戦による体制の転換において，教育改革は最優先課題であった。それは米国型の「国民の教育権」を推し進めようとするGHQと旧来の伝統的自由主義にもとづく教育を取り戻したい文部省との対立と妥協の政治過程であった。教育基本法という日本型教育システムの誕生にいたるそのプロセスを，従来の保革対立アプローチの呪縛を脱し，アイディアアプローチを用いて論証する政治学的考察。

教育行政の政治学
村上祐介著（東京大学）
A5判・322頁・3000円（2011年）ISBN978-4-8332-2440-6 C3031
■教育委員会制度の改革と実態に関する実証的研究
　教育行政学と行政学は教育委員会制度改革に対する規範的な見解の違いはあるが，現状認識としては，共に教育行政が縦割り集権構造の強い領域であるというモデルの理解に立っている。本書はこれに対し通説とは異なるモデルによって実証的な分析を提示する。更にその実証過程で新しい制度論に基づき，理論的貢献を果たす。

著作権法改正の政治学
京　俊介著（中京大学）
A5判・270頁・3500円（2011年）ISBN978-4-8332-2449-9 C3031
■戦略的相互作用と政策帰結
　多くの有権者，政治家にとって極めて専門的な内容であるロー・セイリアンスの政策分野の一つに著作権法・知的財産政策がある。本書は著作権法改正過程を巡る政治家，官庁，利益集団，外国の戦略的相互作用をゲーム理論を用いて分析し，その上でそれらを民主的手続きの正当性の観点から考察する。

制度発展と政策アイディア
佐々田博教著（立命館大学）
A5判・270頁・3500円（2011年）ISBN978-4-8332-2448-2 C3031

　戦後日本における開発型国家システムの起源はどこにあるか，またそのシステムが戦時期から戦後の長期に互って維持されたのは何故か。本書は主導的官僚機構と政策アイディアの連続性のポジティブ・フィードバック効果によるアプローチに基づき，満州国，戦時期日本，戦後日本の歴史を過程追跡し，検証する。